VOLVER A CASA

NAJWA ZEBIAN

VOLVER A CASA

Una guía para la curación emocional

Traducción de Aina Girbau Canet

Autoconocimiento

DIANA

Obra editada en colaboración con Editorial Planeta – España

Título original: *Welcome Home*

© 2021, Najwa Zebian
Publicado por acuerdo con Harmony Books, un sello de Random House, una división de Penguin Random House LLC.

© 2022, Traducción: Aina Girbau Canet

© Ilustraciones del interior: Meighan Cavanaugh, basadas en ilustraciones originales por Sammy Orlowski

© 2022, Editorial Planeta, S. A. - Barcelona, España

Derechos reservados

© 2022, Editorial Planeta Mexicana, S.A. de C.V.
Bajo el sello editorial DIANA M.R.
Avenida Presidente Masarik núm. 111,
Piso 2, Polanco V Sección, Miguel Hidalgo
C.P. 11560, Ciudad de México
www.planetadelibros.com.mx

Primera edición impresa en España: abril de 2022
ISBN: 978-84-18118-99-9

Primera edición en formato epub en México: junio de 2022
ISBN: 978-607-07-8844-4

Primera edición impresa en México: junio de 2022
ISBN: 978-607-07-8828-4

Algunos de los nombres y de los rasgos característicos de algunas personas se han modificado para proteger su privacidad.

Impreso en los talleres de Litográfica Ingramex, S.A. de C.V.
Centeno núm. 162-1, colonia Granjas Esmeralda, Ciudad de México
Impreso en México –*Printed in Mexico*

Para todas las almas que buscan un hogar:
han llegado a su destino

ÍNDICE

PRÓLOGO

No conozco el motivo exacto por el que estás aquí. Ni por qué tienes este libro en tus manos. Son muchos los caminos que te pueden haber traído hasta este momento. Algo me dice que te sientes perdido. Aislado. Que necesitas que te vean, que te escuchen y que te quieran. Que necesitas sentirte a salvo. Algo me dice que has buscado todo esto en otra persona. En alguna persona ajena a ti. He aquí la verdad: tu hogar no tiene lugar fuera de ti. Tu casa está en tu interior. Tú eres quien diseña. Tú eres quien construye. Tú eres quien habita. Tienes que encontrarte. Tienes que verte. Escucharte. Quererte. Tienes que crearte un estado de seguridad. Sé que es difícil imaginarse tal construcción. Por este motivo, en este libro, te tomaré de la mano y te guiaré en el proceso de construcción de tu propio hogar en tu interior. Luego te diré: bienvenido a casa.

INTRODUCCIÓN

El camino a casa

Antes de que empieces a construir tu hogar, tienes que colocar los adoquines que conformarán el camino que te llevará al terreno donde construirás tu casa. Al derribar todos los obstáculos que te encuentres, transformarás esas barreras en los adoquines que te permitirán pavimentar el camino.

El error que cometemos la mayoría de nosotros es construirnos el hogar en otras personas con la esperanza de que estas consideren que nos merecemos entrar. Y cuando estas personas se van, nos quedamos con una sensación de abandono y vacío porque hemos invertido mucho de nosotros en ellas. En esta introducción descubrirás el poder de tomar el control de la construcción de tu propia casa, de tu propio espacio, en tu interior. No importa tu pasado, tu condición de sintecho o a cuántas personas les has suplicado que te quieran: la construcción de tu hogar empieza aquí y ahora.

¿Estás preparado?

Empecemos a construir el camino a casa.

Era un lunes por la mañana. Me desperté con un mensaje que decía: «¿Te puedo llamar?». Esta era una pregunta un tanto inusual por parte de Noah, ya que normalmente planeábamos las llamadas con días de antelación. Me quedé con una sensación extraña, pero como últimamente nos habíamos mandado más mensajes, pensé que llamarnos era una progresión natural. Así que respondí: «¡Claro!». Salí disparada de la cama, me hice un moño rápido y me senté delante de la barra de la cocina, donde pasaba gran parte del tiempo escribiendo.

Él me llamó de camino a la oficina. Hablamos de su trabajo un rato. Nos reímos mucho. No me acuerdo por qué. Pero siempre que hablaba con él por teléfono, me fascinaba. Me gustaba hacerlo reír, e incluso me ponía a tontear.

Mientras hablábamos de cosas mundanas de la vida, había algo en mi corazón que me decía: «Esto no es todo. Me llama para decirme algo».

«¿Quiere averiguar cuándo puede volver a verme? ¿Quiere empezar a abrirse más? ¿Me extraña? No… No puede ser eso. Él es muy independiente emocionalmente hablando. No lo admitiría aunque fuera verdad.»

Pero otra voz, una que me había esforzado mucho por escuchar, decía: «Solo quiere hablar contigo. Relájate. Te mereces que te llame porque sí, solo porque quiere escuchar tu voz».

Esta vez opté por hacer caso a esa segunda voz. Era la misma voz que había escuchado hacía unos días cuando me forcé a salir de mi zona de confort y empecé a hablarle con un tono más halagador. Él no me correspondía todas las veces, pero se alegraba de recibir cumplidos. Y, a esas alturas, esto es todo lo que me importaba. Él estaba intentando superar un pasado tóxico, y el solo hecho de aceptar un cumplido era un paso enorme.

Me alegraba que alguien aceptara mis elogios. Esa voz interior me sacó tan lejos de mi zona de confort que hasta me sorprendí de mí misma. No estaba acostumbrada a decirle a alguien que me moría de ganas de verlo. Solo con pensarlo (decirle a alguien que desearía estar allí con él) me sonrojaba descontroladamente. No sé por qué me daba vergüenza expresarlo, quererlo, admitirlo.

Verás, en mi cultura, hablar de los sentimientos y del amor es algo tabú. Se reserva solo para las películas y las series de televisión. Cuando de pequeño miras este tipo de contenidos, tienes que saber que lo que pasa allí no pasa en la vida real. Es una especie de disonancia cognitiva: «Esto pasa y los demás lo pueden experimentar, pero si yo lo hiciera, me metería en un problema».

Por lo menos, así es como crecí yo, en un pueblecito del Líbano. En teoría, todo el mundo seguía la fe musulmana. Tenía la mezquita justo enfrente de casa, y crecí con una educación muy marcada por la religión. Esta educación trazaba gruesas fronteras entre niñas y niños, entre hombres y mujeres. De pequeña veía las relaciones del siguiente modo: llega un día en el que un caballero con armadura radiante te ve (no sé cómo, aunque estés escondida) y te dice que te quiere y que se quiere casar contigo. Y, ¡pam! Viven felices para siempre.

Irónicamente, en el otro lado del mundo (en la parte del mundo en la que acabaría descubriendo lo muy errada que estaba mi concepción de las relaciones) las películas de Disney enseñaban a las niñas exactamente lo mismo. Ahora ya sé que este relato (que lamentablemente no tiene límites) surge más bien de la misoginia y del patriarcado que de ciertas religiones o culturas. Y podría escribir libros al respecto, pero volvamos a la voz de la que estaba hablando.

Como siempre que escuchaba esa voz dormía mejor y me sentía más feliz, esa mañana decidí escucharla de nuevo. Le dije a Noah que tenía muchas ganas de verlo. Como estaba tan ocupado con el trabajo, decidimos que nos veríamos dentro de un mes. Pero esa voz me dijo unos días antes de esta llamada, que si lo quería ver antes, solo tenía que decirlo. Así que se lo dije en un mensaje de texto.

Me dijo que ya me haría saber cuándo podríamos vernos durante la semana siguiente. Pensé que eso era bueno. Me había convencido de que tenía que ser más expresiva, porque era consciente de que él tenía problemas de confianza, por lo que me había mencionado brevemente sobre su pasado tóxico. «Mejor que lo haga sentirse seguro conmigo —pensé—. Mejor que le haga sentirse valorado y querido.»

En el primer silencio incómodo de nuestra llamada, le dije:

—Sé que llevo unos días diciéndote cosas que no estás totalmente preparado para escuchar, pero espero que oírlas te recuerde lo mucho que vales. —Las cosas que le había dicho eran cumplidos y afirmaciones inocentes.

Y luego me dijo:

—A eso me refiero…, creo que deberíamos dejar de hablar.

Vamos a congelar este instante por un momento para que pueda explicar cómo me sentí exactamente: me quedé de piedra. Pero, al mismo tiempo, no me sorprendió. Sabía que este momento llegaría. No acababa de estar contenta con nuestra dinámica. Sabía que no era feliz. En retrospectiva, confundí la felicidad que recibía por ser vulnerable y decirle lo que pensaba, con que él me hiciera feliz. Pero su falta de reciprocidad siempre me desconcertaba. Lograr sacarle alguna emoción o captar su atención era como correr una carrera con la ilusión de que habría una meta al final. Por lo que sigues corriendo, pero la meta cada vez está más lejos de ti. Tenía clara mi respuesta, pero contra todo pronóstico me quedé callada. Sentía como si el cuerpo se me encogiera y se curvara. Sentí como si el enorme suéter que llevaba puesto fuera lo más cercano a un abrazo que pudiera conseguir en ese momento, y era como si no se fuera a acabar nunca. ¿Cómo podía acabar si ni siquiera lo había visto empezar? «Pues claro que me tenía que pasar a mí. Nadie quiere estar conmigo.»

En ese momento de silencio, añadió:

—Mira, estos últimos días han sido demasiado intensos. No estoy preparado para algo así.

«¿Demasiado intensos? —pensé—. ¡Solo nos estábamos enviando mensajes!»

En seguida me puse a la defensiva y verbalicé:

—Pero decías que eras feliz.

—Sí, lo dije. Y era feliz. Pero me di cuenta de que no estoy preparado. Aún no. Aún estoy lidiando con muchas cosas del pasado, y tengo que solucionarlas yo solo.

La respuesta era sencilla. Le dije:

—Está bien, ya no te hablaré más de esa forma. Lo siento.

Y esa voz volvió: «Fui demasiado rápido. Dije cosas que no tendría que haber dicho. Quizá si hubiera esperado un poquito más, las cosas hubieran ido de otra forma. Es mi culpa».

—Creo que estás demasiado involucrada, y no sería justo que te pidiera que retrocedieras un paso. Con lo que pienso que lo mejor que podemos hacer es dejar de hablar.

—¿Del todo?

—Del todo. Sé que no quieres oírlo, pero no voy a cambiar de opinión. Sé que duele, pero es lo que quiero.

Cuando intento describir ese dolor, las palabras se derrumban antes de que pueda ponerlas por escrito. Me sentí como si alguien me hubiera acompañado hasta la cima de una montaña y, una vez allí, me hubiera empujado con todas sus fuerzas. Y a la vez me sentía paralizada. Tal vez por la negación. Por la conmoción. Por la incredulidad. O quizá porque el dolor era tan intenso que había dejado de sentir su fuerza. Sentía un hormi-

gueo por todo el cuerpo. Como si quisiera llorar pero no pudiera. Quería gritar, pero no podía. Supongo que lo que realmente
quería hacer era cambiar ese desenlace. Pero no podía.

Este fue el punto final de la discusión.

Me sentí impotente.

¿Cómo puedes seguir luchando si estás tú solo en el campo
de batalla? ¿Cómo puedes luchar si alguien ya levantó la bande-
ra blanca por ti? ¿Cómo te despides de alguien que ya se fue?
¿Alguien que ya se fue y solo te informa de su partida después
de haber llegado a destino?

El resto de la llamada fue una mancha borrosa.

Justo después tenía una reunión de trabajo, así que no tuve
tiempo de llorar. Cuando acabó, hice una llamada con el que era
mi socio en aquel momento, y soporté la situación con entereza.
Pero, casi al final de la llamada, me preguntó:

—¿Estás bien?

A decir verdad, no soportaba esa parte de mí. Se me ve mucho cuando la estoy pasando mal. Se me oye en la voz. Se me ve
en los ojos. Resulta muy obvio. O sea, esa persona con la que
estaba hablando por teléfono notó que me pasaba algo. Lo primero que pensé fue: «¡Buah! No soporto que no pueda esconder cómo me siento ni por teléfono».

Le dije:

—Si te soy sincera, no estoy bien. —Y en ese momento me
eché a llorar. Le expliqué lo que había pasado—. No entiendo
por qué siempre me pasan a mí estas cosas… Duele tanto…
Realmente, me duele el corazón. Tendré que tomarme un descanso. No me puedo concentrar en el trabajo que acabamos de
acordar.

Fue muy atento y me aportó mucho, pero en ese momento,
me pareció que todo lo que me decía me entraba por una oreja
y me salía por la otra. Todo mi ser estaba inundado de dolor. Un

dolor que iba mucho más allá de Noah. No tardé en escalar a sentimientos exagerados de abandono y descuido, y a la convicción de que yo no valía lo suficiente.

Fue algo rarísimo. Me pregunté: «¿Por qué a todo el mundo le parece bien que no forme parte de sus vidas?».

Me estaba humillando a mí misma de forma activa. Me decía: «¿Quién te crees que eres?». Pensé que ya había hecho el trabajo interno de cambiar la respuesta de «No soy nadie» a «Soy Najwa Zebian». ¿Cómo podía ser que ahora la respuesta volviera a ser «No merezco el amor»?

En algún punto entre sentir que era una narcisista por no querer aceptar que había alguien a quien le parecía bien no estar conmigo, y ser consciente de lo que valgo, decidí escuchar una voz que me decía: «Aún no sabes hacer que la gente vea lo que vales. Si lo supieras hacer, no te habría pasado esto».

Así que me pasé los días que siguieron repasando cada momento de mi historia con Noah en el que había metido la pata. Le daba vueltas y más vueltas. A ver, lo que pasó entre nosotros no llegó a ser ni una relación. Ni siguiera tuvimos una cita. Fue siempre una expectativa, un «casi», pero nunca fue una realidad. La intensidad del dolor que sentía estaba muy desequilibrada con lo que sentía por Noah. No estaba enamorada de Noah. Ni siquiera se podía decir que me gustara Noah. Tenía la esperanza de la posibilidad de Noah. Sentía más dolor por el hecho de que alguien me hubiera dejado que no por quién fuera ese alguien.

Mi socio me ofreció ponerme en contacto con su terapeuta, Brittany. En ese momento llevaba mucho tiempo sin hablar con un terapeuta porque tenía la sensación de que la terapia no me llevaba a ninguna parte. Pero decidí darle otra oportunidad.

Después de describirle mi conmoción a la terapeuta, tuvo lugar la siguiente conversación. La terapeuta dijo:

—Para empezar, las emociones son energía en movimiento, con lo que aunque parezcan duras y reales, en realidad no son más que energía que pasará y con la que podemos trabajar. En segundo lugar, está claro que te chocó, porque seguramente tú hubieras hecho las cosas de un modo un poco distinto. En tercer lugar, lo que en realidad se hiere en estas situaciones es nuestro ego. A veces, simplemente queremos ser nosotros quienes tomemos estas decisiones, y ser los que cortamos los lazos de una relación. —Sí que me había pasado varias veces por la cabeza la idea de que si alguien tendría que haber cortado con esa comunicación, ¡tendría que haber sido yo!—. Deja que te pregunte: ¿el hecho de que te dijera que ya no hablarían más, cómo te afecta realmente en quién y qué eres?

—Creo que simplemente corrobora que no vale la pena estar conmigo. No porque yo crea que no lo merezco, sino porque todas las experiencias que he vivido hasta este momento así lo han demostrado.

—Parece que él no era exactamente alguien con quien quisieras estar.

—Creo que quería que él quisiera estar conmigo, pero no de la manera que estaba conmigo, lo cual implica que quería que cambiara cómo se sentía. Y yo no tengo el poder de provocar este cambio.

—¿Y crees que querías que fuera él concretamente quien quisiera estar contigo? ¿O alguien en general? —Incluso una terapeuta con la que estaba hablando por primera vez podía ver que no estaba triste por Noah.

—Tengo clarísimo que es alguien en general, pero… sentí que había una conexión con él. Cuando le conocí, vi tristeza en él. Y sentí el impulso de intentar ayudarle. Y cada vez que se abría conmigo y que se mostraba vulnerable, sentía que nuestra conexión se hacía más y más fuerte. Conocía bien esa tristeza. Me sentía cómoda en su presencia, porque la entendía muy bien.

—Tristeza… Algo con lo que tienes una gran conexión… Es algo sanador. Cuando vemos que los demás experimentan tristeza, queremos protegerlos. Queremos ayudarlos a sobrellevar su dolor. Queremos hacerles saber que no están solos, física y emocionalmente. No importa. Todo duele igual. El cuerpo lleva la cuenta. Cuando estas cosas pasan continuamente, se van creando conexiones neuronales muy fuertes que provocan que la creencia de que no valemos lo suficiente o de que no somos lo suficientemente buenos esté cada vez más arraigada en nuestro ser. Y luego, cuando encontramos a alguien que ha experimentado un dolor similar, nos duele aún más ver que nos hace lo mismo a nosotros. Como en esta situación, cuando él dijo que tendrían que dejar de hablar de la noche a la mañana y se fue.

Después de este intercambio, decidimos que hablaríamos por teléfono al cabo de tres días. Los días que siguieron fueron algo borrosos. Iba allí donde me llevaran los sentimientos. Me pasé mucho rato preguntándome por qué me había hecho tanto daño alguien con quien ni siquiera había empezado una relación. Me torturaba por no haber sido yo la que dijera que teníamos que dejar de hablar. Notaba que había algo malo en mí por sentir una reacción tan exagerada a un acontecimiento tan poco significativo.

Cuando finalmente hablé por teléfono con mi terapeuta, me dijo algo que me hizo llorar descontroladamente durante lo que quedaba de día:

—Intuyo que en el pasado viviste algo que te hizo creer que no vales lo suficiente.

Sentía como si tuviera veneno, electricidad o dolor corriéndome por las venas; de repente se me había abierto una herida por dentro y me inundaba todo el cuerpo buscando una salida. Un escape.

Hablar con esa terapeuta me hizo abrir los ojos acerca de por qué no estaba llegando a ninguna parte. Y era porque en aquel momento, con casi treinta años, había caído en la trampa en la que caemos la mayoría de nosotros: hablar de nuestros dolores actuales, convenciéndonos de que solo por el hecho de hablar de ellos, dándoles una voz y validándolos, bastará para resolverlos. Rápidamente, se me extendió un huracán de emociones por el cuerpo mientras tomaba un pañuelo.

Lo irónico es que sabía cuál era la cruda verdad. Había hablado del tema en numerosas ocasiones y lo había compartido con mi red de más de un millón de seguidores en las redes sociales: puedes curarte una herida reciente, pero si no haces las paces con tus heridas del pasado, ten por seguro que estas se convertirán en cicatrices que te seguirán definiendo.

Hasta ese día, siempre había creído que la cicatriz que tenía (aquella que me servía para recordar que no valía lo suficiente) era por no haber tenido un sentido de hogar constante durante mi juventud. Crecí en el Líbano. Yo era la más joven de la familia, y me llevaba bastantes años con el resto de mis hermanos y hermanas. Uno tras otro, todos volvieron a Canadá, donde habían nacido. Yo viví con diferentes parientes y siempre me sentí desconectada y fuera de lugar. Incluso cuando vivía en casa, la diferencia de edad que me llevaba con mis hermanos y con mis padres hizo que no conectáramos fácilmente. Esta cicatriz empeoró cuando, a los dieciséis años, unas vacaciones de verano para visitar a mi familia en Canadá se convirtieron inesperadamente en una estancia permanente. Ese distanciamiento fue estremecedor y, aunque Canadá fue un lugar muy acogedor, no lo sentía como mi hogar. Ahora, alargando el brazo para tomar la caja de pañuelos, me daba cuenta de que mis cicatrices se habían formado hacía varios años. Noah no fue nada más que un desencadenante, aquello que me llevó a plantearme de dónde venía mi dolor.

No me acuerdo de qué día fue exactamente, pero debía tener unos ocho o nueve años, y estaba en casa de mi tía. Mi madre estaba en Canadá en ese momento y mi padre tenía trabajo, por lo que pensó que estaría mejor cuidada con mi tía. Era la vigilia del Eid, la mayor celebración musulmana. Mi tía vino y les pidió a sus hijos que bajaran, pero a mí me pidió que me quedara arriba, porque ese era un «momento para la familia». Es decir, que la familia no me incluía.

Me dejaron sola en la habitación de arriba, observando la chimenea metálica que tenía delante. Oía cómo mis primos abrían regalos, y sus risas se penetraban por las paredes. Se les oía muy felices, exclamando unos a otros:

—¡Mira mi regalo!

Lo único que podía decir mi corazón era: «¿Por qué no puedo tener yo eso?».

Y no me refería a los regalos. No se trataba de la ropa o las chucherías. Me refería al amor. Al calor. A la conexión. Al sentimiento de relevancia, al valor y a la importancia… A sentir que pertenecía a alguna parte.

De tan pequeña no era capaz de etiquetar mis sentimientos con estas palabras. La única que podía utilizar para referirme a lo que me faltaba, para lo que quería, era «eso».

Al hablar con mi terapeuta, y contarle esta historia como si estuviera pasando en ese mismo instante, me di cuenta de por qué, a nivel teórico, era capaz de hablar delante de miles de personas sobre la autoestima, el amor propio y no aceptar menos de lo que merecemos, pero que, cuando me tocaba aplicarlo a mi vida, seguía siendo aquella niña que creía que no se merecía «eso».

Cuando vivimos un hecho traumático, buscamos a quien poder echarle la culpa. Yo no podía culpar a nadie por no darme lo que no podía ni nombrar. Así que, ¿a quién le eché la culpa? A mí.

Me culpé por querer «eso», por no sentir la felicidad verdadera sin «eso», e incluso por el dolor que causaba el deseo de sentir «eso».

Desde aquel momento y hasta la actualidad he estado buscando «eso».

«Eso» es un hogar. El hogar no es un sitio físico; es el lugar donde tu alma siente que pertenece, donde puedes ser tú mismo sin arrepentirte; donde recibes amor por ser tu verdadero yo. El hogar es donde no tienes que esforzarte para ser querido.

Le conté a mi terapeuta la sensación que tenía de abandono, de cargar con mi hogar en la mochila. Mis palabras. Mi diario. Ese era el lugar donde acudía cuando los abusivos de la escuela me decían algo horrible o se reían de mí. Ese era el lugar donde acudía cuando sentía que anhelaba «eso».

Y le conté cómo me sentí cuando llegué a Canadá unos años más tarde. En ese momento, todos mis hermanos también vivían allí, y estaba contenta de volver a reunirme con ellos en lo que pensé que sería una estancia temporal.

No tuve la oportunidad de despedirme de verdad de mi casa en el Líbano, de mi habitación, de mis abuelos, de mis amigos y de todos los sitios que conocía. Durante un año entero me sentí invisible. Me sentí traicionada, y ni siquiera sabía quién me había traicionado. ¿La vida? ¿La guerra? ¿El destino?

Cuando estuve convencida de que me había quedado «atrapada» en Canadá, estaba tan enojada conmigo misma que arranqué todas y cada una de las páginas del diario que llevaba tres años escribiendo. ¿De qué me servía expresarme si nadie me escuchaba? ¿Para qué escribir mis sentimientos si no era capaz de hacer nada para cambiar mi realidad?

Ya no quería escribir más. Ya no quería sentir nada más.

No fue hasta siete años más tarde cuando, a los veintitrés, algo en mí cambió en el momento en el que estaba cursando el posgrado en Educación y empecé a dar clases. El director pasó con un grupo de ocho refugiados y, al mirarlos, vi que sus ojos gritaban: «¡¿Pero qué hago aquí?! No pertenezco a este sitio». Y yo quería responderles: «Sí que pertenecen aquí. Sé cómo se sienten».

Empecé a escribir para darles fuerzas y defenderlos. Escribir para luchar por los demás, eso estaba bien. Me convencí de que escribía sobre ellos, no sobre mí.

No tenía ni idea de que ayudándoles a curarse, estaba sanando mi «yo» de dieciocho años que había quedado apartado. Estaba curando a mi «yo» de dieciséis años que arrancó las páginas del diario y que quiso dejar de sentir. Esos textos se convirtieron en mi primer libro, que decidí publicar con la esperanza de que ayudaría a aquellas personas que están sentadas en alguna esquina oscura de la vida, buscando un hogar, como yo.

Al cabo de unos meses de haber autopublicado mi primer libro, *Mind Platter* («Bandeja mental»), un equipo de TEDxCoventGardenWomen se puso en contacto conmigo para pedirme que subiera al escenario. El tema era «Ha llegado la hora». Y pensé: «Ha llegado la hora de sentir». Así que decidí ponerle el siguiente título a mi charla: «Encontrar un hogar a través de la poesía».

Ahora avancemos unos meses.

Unos instantes antes de subir al escenario respiré profundamente y me dije: «Olvídate del guion. Di lo que tu corazón necesite decir».

Me había preparado un gran discurso sobre cómo me había construido mi propio hogar gracias a escribir poesía. Había pasado los últimos seis meses memorizándolo. La noche anterior, sentada en la habitación del hotel, me di cuenta de que estaba más preocupada memorizando las palabras en el orden correcto que compartiendo realmente mi corazón y mi alma. Sentía pánico, pero a la vez me sentía atolondrada. Sentía pánico porque ¿cómo podía ser que no me lo hubiera aprendido si había tenido seis meses para prepararlo? Y me sentía atolondrada porque ni se me pasaba por la cabeza echarme atrás. Me había tomado un día libre en el trabajo y me había gastado dos mil dólares en un viaje de cuarenta y ocho horas hasta Londres y una noche de hotel en una habitación tan pequeña que apenas podía respirar.

Además, esta era la primera vez que me habían pedido que subiera a un escenario para hablar delante de quinientas personas. Tenía que hacerlo. Al fin y al cabo, esto es lo que quería: una oportunidad para que me escucharan. Una oportunidad para hacer oír mi voz.

Dejé los papeles encima de la cama y decidí salir a dar una vuelta.

Me sentía como la noche anterior a un gran examen. No hay forma de escapar a la única oportunidad de demostrar que sabes lo que dices saber (aunque estés en fase de negación). Y, como en el caso de un examen, cuanto más se acercaba la fecha, menos posibilidades tenía de retener información relacionada con el tema.

Salí de mi pequeñísima habitación de hotel, preguntándome por qué rayos era tan cara. Tomé el teléfono por si necesitaba consultar el GPS de vuelta al hotel. Esta actitud no era propia de mí. Solía tener mucho miedo de perderme. «Pero voy a caminar en línea recta», me dije.

Unos diez minutos después de haberme puesto a andar, vi unas grandes rejas abiertas y una multitud de gente. Pensé: «¡Vaya!». En mi país, por la calle no se ven más de cinco personas juntas. He aquí la respuesta a mi desconcierto: lo que tenía delante explicaba por qué tuve que pagar tanto por mi habitación de hotel.

Buckingham Palace. En todo su esplendor.

No sé tú, pero yo creo que cada momento que vivimos está conectado con todos los demás momentos de nuestra vida. Lo que estamos viviendo ahora está conectado con lo que pasará dentro de diez o veinte años. Y esta conexión no podemos verla en un principio. Pero más adelante te encuentras en uno de esos momentos en los que te dices: «Ahora entiendo por qué me ocurrió aquello en el pasado». Es como una dulce broma del universo. En ocasiones, este tipo de señales indican que hay que pasar página. A veces nos dicen que ha llegado la hora de un nuevo inicio. En otras ocasiones, simplemente son momentos en los que te entiendes mejor a ti mismo. Y otras veces son situaciones que te alivian.

El significado de este momento en especial lo podría entender a la perfección dos años más tarde.

Volvamos a Buckingham Palace. Yo nunca fui de las que se impresionan con el glamur o la riqueza, pero me encantaron el diseño y la arquitectura de este edificio. También me gustó ver cómo la gente sacaba fotos y la pasaba bien. Al mirarlos, recordé algo que tuvo lugar en mi infancia. Se trataba de un recorte de periódico que guardé en mi diario, en el que aparecía la foto de una princesa preciosa, con un vestido de novia que tenía la cola más larga que hubiera visto jamás. Al lado de la foto, un titular en árabe decía algo del estilo: «Murió en un accidente de coche en París».

Esto es todo lo que sabía. Recuerdo guardar la foto porque pensé que esa princesa era preciosa. De algún modo, quería ser como ella. Ahora que lo pienso, yo tenía siete años cuando se publicó esta noticia. Me guardé la foto durante mucho, mucho tiempo. Ahora miraba Buckingham Palace y me imaginaba los pasos que la princesa del pueblo debió dar por sus pasillos, y, de repente, se me hizo evidente la siguiente idea: no es que quisiera ser como ella, sino que mi ser más joven sintió que compartía algo con ella, y este algo era la búsqueda de un hogar. La princesa Diana dejó huella en el mundo por un motivo: su voluntad de abrir el corazón y hablar de su verdadero dolor. Entonces comprendí que estaba predestinada a dar ese paseo para llegar a ese momento exacto y saber lo que tenía que decir a la mañana siguiente.

Volví al hotel. A causa de la diferencia horaria, no conseguía dormirme. Tenía que estar en el sitio de la charla a las ocho de la mañana (hora de Londres), lo cual significaba que eran las tres de la madrugada en Canadá. Era inhumano. Pero me desperté a lo que habría sido mi una de la madrugada para prepararme y presentarme a tiempo. Estaba exhausta en todos los sentidos.

Cuando llegué me contaron que yo sería la primera oradora del día. La organizadora, una mujer increíblemente amable, me dijo que había personas que cuando se enteraron de que yo iba a hablar, habían pedido que se hiciera una excepción en este evento en el que las entradas estaban agotadas, para poder venir a verme hablar. Recuerdo que me dijo: «Dijeron: "Nos quedaremos de pie a los lados, así la podremos escuchar"». Este comentario fue como una caricia en el corazón, pero una voz dentro de mí decía: «Solo está siendo amable contigo. No puede ser verdad». E incluso si me permitía creérmelo por un momento, esa voz interna insistía: «¿Por qué querrían escucharte a ti, si hablas tan mal?».

No recuerdo mucho más de aquella mañana, aparte de tener que practicar mi discurso. Luego subí al escenario. En un momento dado, brotaron sin ningún esfuerzo de mi boca las siguientes palabras, que no había planeado:

El mayor error que cometemos es construir nuestro hogar en otras personas. Construimos nuestras casas y las decoramos con el amor y el cuidado y el respeto que hacen que nos sintamos a salvo al final del día. Invertimos en los demás, y evaluamos nuestro valor basándonos en lo mucho o poco que nos acogen en esas casas. Pero lo que muchos no ven es que cuando construimos nuestro hogar en otras personas, les damos el poder de convertirnos en sintecho. Cuando esas personas se van, se llevan estas casas y, de repente, nos sentimos vacíos, porque todo lo que teníamos lo habíamos puesto en ellos. Le habíamos confiado partes de nosotros a otra persona. El vacío que sentimos no significa que no tengamos nada que dar, o que no tengamos nada por dentro. Simplemente significa que hemos construido nuestro hogar en el lugar equivocado.

Avancemos al momento en el que Noah dijo: «No puedo seguir así». Sí, esto significa que pronuncié esas palabras tan inspiradoras antes de mi experiencia con él.

De hecho, volvamos a saltar hasta el momento en el que le dije a mi terapeuta: «Creo que simplemente corrobora que no vale la pena estar conmigo. No porque yo crea que no me lo merezco, sino porque todas las experiencias que he vivido hasta este momento lo han demostrado así».

Analicemos este momento. ¿Cómo podía haber ayudado a millones de personas a curarse con mis palabras y seguir siendo esa niña de ocho años que se preguntaba por qué no podía tener «eso»? Yo sabía muchísimas cosas. Me podía plantar en medio de un escenario y dar el mejor discurso sobre autoestima. Podía escribir infinitamente sobre el amor propio, el empoderamiento y el valor personal. Pero ¿por qué no podía sentirlo?

Aquí me encontraba ante un problema, ¿verdad? Y tenía que resolverlo. Había pensado que había empezado a construirme mi verdadero hogar unos años atrás, cuando tuve todas esas revelaciones acerca de construir casas en otras personas. Pero estaba claro que no era así.

Hice la labor de aprender. De investigar. De sentir el dolor a todos los niveles. En el ámbito de la educación utilizamos el término *praxis* para referirnos a la transferencia del conocimiento teórico a un nivel práctico. Pues ¿dónde estaba mi praxis? ¿Cómo podía saber todo esto y seguir siendo esa niña de ocho años sentada sola en una habitación queriendo tener «eso»?

¿Por qué no podía tenerlo? ¿Por qué no podía tener «eso»? Ahí estaba: fundamentalmente creía, igual que mi versión de ocho años, que no lo podía tener. Ahí radicaba el problema.

¿Ves cuál es? El término *poder* afirma automáticamente que «eso» no era alcanzable. Y el único motivo por el que no era alcanzable era porque no lo había alcanzado en el pasado. Qué tontería, ¿no? Es como decir que no puedo sacar el título porque no me he graduado nunca antes. O que no puedo viajar porque no he viajado nunca antes. Ya me entiendes.

Así que cambiemos la pregunta de «¿Por qué no puedo tener eso?» a «¿Por qué no tengo eso?».

¡Cómo cambia! Ahora que la pregunta no implica imposibilidad, sino que más bien me anima a descubrir y entender, puedo ponerme a buscar respuestas.

El objetivo de pavimentar el camino que te llevará al hogar que construyas en tu interior no es evitar los obstáculos que te encuentres, sino que consiste en desmenuzarlos y utilizarlos de adoquines que puedas entrelazar para construirlo. Esto es lo que hace que este camino hacia tu casa sea único para ti.

Las herramientas contenidas en este capítulo te ayudarán a colocar los adoquines que pavimentarán el camino hacia tu casa. Toma cada uno de los obstáculos que encuentres por el camino y desmenúzalos hasta que sean adoquines. Luego, imagina que utilizas esos adoquines para construir el camino que te llevará a tu casa.

¿Por qué no puedo tener «eso»?	¿Por qué no tengo «eso»?
• Implica que «eso» no es alcanzable	• Implica que «eso» es alcanzable
• Te quita el poder: «Nunca lo tendré»	• No te quita poder: «Aún no lo tengo»
• Evoca sumisión	• Evoca propósito
• Sirve de obstáculo en el camino	• Sirve de pavimento

HERRAMIENTA N.º 1: Identifica tu historia de ¿Por qué no puedo tener «eso»?

Vuelve al principio, allí donde empezaste a generar el relato de que no merecías tener «eso». Pregúntate: «Esa historia, ¿qué me hace creer de mí mismo?».

Reflexiona acerca de todas las experiencias en las que has respondido o actuado desde esa creencia.

HERRAMIENTA N.° 2: Cambia la pregunta

Utilizando el diagrama de la página anterior, cambia el «¿Por qué no puedo tener "eso"?» por el «¿Por qué no tengo "eso"?». Esta herramienta es básicamente un cambio de mentalidad. Tienes que creer que aquello a lo que quieres aspirar es alcanzable.

Durante mucho tiempo pensé que no podía tener «eso», que no podía tener la sensación de estar en casa. Y, como esa creencia me volvió impotente, esperaba que alguien me construyera una para mí. Esto es un problema en sí mismo, pero el mayor problema, y el más peligroso, es que no creía que mereciera tener un hogar en mi interior. Seguía esperando que alguien me diera amor. Que alguien me diera mérito. Que alguien me diera valor. Les estaba dando más poder a mis experiencias pasadas y a lo que pensaba que demostraban, que a la experiencia que vivía en el momento y lo que sabía de mí en el presente.

A nivel intelectual, sabía que tenía que construirme un hogar independientemente de los demás, pero seguía sintiendo un dolor insoportable cada vez que alguien no me daba la bienvenida al suyo; cuando alguien no me daba amor. En esas estaba, dándolo todo para que mi valor no estuviera determinado por fuentes de validación externas (personas, títulos, grados, conocidos, círculos sociales y demás). La sensación de no tener casa hacía que pensara que era mejor cualquier remota posibilidad de una conexión, relación, amistad (pertenecer a cualquier cosa), que no tener ningún hogar. Vivía más en los sueños y las esperanzas de tener hogares en otras personas y cosas, que realmente en sus hogares. Cuando no sabes qué aspecto tiene un hogar, tomas lo que te ofrezcan.

Mi sentimiento de desamparo no solo hizo que me traicionara a mí misma construyendo casas en otros, sino que también provocó que traicionara a los demás, ofreciéndoles sentimientos hipócritas (aunque a mí esos sentimientos me parecieran sinceros). En realidad, los concebía más como refugios para las piezas de mi «yo» disperso que como personas a las que querer.

Así estaba yo. En la casilla de salida del proceso de construirme mi propio hogar. Conocía todos los elementos de la consciencia propia y de la autoaceptación, pero no los había puesto en práctica. No había creado ningún lugar dentro de mí para albergar estos conocimientos. Era como tener un salón, un comedor, una cocina, una habitación y un baño sin que estuvieran conectados y en el mismo espacio. ¿Dirías que tienes una casa si cada parte está en un lugar distinto?

Así que ahora te pregunto yo a ti: ¿dónde estás ahora? Es decir, en tu proceso de sanar, ¿en qué punto te encuentras?

HERRAMIENTA N.º 3: Construye el camino

1. Reflexiona: ¿Dónde estás ahora? Me imagino que no te sientes en casa.
2. Reflexiona: ¿Dónde quieres estar? Me imagino que quieres construirte un hogar dentro de ti.
3. ¿Qué te impide llegar allí?
    a) Tu historia del «¿Por qué no puedo tener "eso"?» (herramienta n.º 1).
    b) Tu creencia de que no puedes tenerlo.
4. Cambia de mentalidad (herramienta n.º 2).
5. Emprende el camino a casa.

CAMBIA DE MENTALIDAD

En tu camino hacia descubrir quién eres y qué te hace sentir en casa, tendrás que hacer un inventario de lo que hay en tu vida y reflexionar acerca de lo que te hace sentir en casa y lo que no. Esto te ayudará a encontrar tu «tercer espacio». Espera, te lo voy a explicar. Justo al terminar la carrera de Magisterio, me puse a estudiar un posgrado de Educación en Multialfabetización y Multilingüismo. Uno de los conceptos que aprendí, y que me quedó grabado, fue el del «tercer espacio», en el que los estudiantes se sienten más cómodos a la hora de expresarse. Su primer espacio sería su hogar, y el segundo, la escuela, con las diferentes identidades que tienen en cada uno. El tercer espacio se identificaría con ese lugar intermedio en el que los estudiantes son capaces de expresar la mezcla de identidades que sienten que los representan mejor.

Aunque aprendí este concepto en el contexto educativo, lo adapté a la vida en general, porque todos tenemos nuestro propio tercer espacio, en el que sentimos que somos auténticos. Es el espacio que contiene todas nuestras preferencias acerca de cómo nos gustaría vivir la vida; es el espacio ideal en el que nos sentimos completa y totalmente representados. Es... casa.

Yo no he sentido nunca, y aún no lo siento ahora, que pertenezca completamente ni a mi primer, ni a mi segundo espacio. No me sentí de esta forma ni antes ni después de los dieciséis años. Ni la cultura que me llevé del Líbano, ni la que me encontré en Occidente me representaban completamente. Crear mi propio tercer espacio implicaba que necesitaba mi propia definición de «libertad». Mi propia definición de «mujer». Mi propia definición de «hogar».

HERRAMIENTA N.º 4: Identifica tu tercer espacio

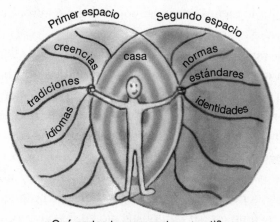

¿Qué partes te representan → a ti?

1. Identifica los dos espacios o mundos en los que sientes que vives. (Nota: Podría haber más de dos. Si los hay, dibuja más círculos. El objetivo es que no te atasques con la idea del tercer espacio. Es tu espacio, tu hogar.)
2. Anota todas las identidades, normas (escritas y no escri-

tas), creencias, idiomas, tradiciones, estándares y demás, pertenecientes a los espacios que has identificado en el primer paso.

3. En tu tercer espacio, o tu espacio, anota las identidades, normas, creencias, idiomas, estándares y demás que sientas que representan tu «yo» más auténtico.

Confía en mí, yo también sé lo que es no saber por dónde empezar, y precisamente por este motivo estoy escribiendo este libro. Recuerdo sentirme paralizada durante mucho tiempo. Más que paralizada, atada. Recuerdo sentirme atascada. Recuerdo sentir que llevaba tanto tiempo con ese dolor, que se había convertido en mi zona de confort, en mi hogar. Recuerdo sentir que tenía demasiado miedo para arriesgarme a ir más allá. Porque, por lo menos, ese lugar era un lugar seguro. Era predecible. Y ya lo conocía.

Pero la peor parte no era sentirme atada. Lo peor llegó cuando me di cuenta de que tenía alas; cuando descubrí mi poder, pero aun así elegía no volar. No ser libre. Esta es una de las formas más destructivas de autoopresión: saber que tienes poder y, aun así, no utilizarlo. Saber que tienes una voz, y no hablar. Saber que estás en el lugar equivocado, pero quedarte donde estás. Saber que tienes mucho potencial, y no usarlo. Ahora que conozco mi historia de «¿Por qué no puedo tener "eso"?», y cómo esta era un obstáculo en mi camino, entiendo por qué impedía la construcción de mi propia casa, incluso después de darme cuenta de que la necesitaba.

Yo creo que el miedo que tenemos a cortar las cadenas y ser libres surge de la falta de autoaceptación; de creernos lo que el obstáculo nos dice acerca de nosotros mismos. La autoaceptación te revela que lo que vales no está condicionado por tus circunstancias. Tienes valor pase lo que te pase en la vida. Puede que busques excusas para no esforzarte a ser libre, pero en cuanto te aceptas a ti mismo, dejas de creerte las excusas. Por ejemplo, puede que pienses que si haces este cambio:

- Ya no pensarán lo mismo de mí.
- Dejarán de aceptarme.
- Dejarán de quererme.
- Ya no me respetarán.
- Suma y sigue…

Aquí hace falta preguntarse: ¿Quién no pensará lo mismo de ti? ¿Quién dejará de aceptarte? ¿Quién es tu público? Y ¿por qué son lo más importante? ¿Tu público forma parte de tu primer o de tu segundo espacio?

HERRAMIENTA N.º 5:
Visualiza un mundo más grande (público)

Una de las cosas que nos impide emprender el camino de vuelta a nosotros mismos es el miedo a que nos juzguen, a que nos avergüencen, o incluso a que nos excluyan de las vidas de aquellos que nos rodean. Cuando te planteas hacer un cambio, ¿de quién son las reacciones que más te preocupan? ¿En quién piensas primero? En las personas a las que tienes miedo. En las personas a las que quieres complacer. En las personas cuya opinión te preocupa. Percibes a esas personas como gigantes, ¿verdad? Esto se debe a que les concedes poder. Ellos te confinan en los límites de tu mundo. Ahora quiero que te imagines traspasando los confines de ese círculo y viendo un público mayor, un mundo más grande. ¿Verdad que es liberador?

Cuando limitas tu habilidad de liberarte porque buscas la aceptación de aquellos que te rodean, no estás desmenuzando ese obstáculo ni lo estás convirtiendo en un adoquín para el camino. Dejas de construirte un hogar dentro de ti y vas a pasar años siendo totalmente consciente de que te mereces mucho más, pero culpando a aquellos que te rodean por impedir que elijas liderar tu propia vida.

Yo me he pasado la mayor parte de mi vida buscando «eso» (sentirme como en casa) en todas partes, menos dentro de mí misma. Siempre partía de una situación de vacío, buscando algo o alguien que pudiera rellenar ese hueco. Es decir, que siempre estaba esforzándome para conseguir algo externo. Y esta tarea me ocupaba las veinticuatro horas del día. En diferentes épocas de mi vida, este algo externo adoptó diferentes formas. Por ejemplo, hubo un momento en el que todas las personas que me rodeaban se iban a casar o bien iban a tener hijos. Y, además, tenían una trayectoria profesional que encajaba con ese estilo de vida. En algún otro momento, se trataba de sacar las mejores

calificaciones, finalizar una carrera, realizar con éxito un trabajo... Cualquier premio que me dijera que lo estaba haciendo
genial, que lo estaba haciendo mejor que los demás. En otro
momento, quería que me incluyeran en ciertos círculos de amigos. Me duele pensar en la ingente cantidad de dinero que me
he gastado en regalos de cumpleaños, regalos de compromiso y
de boda. Siempre me invitaban a las fiestas de cumpleaños y yo
acudía, incluso si no conocía muy bien a la persona que cumplía
años. No recuerdo ni una sola ocasión en la que alguien me
organizara una fiesta de cumpleaños a mí. Y, sin embargo, seguía aceptando las invitaciones. Mantenía amistades en las que
sabía que se estaban aprovechando de mí, porque pensaba
que tener amigos a medias era mejor que no tener amigos.

¿Te acuerdas de cuando te conté que me alegraba de que
Noah aceptara mis cumplidos? Pues este era el mismo tipo de
patrón. Que la gente aceptara los regalos que les ofrecía era
todo lo que necesitaba para seguir buscando una conexión con
ellos. Porque eran mi público (el círculo pequeño de la herramienta n.º 5). Porque esto me indicaba que me daban la bienvenida en sus vidas. Porque la aceptación de aquello que les
daba me proporcionaba a mí una sensación temporal de validación, que me decía que lo que había en mí valía la pena.
Y hasta que no vi este patrón de buscar constantemente una
casa en los demás, no me di cuenta de que la única casa a la que
podría recurrir siempre se hallaba dentro de mí.

Cuanto construyes un hogar en tu interior, eres imparable,
porque ya no te paseas por las calles como un vagabundo, suplicando que alguien te dé refugio. No te paras en cada esquina
y en cada cruce suplicando que te den las sobras o el cambio
que la gente lleva encima.

Y en cuanto te has construido ese hogar, dejas de estar en
modo reactivo en relación con el mundo que te rodea. No te

defines en comparación con los demás. No te sientes bien solo porque sientes que eres «mejor» que el resto, basándote en el dinero que ganas, en tu puesto de trabajo, en tu estatus social o en lo que sea. Cuando tienes casa, no vas a la puerta de otras personas para señalarles que sus acciones o palabras están mal.

Entiendes que puede que los demás te tiren piedras en tu tejado, pero esas piedras no significan nada para ti, a no ser que hagas que signifiquen algo para ti. Te centras en arreglar los desperfectos que tienes en casa, en vez de esperar que los que te lanzan piedras te den permiso para hacerlo, disculpándose por lo que hacen. Y tampoco te centras en la venganza o en tirarles piedras a ellos. Eres capaz de ver las acciones y las palabras de la gente como algo independiente de lo que sabes y crees de ti mismo.

NO APARENTES «ESO» HASTA QUE LO LOGRES

Cuando te encuentres
observando a los que te rodean
y te plantees
«¿por qué mi vida no puede ser "así"?»
o
«¿por qué no puedo tener "eso"?»,
recuerda que
no necesitas que nadie te dé «eso»
para ser feliz.
Te necesitas a ti
para ser feliz.
Porque «eso» lo llevas dentro.
Y si no te puedes ver a ti
nunca verás «eso».

Si actualmente estás desprovisto de «eso», te esforzarás por llegar al lugar deseado desde una posición sedienta. Desde una falta de mérito. Desde una posición en la que te intentas demostrar que te mereces tener «eso». Piensa en una planta. Si quieres que una planta crezca y no dejas de imaginarte lo bonita que será cuando crezca, pero no le das lo que necesita, impedirás que crezca. No sirve de nada esperar hasta que consideres que la planta es preciosa para darle lo que necesita. Así nunca crecerá. Nunca alcanzará el potencial que sabes que tiene.

Pues lo mismo pasa contigo.

No puedes privarte de la creencia de que te mereces «eso» hasta que sientas, seas y tengas las cosas y personas en tu vida que crees que harán que tengas «eso».

¿Entiendes lo crucial que es que empieces ya a pavimentar el camino que te lleve a construir tu propia casa dentro de ti? ¿Lo bonito y liberador que sería tener un sentido de pertenencia independientemente de donde estuvieras, o de con quién estuvieras? ¿Lo bonito que sería sentirse en casa fueras donde fueras, porque tu casa está dentro de ti y no en ninguna otra parte?

Empezaremos a construir tu casa por los cimientos. Después de haber establecido las bases, tendrás un lugar donde colocar todas las partes de ti mismo, y que estén juntas. Cuando entres en cualquiera de las estancias que habrá en ella, recuerda los cimientos sobre los cuales están: tu aceptación y la consciencia de ti mismo. No la aceptación o reconocimiento que te otorgue otra persona.

Y cuando las cosas se compliquen, que así será, quiero que recuerdes estas palabras que escribí en *The Nectar of Pain* («El néctar del dolor»):

Estas montañas que
llevas a cuestas,
solo las tenías que
escalar.

Estas montañas que llevas a cuestas,
solo las tenías que escalar

Este es un mantra que utilizo siempre que me siento impotente. Estas palabras me pavimentaron el camino y así me salvaron, recordándome que nada de lo que me echan en el camino me tiene que hundir, sino que es una oportunidad para aprender, para superarlo y tomar las riendas. Este mantra me ayuda a remontar momentos en los que necesito sanar, desde entender las emociones más simples hasta curar traumas que llevo años acarreando. También me ayuda a transitar por tiempos difíciles. Me lo recito antes de subir al escenario, antes de las entrevistas, antes de conversaciones complicadas, o cuando tengo un proyecto de gran calibre que parece demasiado grande y que no sé por dónde empezar. Me lo recito para recordarme que soy yo quien tiene el poder. Utilízalo siempre que lo necesites, siempre que te sientas impotente. Encaja perfectamente en el contexto de construirte un hogar.

La mera visualización de trasladar ese peso pesado para que deje de estar encima de ti y pase a estar debajo de ti, te da poder. En el camino hacia tu casa, a lo largo de la construcción de los cimientos y de las distintas estancias, y cuando entres en cada habitación, descubrirás que estás cargando con montañas de dolor, de traumas y de rechazos; de sentir que no eres apto, que eres demasiado sensible, que no haces lo suficiente o que haces demasiado. Sea lo que sea, recuerda que, aunque sientas que estas montañas te están aplastando y que eres impotente a su lado, realmente eres tú quien tiene el poder. Tú eres quien puede decir: «Voy a colocar esta montaña bajo mis pies y voy a escalarla». Y cuando llegues a la cima, mirarás hacia atrás y dirás: «¡Uau! Mira qué lejos he llegado. Y así como pude conquistar esta montaña, puedo conquistar cualquier montaña que me pongan por delante».

No hay un orden específico en el que tengas que entrar en las estancias. El proceso de sanar es un trayecto personal. Eres tú el constructor de tu propia casa. Entra en cada estancia basándote en lo que necesites. Cuando entres en ciertas habitaciones, puede que te des cuenta de que necesitas entrar en otras antes. Mientras escribía este libro, ordené las habitaciones basándome en cómo se me desplegó a mí el proceso de sanar. Cuando estés construyendo tu casa, entra y sal de las estancias según se te presente el proceso de sanar.

Para descubrir la práctica de quererte de verdad, entra en la habitación del amor propio (capítulo dos).

Para aprender a soltar y perdonar, entra en la habitación del perdón (capítulo tres).

Para aprender acerca de la compasión contigo mismo y con los demás, y cómo establecer límites, entra en la habitación de la compasión (capítulo cuatro).

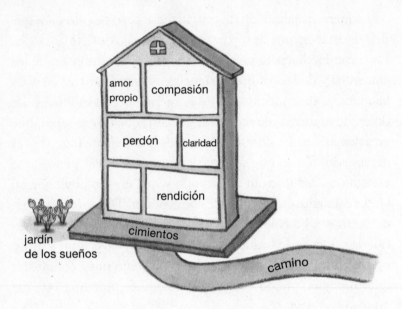

Para ver tu auténtico yo con claridad a través de tus propios ojos, entra la habitación de la claridad (capítulo cinco).

Para aprender a soltar la resistencia a sentir emociones, positivas o negativas, entra en la habitación de la rendición (capítulo seis).

Para aprender a descubrir tu pasión y vivir tus sueños, entra el jardín de los sueños (capítulo siete).

Como en el corazón de la construcción de tu casa se halla el hecho de escucharte a ti mismo, este arte está presente en todas las estancias. El arte de escucharte (capítulo ocho) te explicará el poder de esta habilidad para nutrir la estancia en tu casa.

Adaptándote a tu nueva realidad (capítulo nueve), consolidarás todos los conocimientos que has adquirido acerca de tu proceso único de sanar y de construirte un hogar. Aprenderás a ser tu nuevo «yo», uno más auténtico con el mundo que te rodea, especialmente con las personas que ya te conocen.

Finalmente, para personalizar tus espacios adicionales y ver un ejemplo de cómo lo hice yo, puedes consultar el apéndice, «¿Qué estancias añadirías?».

Ha llegado el momento.

Ha llegado el momento de construir tu propia casa en ti. Cuanto antes lo hagas, antes podrás darte la bienvenida a tu hogar interior.

¿Me sigues?

Manos a la obra.

Establecer los cimientos

Los cimientos de tu casa son la parte más importante. Si no hay cimientos, puedes tener todos los elementos que necesitas para tu casa, pero la falta de base pone en peligro el control que tienes sobre estos elementos. Sin unas buenas bases, sentirás que hay caos y desorganización. Buscarás que otros te den estabilidad, lo cual te pondrá en riesgo ya que definirás tu valor a través de la validación externa.

Somos muchos los que nos apresuramos a aprender cuáles son todos los elementos que nos hacen sentir como en casa, sin ver el valor de la integración de estos elementos; sin comprender la importancia de unas bases que lo mantengan todo unido.

Los cimientos se establecen a partir de dos cosas: la autoaceptación (tienes que sentir que te mereces estas bases) y la autoconsciencia (sabiendo quién eres). Sin los cimientos, no puedes acceder a las habitaciones de tu casa. Tener una buena base es fundamental para que haya un espacio para todas las estancias de tu casa, y para poder soportar las tormentas que amenazan con derrumbarte. Cuando las estancias estén construidas sobre unos cimientos sólidos, tendrás el control de las emociones que experimentes en estas habitaciones.

Recuerda que eres la única persona que tiene la llave de todas las habitaciones, y podrás entrar y salir de ellas siempre que lo necesites.

¿Estás listo?

Empecemos a excavar.

Ahora que ya has construido el camino que te lleva a la construcción de tu casa, tienes delante la victoria de tu propio poder para construirte una casa para ti, en ti.

¿POR QUÉ SON FUNDAMENTALES LOS CIMIENTOS?

Cuando era joven, tenía un libro de ciencias sociales en el que aparecían dos fotos con dos familias, una al lado de la otra. Una de las familias vivía una vida económicamente próspera. Cada uno de los miembros de esa familia disponía de un bien material, pero podías ver que había tristeza en sus rostros. La imagen de al lado mostraba una familia entera durmiendo en una única cama, claramente en una casa pequeña y vieja, pero con grandes sonrisas.

Ponía: «El dinero no da la felicidad; un hogar, sí».

Esa imagen se me quedó grabada. Esa sensación de hogar que irradiaba de la segunda foto era algo que había anhelado toda mi vida.

La pregunta está clara: ¿qué hace que una casa sea un hogar?

¿Es su tamaño? ¿El número de habitaciones? ¿Cuántas plantas tiene? ¿Es su ubicación? ¿Su precio?

La respuesta obvia a todas estas preguntas es que no.

Si una casa está formada físicamente por un conjunto de habitaciones, ¿qué es lo que conforma un hogar? Yo afirmaría que es la unión de estas habitaciones o elementos, el hecho de que estén juntos en un mismo espacio. Construir habitaciones sin cimientos te asegura que la estructura se derrumbará.

Bueno, bueno. Sé que seguramente estarás pensando: «Pero esto ya lo sé. No me estás diciendo nada nuevo».

No te estoy diciendo que los cimientos de una casa sean importantes porque dé por sentado que no lo sabes. Estoy intentando que reflexiones acerca de si estás unido contigo mismo o no.

¿Tu hogar tiene cimientos? Acuérdate del concepto de praxis. ¿Aplicas lo que sabes sobre ti y sobre lo que vales en tu vida diaria?

Imagina que viene un amigo y te dice que la está pasando mal en su relación, porque su pareja no está poniendo suficiente empeño. Imagina que tu amigo llora y no para de dar vueltas al hecho de que no se siente valorado pero, a la vez, se siente atascado porque quiere muchísimo a la otra persona. ¿Qué le dirías que hiciera? Estoy convencida de que das unos consejos geniales para recordar a los demás lo mucho que valen. Seguramente le dirías a tu amigo que pasara página con esta persona o, por lo menos, que abordara el problema. Seguramente le explicarías que se merece algo mejor, que no tiene por qué conformarse con el dolor que otra persona le está causando.

Estoy convencida de que también eres brillante a la hora de hablar de lo que te mereces y de que nunca aceptarías menos de unos ciertos estándares. Sabes que si esa misma persona te hiriera, te enfrentarías a ella de inmediato. Y estoy aún más segura de que dominas a la perfección la frase «Pero mi situación es diferente». Manejas estupendamente aquello de verte como una excepción de las normas que aplicarías a cualquier otra persona.

Qué fácil sería la vida si aceptaras tus propios consejos, ¿verdad?

¿Y dónde está el fallo?

El fallo surge por la falta de cimientos. Mi historia del «¿Por qué no puedo tener "eso"?» tapaba la visión de la casa que tenía que construirme en mi interior. «Eso», desde mi punto de vista, existía en los demás, así que lo buscaba externamente. Puede que tuviera claros todos los elementos que necesitaba para construirme una casa en mi interior, pero no tenía los cimientos sobre los que asentarme, porque no había hecho el trabajo necesario que tenía que llevarme al terreno en el que construiría mi casa. No había desmenuzado mis obstáculos para convertirlos en mi camino. El hecho de no tener unos cimientos para la casa en mi interior me llevó a intentar colocar los elementos que tenía (el conocimiento sobre mí y sobre mi valor) en otra persona. Cualquier otra persona. Así que cuando me rechazaban, pensaba: «¡¿Cómo puedes no ver lo que valgo?!», cuando realmente esa pregunta se la tenía que hacer al espejo. Porque si yo veía lo que valía, no me basaría en lo que vieran los demás para determinar mi valor.

Verás, lo mires como lo mires, a una casa sin cimientos no se le puede poner la etiqueta de casa (por no hablar de la etiqueta de hogar). Son solo piezas sueltas. Tu valor no se puede determinar únicamente con lo que sabes que vales. Tu hogar tiene que asentarse sobre unas bases que cumplan dos objetivos:

1. Colocar tu valor dentro de ti, y no dentro de otra persona.
2. Convencerte de que te mereces poner en práctica tus conocimientos sobre lo que vales.

∾

Puedes tener muy claro lo que vales, pero si no has asentado unos cimientos adecuados, este elemento o espacio fracasará en el mundo. No es tuyo. Y no lo puedes controlar. Porque no le has creado unas bases donde pueda apoyarse. No le has creado un sitio para que se quede bajo tu control.

∾

Podrías colocar perfectamente esa estancia en el hogar de otra persona… Sería como construir una casa en otra persona. Pero corres el riesgo de que se derrumbe por completo (de perder el sentido de lo que vales) en el momento en el que desaparezca esa persona.

¿Ahora todo cobra sentido, no?

¿Y CÓMO SE CONSTRUYEN UNOS CIMIENTOS SÓLIDOS?

Ahora quiero que pienses en los cimientos de un hogar. ¿Qué es lo que crees que la hace ser una buena casa, una casa sólida?

Un año después de llegar a Canadá, mis padres decidieron construir una casa para que nos mudáramos. Recuerdo ir al barrio nuevo y pensar que esa zona se veía muerta con tantos espacios vacíos. Cuando llegamos a nuestra parcela había un gran agujero en el suelo. Observándolo, no podía concebir nuestra futura casa como un hogar. Solo tenía diecisiete años y aún estaba triste porque teníamos que cambiarnos de casa, e irnos de donde habíamos estado viviendo desde que había llegado a Canadá. Me habían desarraigado cuando nos fuimos del Líbano, ¿y ahora querían desarraigarme de mi casa otra vez?

Aunque quería tener mi propia habitación, mi propio espacio, no me veía viviendo en esa casa nueva. Porque mi antigua habitación, por muy pequeña y no completamente mía que fuera, formaba parte de algo mayor. Formaba parte de algo que sentía que estaba unido. Que me hacía sentir a salvo.

Durante los siguientes meses, cada vez que visitábamos esa casa, había algo nuevo construido: una estructura, el esqueleto de la casa sin pintar, puertas, ventanas, muebles y demás. A medida que la casa iba tomando forma y se veía cada vez más uniforme, empecé a verme viviendo allí.

Aunque tardaron varios meses hasta que pudimos ver cómo construían los elementos de la casa, valió la pena esperar a tener unos cimientos que aseguraran la estabilidad, y garantizaran que fuera un lugar seguro en el que vivir. Esta misma idea se puede aplicar al hogar que construyas en tu interior.

Si la finalidad de los cimientos de una casa fuera que se mantuviera encima del suelo, construirla sería algo sencillo y rápido. Pero todos sabemos que la finalidad de los cimientos es asegurar que la casa dure para siempre. La protege de las humedades. La aísla de las temperaturas extremas. Y garantiza que si hay algún movimiento en la tierra, la casa permanecerá intacta. En otras palabras, los cimientos aseguran que la casa y todos sus elementos se mantengan unidos.

Y entonces, ¿a ti qué te mantiene unido?

Si la finalidad de los cimientos es durar, proteger y aguantar, los cimientos de la casa que construyas dentro de ti deberían estar compuestos por dos elementos: autoaceptación y autoconsciencia.

¿Por qué son estos los elementos de los cimientos de tu hogar? Porque giran en torno a ti.

Así pues, de la misma forma que verterías cemento para hacer los cimientos de una casa, viérte autoaceptación y autoconsciencia para hacer los cimientos de tu hogar interior. Sin estos dos elementos fundamentales, es posible que puedas construir las estancias de tu casa, pero lo más probable es que coloques estas habitaciones en una casa ajena, porque no te has creído que te merecieras tenerlas en tu interior. Y cuando tienes los elementos esenciales para tu unidad en otras personas, la habilidad de acceder o no a esas estancias se reduce a que estas personas crean que te lo mereces o no.

Autoaceptación

La autoaceptación, en sí, significa conocerte como eres, con todas tus debilidades y fortalezas; con todo lo que te hace ser quien eres. Percibir todos estos elementos como defectos o como superpoderes está en tus manos.

Para aceptarte, primero tienes que conocerte, algo que la cultura acelerada de hoy en día no nos permite hacer. En un abrir y cerrar de ojos, ya salió alguna nueva tecnología, se lanzó una nueva aplicación, o emerge una nueva tendencia. Y mantenerse al día de todo se convierte en algo abrumador. Si no estás al día, te sientes desfasado y aislado. Así que prefieres apuntarte al tren de eso nuevo que acaba de salir en vez de disponerte a conocerte de verdad, y a descubrir qué quieres. Si crees que lo que acabo de decir te define, pondría la mano en el fuego que has perdido la habilidad de preguntarte: ¿esto me sirve o simplemente me está robando tiempo?

Gastamos tiempo y dinero en cosas que nos ofrecen una gratificación instantánea. Estas son algunas de las mentiras que nos contamos:

- Si me compro este vestido, me sentiré mejor.
- Si me compro este coche, me sentiré mejor.
- Si me bajo esta aplicación, me sentiré mejor.

- Si gano mucho dinero, me sentiré mejor.
- Si (mete aquí tu propia teoría ridícula), me sentiré mejor.

Este «si» condicional indica que niegas tu presente, lo cual significa que no te estás aceptando. Para aceptarte no puedes tener condiciones. Tu valor y lo que pienses de ti no puede depender de la posibilidad o la probabilidad de que pase algo. Puedes tener sueños y aspiraciones, pero tu «me sentiré mejor» no debería depender de esos sueños y aspiraciones. Deberías sentirte bien tal y como eres. Ya sabes que las cosas materiales no te aportan felicidad, pero hay una diferencia entre lo que sabes y lo que haces basándote en lo que sabes.

La cultura actual hace que creas que aceptarte como eres significa que no te importe lo que piensan los demás de ti. Y no malinterpretes mis palabras pero, realmente, parte de la autoaceptación es que no te importe lo que piensa el mundo. Pero ¿ves por dónde flaquea esta definición? Pone al mundo en el centro, y no a ti. ¿Cómo podría eso ser autoaceptación? Lo que nuestra cultura etiqueta como autoaceptación debería llamarse indiferencia a lo que piensen los demás.

La autoaceptación es aceptarte a ti mismo. El hecho de que no te importe lo que el mundo piensa de ti es una consecuencia de la autoaceptación, y no al revés. Mientras tus decisiones surjan de tus necesidades o voluntades de sobresalir en el mundo, no podrás alcanzar la autoaceptación. Tus decisiones deben surgir de la necesidad y la voluntad de ser tú mismo, de dejar que tu «yo» brille. Primero tu luz brillará en tu vida, y luego en el mundo.

Deja que te pregunte: ¿vives la vida de forma reactiva frente al mundo que te rodea, o vives la vida porque estás totalmente convencido de tus creencias?

Sé que muchos de los que están leyendo esto pensarán que no saben cuáles son sus creencias. Quizá te hayas estancado y estés viviendo la vida como la sociedad ha dictado que debería ser. Vas a trabajar (si trabajas), vuelves a casa, ves un poco la tele, entras en las redes sociales, puede que salgas y pases un rato por ahí con tus amigos, vuelvas a casa, duermas y vuelvas a empezar. Esto suena a vida robótica, una vida en la que has caído por hábito, en vez de por una toma activa de decisiones.

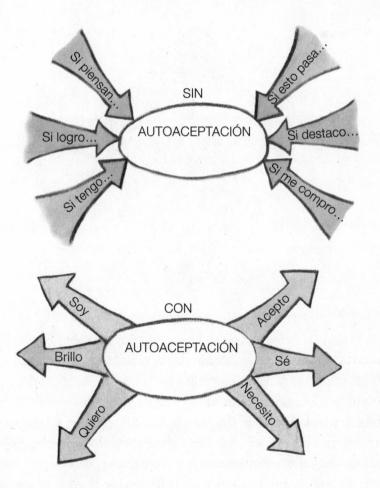

Si no dedicas tiempo a entenderte, empezarás a aceptar a alguien que puede que no sea tu auténtico yo. Esta es la autoaceptación superficial. Puede que estés aceptando una versión de ti que no deja de ser un producto de tu entorno. Ese «yo» más superficial incluye tu ego y lo que el ego te dice de ti. Sin embargo, la autoaceptación profunda implica que te aceptes como eres realmente, sin condiciones.

Qué profundo, ¿verdad?

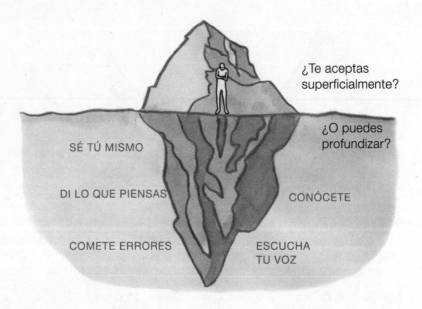

¿Te aceptas superficialmente?

¿O puedes profundizar?

SÉ TÚ MISMO

DI LO QUE PIENSAS

CONÓCETE

COMETE ERRORES

ESCUCHA TU VOZ

Puede que pienses que te has aceptado, pero solo has aceptado la imagen que han dictado de ti los demás, o la persona con la que estuvieras en un momento en concreto. Te voy a dar un ejemplo. Cuando me gradué en Magisterio seguía siendo muy tímida y tenía miedo de alzar la voz. Cuando empecé a dar clases en una escuela privada, los otros profesores y los administradores me decían constantemente que tenía que ser más estricta con mis alumnos y no enseñarles mi lado amable porque, si no, se aprovecharían de mí. Evidentemente me costaba mucho. No quería hacer caso de ese consejo. Quería expresar mi opinión de que la empatía con los estudiantes es clave a fin de prepararlos para aprender. Pero no estaba acostumbrada a dar mi opinión. Tenía un conflicto interno entre querer escuchar a esos profesores y administradores, y querer aplicar mis propios pensamientos y valores en la educación. Solo pensar en decir «pero no creo que esto sea lo correcto», me aterrorizaba. Padecía la peligrosa enfermedad de intentar complacer a todo el mundo. Así que, en vez de enfrentarme al miedo de dar mi opinión, me convencí de que siempre sería así. Quería aceptar que yo era un tipo de persona que no podía pronunciarse y decir que no. Esto era una autoaceptación superficial, porque respondía a mi entorno.

Pero en el fondo, yo no era realmente así. Cuando era más joven, solía ser capaz de dar mi opinión si veía que había algo que estaba mal. Era capaz de ser más yo misma, sin arrepentirme. Con cada decepción y cada castigo que recibía por hacer lo correcto, y con cada momento en el que tenía que venerar a hombres en posiciones de poder, aprendí a no expresar lo que pensaba. Esto es lo que me llevó a ser tan reservada cuando empecé a dar clases.

Podría haber elegido continuar siendo esa persona que no compartía sus opiniones por miedo a las reprimendas. Por suerte, mi deseo de ayudar a mis alumnos a sanar se antepuso a la necesidad de mantenerme a salvo de los castigos (o, en este caso, de un comportamiento pasivo-agresivo). A través de la escritura, llegué a conocer mi verdadero yo. Me pasé muchos años sin escribir, y durante ese tiempo no me permití analizar mis emociones. Cuando volví a escribir, empecé a curar a la persona que había desarrollado miedo a decir lo que pensaba. Y dejé de aceptar mi silencio. A través de la escritura descubrí que mi yo silencioso era solo un producto de mis circunstancias y de cómo entendía la autoridad. Y, por suerte, volví a aceptar a la chica que sabía que tenía una voz, y cuya opinión importaba. Y ese era el «yo» que tenía que aceptar. Mi «yo» entero. Y eso es, precisamente, la autoaceptación profunda.

Ahora puede que te preguntes: «¿Y cómo sé cuál es mi auténtico yo?». La herramienta que presento a continuación te va a ayudar a saberlo.

Las herramientas que hay en esta estancia se llaman anclajes, porque su finalidad es anclar los cimientos de tu hogar en un mismo sitio.

La habitación de la claridad (capítulo cinco) te ayudará enormemente con la profundidad de esta pregunta, pero para poder construir una base en la que podamos colocar la habitación de la claridad, esto es lo que tienes que hacer.

ANCLAJE N.º 1: Sé consciente de tu auténtico yo

Primer paso: Siéntate en algún lugar a solas, en silencio.

Segundo paso: Escucha lo que te dice tu voz interior. Lo más probable es que esta no sea tu propia voz, la voz de tu hogar. Seguramente será tu ego, que es el sentido del «yo» que se empezó a formar durante las primeras experiencias de tu vida. Seguramente también sean las voces de otros y lo que han ido diciendo de ti. En cuanto seas consciente de ello, imagina que empujas esas voces y las alejas porque realmente no te definen. Tú te defines.

Tercer paso: Recítate lo siguiente: «Mi auténtico yo no es esta voz. Mi auténtico yo está escuchando esta voz. Mi auténtico yo transciende el tiempo y el espacio. Mi auténtico yo no depende de las etiquetas o definiciones que me adjudique. No depende de lo que me rodea, de personas ni de cosas».

Cuarto paso: Afirma lo siguiente: «Mi auténtico yo se merece mi propia aceptación». En el proceso de ser consciente de tu auténtico yo, incorporas automáticamente la autoconsciencia, lo cual es un prerrequisito para la autoaceptación.

∽

Antes de aceptarte, tienes que conocerte.
Para conocerte, tienes que ser consciente de ti.

∽

Había escuchado esas palabras miles de veces. Las había escuchado y había pensado: «Sí, esto es exactamente lo que tengo que hacer». Y me había mantenido en este éxtasis de cuando descubres lo que tienes que hacer. Pero el éxtasis se desvanecía en unos días, si es que conseguía que me durara más de unas pocas horas. Verás, el problema era que estaba tan atascada entendiéndome a mí misma en mi estado de ese momento, que olvidé que ese «yo» era un producto de esa historia. Un producto de identidades que me habían moldeado para que fuera como soy. Un producto de las expectativas que el mundo tenía de mí. Un producto de ciertas definiciones de lo que está bien y lo que está mal. Sin reflexionar acerca de todos esos elementos, ellos me seguían dominando.

Cuando llegas al mundo, naces en un entorno que te moldea las creencias. Y te moldea la idea de quién deberías ser. La mayoría de las personas viven la vida entera esforzándose para vivir de la forma que su entorno les ha enseñado, sin plantearse el por qué. El proceso de entender por qué es lo que nos motiva a hacer un inventario de nuestras creencias, y nos permite descartar las que no nos sirven o las que no tienen sentido para nosotros o, simplemente, aquellas en las que no creemos.

Es un error no indagar acerca del origen de una creencia,

acerca de nuestra historia y de nuestro trayecto; acerca de lo que nos ha traído hasta aquí. De la misma forma que cavarías un agujero en el suelo para empezar a asentar los cimientos de tu hogar, tienes que hacer lo mismo en tu alma, en tu historia, para ser capaz de ir lo suficientemente profundo como para conocer tu auténtico yo, y así puedas aceptarlo.

Así que el primer elemento básico de los cimientos de tu hogar que te permite alcanzar la autoaceptación es la autoconsciencia.

Autoconsciencia

Piensa en la última vez que saliste con gente con la que querías encajar. Puede que en ese contexto te sintieras en un estado de autoaceptación porque sentías que encajabas en algo, en alguna parte. Pero es como decir «Me acepto» sin conocerte completamente.

Es aquí donde, de nuevo, se demuestra que el concepto de construirte una casa dentro de ti es tu objetivo principal. Ser capaz de aceptarte en cualquier contexto, independientemente de dónde estés o con quién estés, es el verdadero significado de la autoaceptación profunda y auténtica. Porque no deberías centrarte en lo que te rodea, sino en lo que tienes dentro.

Así que, antes de decir «Me acepto», asegúrate de que eres totalmente consciente del «yo» que estás aceptando.

Aquí tienes algunos de los «yoes» que puede que estés aceptando:

1. El «yo» que tus padres te criaron para que fueras.
2. El «yo» que tu pareja ama.
3. El «yo» que crees que deberías ser.
4. El «yo» de la persona con la que te comparas.

5. El «yo» de la persona que aspiras a ser.
6. (Añade el yo que intentas ser).

Si actuaba desde la posición de aceptar uno de mis «yoes» a través de unos ojos ajenos, perdía el contacto con mi «yo» auténtico. Durante mi infancia, la cultura y la religión desempeñaron un papel muy importante en cómo veía el mundo. La cultura definía concretamente lo que estaba bien y lo que estaba mal siendo una mujer; aquello que era vergonzoso y lo que era adecuado. Por supuesto, creía que cualquier comportamiento que no fuera adecuado para una mujer resultaría una mala reputación para mí y, en consecuencia, para mi familia. Así que cargué con el peso de mi reputación y la de mi familia. Pensaba que mientras no me avergonzara a mí misma o a mi familia, estaría bien. Este se convirtió en el «yo» que pensaba que tenía que ser. Y esto era autoaceptación superficial elevada a la máxima potencia. Convencerte de que el «yo» que los demás creen que está bien, que es bueno o suficiente, es el «yo» que tienes que ser, es autoaceptación superficial.

Cuando me hice mayor, tras mudarme a Canadá y salir así del pueblecito en el que estaba relativamente refugiada, empecé la búsqueda de mi auténtico yo. ¿Qué era lo que yo creía que estaba bien, que era bueno o suficiente? Me encontré poniéndome diferentes caras que reflejaban el contexto en el que estaba. Por ejemplo, durante la universidad no me estaba permitido salir con mis amigos si se iban por ahí, incluso si íbamos a un sitio en el que no se sirviera alcohol. Entendía que mis padres creyeran que me estaban protegiendo, pero eso me hizo sentir aislada y sola. Quería salir con mis amigos, pero no me estaba permitido. Yo no era el tipo de persona que hace cosas a escondidas de sus padres, así que los obedecí y seguí sintiéndome aislada de las oportunidades de conectar con la gente fuera del entorno escolar. Entendía muy bien que estar en ese tipo de ambientes no daba una buena impresión de mí o de mi familia, así que me mantuve alejada. Durante ese tiempo, salir con alguien o plantearme cualquier tipo de relación con hombres no era concebible. Era algo que ni siquiera me permitía pensar porque, simplemente, estaba mal. Ahora avancemos unos años hasta después de convertirme en profesora, cuando gané mucha más autonomía y visibilidad. Fue en este momento en el que empecé, poco a poco, a darme permiso para desafiar la manera de pensar que me habían inculcado.

Una vez, cuando estaba haciendo de substituta, un profesor con el que trabajaba me pidió que me quedara un rato después de que acabara la jornada en la escuela porque quería pedirme algo. Pensé que me preguntaría si estaba disponible para cubrirlo un día. Pero me sorprendió cuando me pidió si quería salir con él a tomar algo. Esa fue la primera vez que alguien me proponía ir a tomar algo. Tenía veintidós años.

Mi respuesta inmediata fue:

—No puedo.

—¿Por qué? —me preguntó.

—Porque no bebo.

—De acuerdo. ¿Y un café?

Seguí dándole negativas.

—No salgo con nadie.

—¿Por qué no?

—No funciona así en mi cultura. Y de todas formas no funcionaría porque no eres musulmán.

Su respuesta a esto aún me hace reflexionar en la actualidad. Me dijo:

—¿Cómo se supone que un hombre norteamericano puede aprender acerca de tu religión si ni siquiera hablas con él?

Le dije que podía ir a la mezquita y aprender solo.

Parece que no lo convencí. Y lo más probable es que fuera porque yo lo decía sin creérmelo del todo. Lo decía porque no sabía cómo defender mi respuesta. Recuerdo que me sorprendió mucho que me lo preguntara, porque yo llevaba un hiyab. Pensé que eso mantenía a los hombres alejados, especialmente si no eran musulmanes.

Pero no era yo quien le respondía. Lo que le estaba respondiendo era aquello que había aprendido. Pero ¿realmente pensaba así? No lo sabía. No me lo había planteado nunca.

Verás, cuando no sabes por qué crees algo, sientes que algo no está bien. Que algo está fuera de lugar. Vives tu propia vida de forma pasiva. Te falta confianza en ti mismo. Otras formas con las que se puede manifestar es que te vuelves más defensivo, agresivo o, simplemente, más introvertido. Tus cimientos son inestables y así te arriesgas a irte erosionando. Y empiezas a proyectar una imagen de ti que se adapta al mundo que te rodea, en vez de exponer al mundo tu auténtico yo.

Reflejar el mundo que te rodea te hace estar en conflicto contigo.
Pero si eres tu auténtico yo, el mundo que te rodea
cambiará contigo.

ANCLAJE N.º 2:
Reflexiona acerca de tu unidad

1. ¿Te sientes disperso? ¿Perdido? ¿Caótico?
    a) En caso afirmativo, ¿a qué crees que se debe?
2. ¿Estás aceptando tu yo superficial para evitar desvelar tu yo auténtico y más profundo?
3. ¿Eres consciente de tu auténtico yo?
4. ¿Estás proyectando tu auténtico yo (demostrando tu aceptación profunda del yo) en el mundo? ¿O estás proyectando algunos de los «yoes» que hemos mencionado anteriormente?

a) Si es así, ¿cuáles de ellos?

b) ¿Chocan entre ellos? (¿Te pones diferentes máscaras para esconder tu auténtico yo?)

c) ¿Cómo se manifiesta esto en tu vida (miedo, necesidad de complacer a la gente, inquietud, etc.)?

4. ¿Te conoces lo suficientemente bien como para saber qué «yo» estás aceptando?

En este mundo dominado por las redes sociales, es difícil definirte sin etiquetas. A lo largo de los últimos dos o tres años, me he definido como escritora, poetisa, sanadora y profesora. Y, antes de eso, cuando la gente me preguntaba quién era, me apresuraba a decir mi nombre para acompañarlo de mis credenciales. Mi máster. Mi doctorado en curso. Incluso pronunciaba mi nombre como lo pronunciaba mi primera profesora en Canadá, aunque ella lo pronunciara mal: «N-Ah-J-Wa». Mi nombre se pronuncia «ne-jwa». Y la «j» es muy suave. Sin embargo, decía: «Soy NAHJWA. Soy profesora en la escuela X. Tengo un máster en Educación. Estudié multialfabetización y multilingüismo. Esto me permitió estudiar los factores que afectan la motivación en la adquisición de una segunda lengua. Lo cual me permitió trabajar con refugiados mientras hacía mi doctorado sobre la relevancia del currículo y las políticas de inmigración». Qué trabalenguas, ¿verdad? Pero así es como me definía.

Con etiquetas.

¿Quién era sin esas etiquetas? No era nadie, pensaba.

Mientras sigas operando desde esta historia, no estarás en casa contigo mismo. La analogía que explicaré a continuación te ayudará a ver cómo la raíz de la historia, los cimientos sobre los que construyes tu propia casa, cambiará los resultados que vivas.

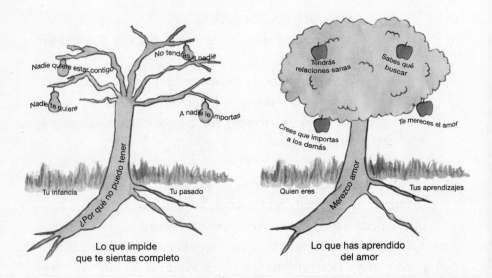

Unos cimientos sólidos de autoaceptación y autoconsciencia te permiten verte y aceptarte sin utilizarlos para definirte.

ANCLAJE N.° 3: Pregúntate:
«Sin etiquetas, ¿quién soy?»

Primer paso: Anota todas las formas en las que te has presentado a la gente que te rodea (en el trabajo, en contextos sociales, en la escuela y en otros contextos).

Segundo paso: Revisa una a una esas etiquetas y pregúntate: «¿Quién soy sin esa etiqueta? ¿Qué pienso de mí si no puedo utilizar esa etiqueta para describirme?». Es importante que las revises una a una. Es una estrategia mucho más potente que dejar que se escapen todas a la vez.

Tercer paso: Ahora que ya has revisado todas las etiquetas, ¿quién eres? No tienes por qué responder a esta pregunta con palabras. Respóndela desde dentro. Siéntela en tu interior. ¿Puedes sentir tu «yo» más profundo? ¿El «yo» que no está conectado con ninguna etiqueta?

Estos pasos te llevarán a conocer y aceptar tu auténtico yo. Te advierto que no te puedes limitar a solamente leer estos pasos. Es crucial que saques tu diario, medites las preguntas, hables del tema o hagas lo que tengas que hacer para llegar a las respuestas.

La fórmula siguiente resume los elementos de unos cimientos sólidos:

Autoconsciencia ↔ Autoaceptación → Cimientos sólidos

La única residencia que te garantiza un 100 % de permanencia está dentro de tu propio hogar.

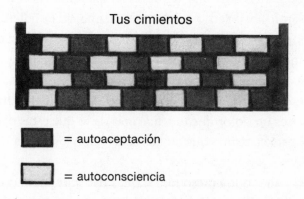

No corras. Dedícales el tiempo necesario a la autoaceptación y a la autoconsciencia. Recuerda que tu propio hogar es la mejor inversión que puedes hacer. Y aunque es posible que tardes un poco en construir los cimientos antes de que puedas imaginarte tu casa, vale la pena.

A pesar de tener todo el conocimiento que tenía de amor propio, compasión y bondad hacia mí misma, cuando tenía que aplicarlo, seguía siendo esa niña de ocho años que te contaba… la que seguía preguntando «¿Por qué no puedo tener "eso"?». Y la pasaba mal porque no recibía amor de fuentes externas. Era la que se conformaba con las sobras que le daba la gente, porque realmente creía que no merecía más. Seguía siendo esa niña porque no era consciente de mí misma, y me aceptaba a un nivel superficial. Sin sanar a esa niña y entender por qué aprendió a creer que las sobras de amor eran lo único que conseguiría, no había manera de entender por qué seguía buscando los restos de lo que la gente ofrecía.

¿Estás en la misma situación? Si estás en un momento vital en el que el amor propio es igual a egoísmo, y te sientes culpable por pasarte tiempo queriéndote, significa que no has construido los cimientos de tu casa. Si te encuentras en un momento vital en el que sientes felicidad genuina en contadas ocasiones y tiendes a sentir ansiedad o enojo por encima de la felicidad que quieres, no has construido los cimientos de tu casa. Y si estás en un momento vital en el que las dudas te consumen y apalean la confianza que tienes en ti, no has construido los cimientos de tu casa. Y, lo más importante, si estás en un momento vital en el que sientes un dolor que te aflige más de lo que estás dispuesto a curar, está clarísimo que no has construido los cimientos de tu casa.

Si hay algo que quiero que saques de estas páginas es lo siguiente: la sensación de estar en casa es la sensación de sentir que «estoy unido conmigo mismo». Esta unión incluye todos los elementos de tu ser. Para que puedas alcanzar esta unión, los cimientos de tu casa son la parte más importante, porque requieren tu autoaceptación y tu autoconsciencia. Si no hay cimientos, puedes tener todos los elementos necesarios para tu casa, pero no tendrás su control. Sin cimientos, tus elementos se asentarán fuera de ti: en una persona, un trabajo, una carrera, un título, una etapa de la vida, etc. Tu hogar es un lugar estable y en el que estar a salvo. Si no tienes casa, el caos y la confusión proliferarán. Buscarás a otras personas para tener estabilidad, arriesgándote a definirte y dirigir el timón de tu vida según unos cimientos ajenos a ti.

Esto ya se ha acabado. Ahora te has construido unos cimientos para tu auténtico yo, dentro de ti. Tu estabilidad nace de tu interior. Ahora ha llegado el momento de colocar los elementos encima.

¿Estás listo?

2

Amor propio

El objetivo de esta habitación es transformar el concepto de amor propio para que pase de ser una palabra cliché que está de moda a una práctica de consciencia plena, ajustada a ti y basada en tu autodescubrimiento. Del mismo modo que tendrías una dieta individualizada basada en tus necesidades de salud, tu práctica de amor propio reflejará también tus necesidades.

Te desafío a visualizar cómo entras en esta habitación a diario, para que cuando te llegue una crisis, no caigas en la tentación de recurrir al odio contra ti con el que te sientes tan a gusto, y otros hábitos destructivos. La mejor forma de amor propio es que tomes la dirección general de la empresa «yo».

¿Estás listo para sentarte en ese trono?

Entremos.

Amor propio. Puede que pienses que sabes lo que es el amor propio. Pero ahora que has construido unos cimientos sólidos a base de autoaceptación y autoconsciencia, estará bien que entres en esta habitación, le des una mano de pintura, saques los muebles que se han llenado de polvo y los sustituyas por amor propio de verdad.

En primer lugar, saca todo aquello a lo que llamas amor propio y empecemos de cero. ¿Un día en un *spa*? ¿Ir de compras? ¿Salir de fiesta?

Estoy convencida de que estas son algunas de las primeras cosas que te han venido a la cabeza cuando has pensado en amor propio. Y si esto es lo que necesitas, este es el aspecto que tiene el amor propio para ti. Pero dudo que un día en el *spa* cure tu trauma infantil y todo lo que ha acarreado después en tu vida adulta.

Tienes que entrar en la habitación del amor propio cada día. Esto significa que el amor propio es una parte integral de tu vida diaria, no un lujo que te concedes de vez en cuando. Esfuérzate de verdad en darte lo que necesitas. Y después de un tiempo en la habitación del amor propio, si averiguas lo que necesitas, puede que tengas que visitar otra estancia de tu casa.

El amor propio es una práctica. Y tal y como les digo a mis estudiantes, practicando se llega a la perfección. Si has aprendido a odiarte, tienes que romper con ese hábito. No puedes odiarte y quererte a la vez. Puedes hacer ambas cosas en un día, pero no puedes hacer ambas cosas a la vez. Y cuando conviertas el amor propio en una práctica diaria y pruebes lo dulce que es, querrás pasarte más tiempo en esta habitación. Te cambiará la vida.

Antes de poder quererte de verdad, tienes que creer que te mereces el amor. El proceso de construirte el camino a casa y los cimientos de tu hogar te han aportado el conocimiento y consciencia de lo que mereces, pero el trabajo del amor propio implicará un proceso de redescubrimiento y desaprendizaje de todo lo que había antes en tu vida.

Cuando creas que mereces el amor, empezarás a ver el amor que te rodea. También empezarás a definirte por el amor que llevas dentro, y no por el amor que recibes del exterior. Empezarás a construir límites alrededor de tu amor para protegerlo, ya que es un bien muy valioso reservado para ti y para aquellos que te den la bienvenida a sus casas. Amor propio significa que no tienes que suplicarle a nadie que te invite a su casa o que valide tu amor ofreciéndote un lugar para que se quede.

Empecemos con una reflexión sencilla. Piensa ahora mismo en la persona que quieres más en el mundo.

¿Qué harías por esa persona si llegara a casa por la noche con un enorme dolor de cabeza?

Deja que lo adivine. Harías todo cuanto pudieras por escucharla y entenderla y echarle una mano.

¿Qué harías si se sintiera abrumada por una tarea que tiene que acabar?

La ayudarías tanto como pudieras, ¿verdad?

¿Qué harías si se sintiera insegura o triste?

La validarías y la harías sentir a salvo, ¿verdad?

Aquí lanzo otra pregunta:

¿Haces esto también para ti cuando sientes vulnerabilidad o inseguridad?

¿Te das tiempo cuando lo necesitas? ¿Te das espacio cuando lo necesitas? ¿Te das amor cuando lo necesitas?

Con los años, después de haber conocido a personas con miles de historias diferentes, me he dado cuenta de que la mayoría no saben por dónde empezar con el amor propio, porque nunca se han querido de verdad. Y, desgraciadamente, utilizando la comparación de querer a otra persona, nos damos cuenta de lo que no nos hemos estado concediendo a nosotros mismos.

En resumen, el amor propio es quererte de la misma forma que querrías a la persona que más quieres de este mundo. Y ese amor realmente te hace sentir amor y satisface tus necesidades.

PILAR N.º 1: El amor propio requiere autodescubrimiento

Para poder disociar el valor de mi amor del hecho que los otros lo acepten y lo conviertan en algo recíproco, tuve que mirarme al espejo y preguntarme por qué me estaba costando tanto con Noah. Y la respuesta estaba ante mis narices.

Cuando mi terapeuta me preguntó acerca de la conexión que sentía con él, le dije:

—Cuando le conocí, vi tristeza en él. Y sentí el impulso de ayudarle. Y cada vez que se abría y se mostraba vulnerable, sentía una conexión cada vez más fuerte con él. Esa tristeza me resultaba familiar. Me sentía cómoda en su presencia, porque la entendía muy bien.

No me atraía Noah. Me atraía su dolor. Quería salvarlo. Sentía la necesidad de ayudarle a sanar. Una de las primeras cosas que me dijo cuando nos conocimos fue que su última relación larga le había hecho entender que se quería muy poco a sí mismo, y que tenía que trabajarlo. Evidentemente, tratándose de mí, me cargué con la responsabilidad de rescatarlo sin que ni me lo pidiera.

Pero esta no fue la primera vez en mi vida que sentí este impulso irrefrenable de ayudar a alguien o de salvarlo. Una vez, de camino a la oficina de mi contador, al otro lado de la calle, vi que un señor mayor se había caído de la bici. Tenía la cara llena de sangre. Quería saltar del coche y ayudarle, aunque no podía llegar al otro lado porque había un muro de cemento. Y a pesar de ver que otro coche se había parado y estaba intentando ayudarle, me quedé con la mano pegada al corazón durante unos minutos. Lloré pensando en el dolor que debía sentir aquel hombre. Cuando llegué a la oficina de mi contador, se dio cuenta en seguida de que estaba sobresaltada, así que le conté lo que me había pasado.

Desde la universidad, he sido ese tipo de amiga a la que la gente recurre cuando quiere consejos o consuelo. Incluso si en el pasado me habían herido. Sabían que no les daría la espalda ni los juzgaría. Una vez, una amiga cercana que había conocido durante el primer año de universidad se distanció de mí durante unos meses sin decirme por qué. Me hirió, pero no le dije nada. Más adelante nos encontramos en el autobús y entablamos una conversación. Me estaba contando una situación difícil por la que estaba pasando. Yo la escuché y le ofrecí mi comprensión. Llegados a un punto me dijo:

—Eres una buena amiga. Lo sabes, ¿verdad?

Yo le contesté:

—¿Por qué lo dices?

Y ella apuntó:

—Porque te herí. Y tú sigues aquí para ayudarme.

No era la primera que me decían algo así. Tenía la habilidad de poner las necesidades y dolores de los demás por encima de los míos. Esto es lo que me empujaba a decir «No pasa nada» cuando alguien se disculpaba, incluso cuando sí pasaba algo. Lo único que tenía que hacer quien quisiera captar mi atención era mostrar de algún modo su dolor, incluso si solo lo mostraba con lenguaje corporal. Y yo lo absorbía como una esponja. Yo lloro con solo pensar que alguien está sufriendo dolor. Me abruman las emociones. Las estancias donde hay demasiadas personas me dejan agotada. Y mucho más.

La primera terapeuta que me visitó hace unos años me dijo de pasada algo cuya profundidad me pasó desapercibida en el momento. Le estaba explicando cómo me dolía por dentro incluso ver a aquellas personas que me provocaban dolor. Me dijo que era normal que experimentara eso, especialmente porque soy una persona altamente empática.

¿Altamente empática?

—Eres altamente sensible y cargas con las emociones de la gente como si fueran las tuyas —me dijo.

Ah. Ese momento me cambió la vida, pero no permití que me la cambiara por aquel entonces. Porque en vez de preguntarme cómo podía detener ese derrame emocional, adopté la mentalidad de: «Bueno, soy así. La gente debería dejar de verterme sus emociones».

Pero la historia cambia en la habitación del amor propio. Dejar la responsabilidad en manos de los demás para que no te proyecten sus emociones es algo irracional. La gente lo hace, y punto. Eres tú quien tiene que desarrollar las herramientas y estrategias para equilibrar la autoaceptación como persona altamente empática, y los conocimientos para no desangrarte emocionalmente con el simple contacto con el dolor ajeno. O el dolor propio. Esta es una de las aplicaciones del amor propio: no poner tu bienestar emocional a merced de los sentimientos de los que te rodean.

Para equilibrar la autoaceptación como persona altamente empática y los conocimientos de dónde trazar una línea con tu inversión emocional en las emociones de los demás, primero tienes que recordar que te mereces el amor que das a los demás. No eres egoísta por darte ese mismo amor a ti mismo. Especialmente si eres una persona altamente empática, puede que te sientas egocéntrico si te das amor a ti mismo, si te priorizas a ti. Como si el amor que creas en tu interior solo pudiera salir de ti, como si lo crearas para que saliera de ti y, en cuanto te quedaras vacío, tuvieras aún más razones para querer rellenarte de amor y volver a dárselo a los demás.

Derramar todo tu amor   Guardarte amor para ti

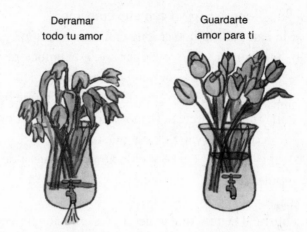

En cada habitación, te voy a proporcionar estrategias para decorarla y amueblarla de forma que puedas ponerlo todo en práctica. En la habitación del amor propio, estas estrategias se llaman joyas. Elegí joyas porque son el símbolo de la naturaleza valiosa y eterna de la habitación.

JOYA N.° 1: IMAGINA UNA BURBUJA DE PODER A TU ALREDEDOR QUE TE PROTEGE

Esta joya te servirá como una simple separación entre tú y tu empatía y las emociones de los demás. En vez de enredarte involuntariamente en las emociones de los demás, te sirve para recordarte que aunque no tengas elección en cuanto a cómo reaccionas al principio al ver un dolor ajeno, sí tienes la elección de invertir en esas emociones. Tú eliges cómo quieres invertir.

Imagina que las emociones de los demás son como flechas que vienen hacia ti. En vez de absorberlas, las detienes en los límites que crea esta burbuja. En este punto, te puedes preguntar:

1. ¿Tengo que cargar yo con esta emoción?
2. ¿Me han pedido que cargue con esta emoción?
   a) Si es que sí, ¿quiero cargar con esta emoción? Y ¿tengo el tiempo y la energía para hacerlo?
      i) Si es así, decide el nivel de inversión que harás.
      ii) Si no, repítete: «Tengo derecho a decidir no cargar con la emoción de esa persona».
   b) Si es que no, deja esa emoción ajena fuera de tu burbuja.

Esta burbuja evitará que te desangres emocionalmente hasta quedarte sin reservas. Protege la empatía que llevas dentro.

Pero me dirás: ¿una vida al servicio de los demás no es la vida más noble que se puede vivir? ¿La habilidad de estar allí para los demás no es el sacrificio más noble que se puede hacer?

Estoy aquí para decirte que no. Dar es noble. Amar es noble. Pero deja de serlo si tú no estás incluido dentro de la donación y del amor.

Y si tienes la sensación de que siempre has sido así, recuerda que el amor propio es un proceso de descubrimiento propio. Así que pregúntate: ¿en qué momento de tu infancia desarrollaste tu forma de ser? Yo tengo claro que aprendí a entregarme emocionalmente de mi madre. Estoy convencida de que ella es la persona más amable que conocerán jamás. Y vivió la vida así, siempre dando y dando hasta llegar al agotamiento, y entonces seguir dando aún más. Nunca preguntó «¿Y yo qué?», y durante muchísimo tiempo, yo creí que ese era el significado de ser una persona con un buen corazón. Lo veo reflejado en mis antiguos escritos que ya están publicados. Y cada vez que daba tanto que me quedaba en ceros y me preguntaba por qué no recibía nada a cambio, me sentía egoísta por planteármelo. Me sentía culpable por querer recibir algo a cambio. Como si querer recibir algo a cambio fuera a manchar la intención que se hallaba detrás de mis donaciones. Y ponía mi ego «bajo control», y redirigía mi intención para que fuera lo que era originalmente.

Pero eso solo apaciguaba mi remordimiento. No resolvía el problema.

Creía que ser buena significaba poner a todo el mundo por delante de mí. O, simplemente, no ponerme nunca por delante de nadie. Porque, si no, significaría que de alguna forma era impura. Egoísta. No entendía que crecer con una madre tan «buena» como la mía había provocado que enfocara mal la idea del amor propio. Habiéndolo entendido, tuve que esforzarme para redefinir lo que era el amor propio.

La pregunta surge sola: «Si dar amor a los demás es noble, darse amor a uno mismo, ¿qué es?». No es egoísta, esto está claro.

∽

Si querer a alguien es bonito, quererse tiene que ser igual de bonito. Si querer construir una vida con alguien es bonito, querer construir una vida con uno mismo tiene que ser igual de bonito. Si querer sentirse como en casa con alguien es bonito, sentirse como en casa con uno mismo tiene que ser igual de bonito.

∽

PILAR N.º 2:
El amor propio es aceptar tu auténtico yo

Puedes ser la joya más bonita del mundo, pero si estás en manos de alguien que no sabe valorar las joyas, te devaluarás.

❧

Si lo que define cuánto te mereces el amor es lo que los otros creen que mereces, siempre encontrarás algún defecto en ti, cuando lo cierto es que estás buscando tu valor en el sitio equivocado.

❧

En vez de preguntarte: «¿Por qué X no me quiere? ¿Qué tengo que cambiar para que pueda quererme? ¿Qué hay en mí que hace que no me quiera?», entiende que el simple hecho de que alguien no te quiera no significa que haya algo malo en ti. Podría significar, sencillamente, que esta persona no es la persona adecuada para ti. Así que deja de intentar cambiar con la esperanza de que esa persona te quiera. Acepta tu auténtico yo y las personas adecuadas te respetarán por ser tu «yo» auténtico.

Reflexionando acerca de mi experiencia con Noah, pensé que era insegura por sentirme molesta por su falta de consistencia a la hora de comunicarse. Pensé que era insegura por querer más que solo enviarnos mensajes e ir ocasionalmente a tomar un café. Pensé que era insegura por querer entender su situación. Esto es lo que encontré en internet.

Pero después de hacer una investigación más exhaustiva, encontré una teoría psicológica de estilos de apego. Según esta teoría, existen cuatro estilos principales de apego que se forman durante la infancia y se acarrean hasta la vida adulta: apego seguro, ansioso, esquivo y ansioso-esquivo. Una persona segura es la que está en su hogar, está cómoda con la conexión y no basa su valía en fuentes externas de validación. Una persona ansiosa es justo lo contrario, necesita validación constante y su situación está provocada por el miedo al abandono. Una persona esquiva puede que parezca segura, pero evita la conexión por miedo al abandono. Y una persona ansiosa-esquiva es una combinación de las dos últimas explicaciones.

Cuando leí el libro *Maneras de amar* de Amir Levine y Rachel Heller, me impactó mucho. Después de hacer su test para entender mi estilo de apego, descubrí que era mayormente segura, con una pizca de ansiosa. Durante la mayor parte de mi vida, hasta que alcancé el poderoso conocimiento de que tenía que construirme un hogar dentro de mí, me hallé en la categoría de ansiosa. Había aprendido mucho desde que había empezado a trabajar en los elementos de una casa dentro de mí, pero aún me faltaban los cimientos. Seguía contemplando todo ese conocimiento desde ojos ajenos. Ese test me demostró que sabía más de lo que aplicaba en mis interacciones con Noah y que no reconocía el mérito de todo lo que sabía.

Así pues, si estaba segura con mi yo auténtico, ¿por qué sentía tanta ansiedad con Noah? No es porque estuviera desesperada por tener su amor; es porque estaba desesperada por tener amor, punto. Negaba la posibilidad de que no estuviéramos en el mismo lugar emocional. Yo quería que funcionara. Así que en vez de dejarlo correr, me cuestioné a mí misma como resultado de su comportamiento. Pero no significaba que yo no supiera lo que yo valía. Si no me hubiera molestado su falta de comunicación, consistencia y claridad, seguramente aún me parecería bien tener «casi algo» con él, una relación situacional. Seguiría aferrándome a esa relación.

Desde entonces, he elaborado un plan sencillo para fortalecer la seguridad relacional.

Primero descubre tu estilo de apego. En segundo lugar, esfuérzate para ganar el máximo de seguridad posible.

Te recomiendo que averigües tu estilo de apego leyendo *Maneras de amar*, y si tienes un apego inseguro, trabaja para aumentar tu seguridad relacional. Hazlo viviendo con tu auténtico yo, lo que significa que no cambies de yo para que te den la bienvenida en una casa ajena. Significa que tienes que expresar tus necesidades incluso si esto conlleva que la otra persona se dé media vuelta como consecuencia de ello. Hacer que alguien se quede no es responsabilidad tuya. Y, definitivamente, no lo es a costa de tu auténtico yo. Ser tu auténtico yo significa que tienes seguridad. Significa que no sacrificarás tu autenticidad para que otra persona te dé la bienvenida.

También puede ser que seas seguro pero te comportes ansiosamente. Esto es lo que hacía cuando quería conservar durante demasiado tiempo alguien que no estaba disponible emocionalmente. Tenía una actitud ansiosa por miedo de que, al mostrar mi auténtico yo, un yo que necesitaba claridad, consistencia y comunicación, me rechazaran. Así que me quedaba atascada en maneras de comportarme basadas en lo que pensaba que necesitaba (que cualquiera me diera la bienvenida en su casa), en vez de lo que realmente necesitaba (que yo me diera la bienvenida a mi propia casa).

No es que no supiera lo que quería, lo que pasa es que se lo estaba pidiendo a la persona equivocada.

PILAR N.º 3:
El amor propio es ser empático contigo mismo

Pasar de ser una persona sin hogar a ser una persona con uno requiere analizar tu estado con empatía, sin juzgar, y trabajar para alcanzar un cambio. En vez de preguntarte: «¿Qué hay de malo en mí?», pregúntate: «¿Qué he vivido que me ha enseñado a ser así?».

Muchos de nosotros nos pasamos años en terapia intentando entender qué hay de malo en nosotros, intentando entender acontecimientos actuales en vez de intentar llegar a la raíz del problema. Y cuando podemos llegar a la raíz del problema, todos los acontecimientos actuales por los que vamos a terapia, cambian. Ir a la raíz del problema implica rastrear el origen de tu historia del «¿Por qué no puedo tener "eso"?», de forma que te ayude a entender por qué hay un patrón determinado que se ha ido repitiendo en tu vida. Esto te permitirá entenderte en vez de juzgarte. Es importante tener empatía con nosotros mismos y esforzarnos para convertirnos en la persona que queremos ser, y no descubrir qué hay de malo en nosotros.

JOYA N.º 2: PONTE EN TU PROPIA PIEL

Esta estrategia te ayudará a mostrar el mismo nivel de empatía contigo que con cualquier persona a la que quieras.

1. Piensa en alguna experiencia que hayas vivido en la que te arrepientas de cómo reaccionaste o lo que aceptaste.
2. En el papel de amigo empático, ¿qué le dirías a alguien que te viniera y te contara esa misma historia?
3. Ahora díselo a tu yo del pasado.

Una vez, estaba con una amiga que había salido de un matrimonio que había durado quince años. Se había separado hacía tres. Hablando de relaciones, me dijo:

—Soporté tanto que casi me creí que me merecía que se aprovecharan de mí. Me dejaba pisotear. No me fui cuando sabía que me tendría que haber ido. Había montones de excusas por las que no podía vivir sin él. Sabía que él era abusivo, pero tenía la esperanza de que esa parte de él desapareciera. Y mírame ahora. He desperdiciado muchos años de mi vida viviendo con miedo, cuando podría haber empezado a sanar mucho antes.

Recuerdo llorar durante estas conversaciones. Sentía su dolor. Y sentía el nivel de arrepentimiento y la sensación de culpa que me expresaba. Le dije que recordara que lo que buscaba era amor, no abuso. Seguridad, no peligro. ¿Es algo de lo que avergonzarse? No. Le dije:

—Intenta ponerte en la piel de tu yo del pasado, y díselo. Recuérdale que estaba buscando lo que su yo más joven, su niña interior, no tenía en casa. Dile que lo deje ir y que te prometa que nunca volverá a buscar amor en el abuso. Dile que estás muy orgullosa de ella por haber tenido el valor de irse.

¿Qué más le dirías?

Ahora te toca a ti volver a esas historias. Ahora te toca a ti hablar con tu niño interior, con la versión más joven de ti, que aprendió el valor del amor mucho antes de que fueras consciente de ello.

¿Qué tienes que decirle a tu niño interior para calmarlo? ¿Por qué cosas deberías perdonarte?

PILAR N.º 4: El amor propio
se refleja en cómo te tratas

El hecho de que hayas elegido este libro indica que te quieres. Querer construirte un hogar interior al que puedas acudir al final del día, como contraposición a rogar a los demás que te den su amor, es la mejor forma de amor propio.

El difunto poeta sirio Nizar Qabbani escribió: «Las mujeres no quieren un hombre rico o un hombre guapo o ni siquiera un poeta, quieren un hombre que entienda sus ojos cuando se pongan tristes y les señale el pecho diciendo "Aquí está tu hogar"».

Durante años, esto es justo lo que quería. Hasta que me di cuenta de que si no me pongo mi propia mano en el pecho y le digo al espejo: «Aquí está tu hogar», no habrá otro pecho que me haga sentir en casa. Puede que tú también te lo tengas que decir.

Amor propio. El amor por uno mismo. Pero ¿qué significa el amor? ¿Qué significa, en la práctica, que te digas esto?

Ya hemos hablado de que el amor propio requiere autodescubrimiento, que tienes que ser tu auténtico yo, y esto requiere práctica. Pero ¿qué significa «amor»? En el pasado, puede que definieras el amor como el amor que te daban los demás. Puede que aprendieras que el amor es condicional. Puede que aprendieras que te tienes que ganar el amor, que el amor es abusivo y que requiere sacrificio. Pero ahora está cambiando. En la habitación del amor propio no pueden entrar ni las personas que más te quieren. Hay otra habitación para ellos, la de la compasión.

El amor no desmonta tu auténtico yo.

El amor no desprecia tu auténtico yo.

El amor no exige que cambies tu auténtico yo.

El amor no está en las palabras.

El amor está en las acciones.

Durante mi infancia oí muy a menudo una expresión en árabe cuya traducción vendría a ser «El amor es cuidado». En otras palabras, el amor es cómo tratas a la persona a la que quieres. Claro, queremos creer que el amor es esa sensación de pasión que te hace sentir mariposas en la barriga, y que sentimos hacia alguien. Las ansias agotadoras de estar con una persona. Puede que sintamos esto, pero no puede ser eso. El amor no debería agotarnos o cansarnos. Y querer no se basa en lo que sientes, es lo que realmente haces con ese sentimiento. Por ejemplo, si alguien dice «te quiero», ¿realmente significa que te quiere si sus acciones no demuestran amor? De igual manera, ¿significa que realmente me quiero si solo lo digo sin hacer nada al respecto?

∽

Si dices que te quieres, ¿qué haces para demostrarlo?

∽

PILAR N.º 5:
Estar abierto a recibir amor refleja amor propio

Un día visité la casa de mi hermano, y tan pronto entré, mi sobrina Leena, que tenía tres años, corrió hacia mí y me abrazó muy fuerte. Siempre lo hacía, pero nunca se pegaba tanto a mí como ese día. Se sentó conmigo y me abrazó todo el tiempo que estuve allí.

Mientras escribo esto estoy llorando. Porque me doy cuenta de lo desagradecida que era por todo lo que el mundo me ofrecía en ese momento. Estaba activamente eligiendo no ver todo el amor que me rodeaba. Mientras Leena me sujetaba el rostro con sus manitas, me di cuenta de que el único motivo por el que sentía constantemente que no merecía el amor era porque bloqueaba la visión del amor que no proviniera de los sitios en los que yo buscaba amor. Bloqueaba mi alma para que no aceptara el amor que se me daba sin trabajar para conseguirlo. Me provocaba ceguera.

Un ejemplo concreto sería si dijeras que solo quieres beber un tipo de agua. Es un agua que bebiste una vez y notaste que te nutría mucho. Así que vayas donde vayas, si no hay ese tipo de agua, no bebes. Incluso si tienes mucha sed. Incluso si hay otros tipos de agua, quizá aguas que ni te imaginas. Simplemente no las ves porque no las estás buscando. Y cuando sí las ves, te dices que seguro que no te sentirás tan nutrido como con el otro tipo de agua. Así que te agotas de sed y deshidratación, porque esa fuente nutritiva que buscas no está disponible. Seguramente leas esto y pienses: «Pero qué tontería, yo nunca haría esto». Pero lo haces con el amor, ¿verdad que sí?

JOYA N.º 3: REFLEXIONA:
¿ANTE QUÉ AMOR TIENES CEGUERA?

1. ¿Qué fuentes de amor ves? Estos son los sitios en los que buscas amor.
2. ¿Qué fuentes de amor tienes a tu alrededor, realmente? Estos son los lugares que te dan amor (como mi momento con Leena).
3. ¿Qué impide que aceptes el amor que realmente tienes a tu alrededor? Tómate el tiempo que necesites para escribirlo todo.

Aquí tienes un ejemplo con el que estoy convencida de que podrías sentirte identificado de alguna forma. Imaginemos que te gusta mucho una persona a quien no le gustas. Puede que estén en una relación y puede que no. Puede que el foco de tu ser sea su falta de voluntad de darte amor. Si su amor es la única fuente de amor que ves, puede que no veas el amor que te llega de familiares, amigos, compañeros de trabajo, e incluso personas que estén potencialmente interesadas en quererte. Porque no estás en busca de ese amor. No lo percibes como una fuente de amor. Así que, indirectamente, te estás cegando ante al amor que te rodea.

Puede que creas que no te mereces el amor, y que sostengas esa creencia sobre indicios de tu pasado, así como muestras de tu situación actual. Si este es el caso, tu mente buscará cualquier indicio posible que siga corroborando la historia que te crees. O harás que algo que haya pasado tenga un significado para ti.

Puede que concibas esa historia como el ego, que no deja de ser la palabra en latín para «yo». Desde el momento en el que te despiertas hasta que te duermes, tu ego busca pruebas que refuercen lo que crees de ti. Te pasas el día intentando hacer que todo signifique algo para ti.

Cuando vas a trabajar y saludas a aquel compañero que ni siquiera te cae demasiado bien, y te mira sin sonreír ni decir hola, tu ego lo almacena automáticamente como una prueba de que no te lo mereces. Tanto si eres consciente de ello como si no, esto es lo que pasa. Cuando vas de compras y ese chico o chica tan lindo que tienes delante te mira y sigue andando, tu cerebro lo toma como una muestra de que no te lo mereces. Si alguien no te abre la puerta o no te devuelve un favor o no te dice algo bonito, todo lo registras como que no te lo mereces. Lo cual es exactamente lo que te enseñó la historia del «¿Por qué no puedo tener "eso"?».

∽

Sea lo que sea que busque tu cerebro, lo verán tus ojos.
Si buscas lo positivo, lo verás.
Y si buscas lo negativo, lo verás. La cuestión es qué eliges ver.

∽

JOYA N.º 4: FÍJATE EN EL AMOR

Cada mañana, cuando trabajes para integrar el amor propio, repítete: «Hoy veré pruebas que me demostrarán que merezco el amor».

En vez de fijarte en las personas que no te sonríen, te fijarás en las que sí lo hacen. En vez de fijarte en las personas que no te devuelvan el saludo, fíjate en las que sí te saluden. En vez de fijarte en lo que te falta, fíjate en lo que tienes. Y en vez de fijarte en el amor que no tienes, fíjate en el amor que tienes.

(Al principio del día)	(Al final del día)
Qué veré hoy	Qué vi hoy

Puede que pienses: «Pero si acabas de decir que nadie más aparte de mí puede entrar en esta habitación. ¿Cómo puedo aceptar amor de los demás en esta habitación en la que estoy solo?». Esto es lo que quiero decir: tu habilidad de ver, recibir y aceptar amor de los demás es una señal saludable de que realmente te estás queriendo a ti. Porque realmente crees que te mereces ese amor. En otras palabras, no es el amor de los demás el que crea la base del amor propio y lo alimenta. Es tu habilidad de verlo, aceptarlo y realmente sentirlo, lo que demuestra lo mucho o poco que te quieres.

Es importante dejar claro que, en la habitación del amor propio, el grado de merecimiento de amor propio no surge de ninguna fuente externa. Ser capaz de ver lo que vales reflejado en el mundo que te rodea indica un estado de valor propio. Así que ver el amor en varios sitios es un resultado directo de la creencia interna de que mereces el amor. Lo que tienes que hacer es entrenar a tu yo interior para que empiece a actuar desde lo que vale, en vez de por la necesidad de validación externa.

∽

Si te propones ver el amor en el mundo, lo verás. Y si te propones ver la falta de amor en el mundo, verás su ausencia.

∽

PILAR N.º 6:
El amor propio es una práctica, no un destino

Practicar el amor propio es uno de los pilares fundamentales de esta habitación. ¿Recuerdas que una parte del amor propio es darte lo que necesitas? Si necesitas tiempo para sanar de algo por lo que has pasado, parte del amor propio es darte permiso y tiempo para sanar.

Una aplicación práctica del amor propio es establecer límites. Desde mi punto de vista, la palabra *límites* se utiliza excesivamente cuando hablamos, y se utiliza demasiado poco en nuestras acciones. Lo importante de los límites no es de quién te proteges sino qué estás protegiendo dentro de ti. Porque tú valoras lo que llevas dentro. Para establecer límites, primero tienes que entender y ver el valor de aquello alrededor de lo cual estás construyendo un límite. Imagínatelos como esa burbuja protectora de la que hemos hablado antes. Imagínalos como la reja que rodea tu casa. Y si ya has dejado que alguien entre dentro de la reja, imagina que tus límites son la puerta de tu casa. Los límites reflejan cuánto te valoras y qué tienes dentro. Los límites te protegen el corazón. Te protegen el hogar. Por este motivo, tus límites no se basan en estar en modo defensivo, sino en modo de quererte y valorarte. En modo «en casa».

Hablaremos más de los límites en la habitación de la compasión (capítulo cuatro).

Cuando estableces límites, entiendes que puedes vivir con tus condiciones, con tus normas. Eres el líder de tu vida. Eres el jefe de tu tiempo. Eres el director general de la empresa «yo». Esto significa que te curas como tú decidas. Y en ocasiones significa que, en el proceso de curarte, tienes que tomar decisiones que pueden llegar a herir a los demás si las perciben de una cierta forma. Pero este dolor lo tendrán que superar ellos. Por ejemplo, si intentas sanar después de una ruptura o de una amistad perdida o de una discusión con alguien con quien te sentías más o menos cercano, puede que necesites bloquear el número de esa persona o eliminarla de tus redes sociales. Puede que esto al principio hiera sus sentimientos. Es posible que tu miedo a hacerle daño a alguien te disuada, especialmente si eres una persona altamente empática. Recuerda, si eres una persona altamente empática, priorizarás proteger los sentimientos de otra persona por encima de los tuyos. Así que antes de intentar curarte tu propia herida, te preocupas por la persona que lleva el cuchillo y que empezó apuñalándote. Ya sé que esto es una manera muy fuerte de describirlo, y puede que algunos de los que estén leyendo esto piensen: «A veces herimos nuestros propios sentimientos porque interpretamos el significado de las acciones ajenas de forma equivocada». Sí, estoy muy de acuerdo con esta afirmación. Yo lo he hecho muchas veces. Sin embargo, no importa si esa persona tenía intención de herirte o no. Sientes dolor. Y mantenerte en el entorno que te envenenó no hará que el veneno desaparezca, tanto si te dieron el veneno de forma intencionada como si no. Tienes que centrarte en el hecho de que sientes dolor. Y aquí es donde empieza tu proceso de sanar. Empieza con la pregunta: «¿Por qué siento dolor? ¿Qué puedo hacer al respecto?».

A medida que des pasos para sanar, puede que te percates de que la persona que te hizo daño no tenía intención de herirte. Pero no lo verás de buenas a primeras. Sea como sea, necesitas tiempo y distancia. Así que tómate tiempo y distancia.

Aquí tienes algunas maneras prácticas y poderosas para ser tu propio director general.

JOYA N.º 5: MEDITA

Sé que meditar puede sonar como una sugerencia que se utiliza excesivamente, pero la meditación es muy poderosa. Recuerdo oírlo siempre y pensar: «Yo no necesito meditar. Siempre estoy tranquila con la gente que me rodea. Lo que necesito es una válvula de escape para mi enojo reprimido. Necesito más bien algo como practicar tiro de hacha».

Mientras estoy escribiendo esto, me río de mí misma. Pero, a la vez, entiendo a mi yo del pasado. Siempre pensé que la meditación me tenía que aliviar de alguna forma. Me tenía que ayudar a respirar. Y ahora ya sé que esto es cierto, pero también entiendo lo que significa realmente ese alivio. El motivo por el que la meditación te alivia es que te permite entender quién eres, ahora, en el momento presente. Yo siempre había pensado que lo hacía mal porque en cuanto me quedaba en silencio durante más de un minuto, mi cerebro se volvía loco y no paraba de repetirme: «No está funcionando», cuando, en realidad, no sabía cuál era la finalidad de la meditación y cómo se conseguía el alivio.

Tampoco sabía que esto era un proceso. Esperaba que el resultado fuera inmediato. Y tiene sentido que si lo que buscaba era aliviar mi enojo o resentimiento o sentimiento de culpa hacia mí o hacia los otros, no alcanzara una sensación de alivio al sentarme en silencio dando mil vueltas a todos esos pensamientos, y sintiendo todo aquello que me generaban mis pensamientos. Solo se intensificarían. Es como si le echaras más leña al fuego. Lo único que hará el fuego es crecer. Si mi verdadero propósito durante ese silencio es entenderme (entender profundamente quién soy, no los sentimientos que hay en la superficie), esos sentimientos tendrán cada vez menos poder, y podré llevar las riendas de mi vida.

¿Y cómo medito? Simplemente me siento en silencio. Empieza con cinco minutos. Aléjate de todos tus dispositivos electrónicos y de cualquier otra distracción. Y simplemente escúchate. Escucha lo que te dice tu mente. Puede que cuando empieces tengas un exceso de pensamientos negativos, ¡lo cual es genial! Porque ahora te estás dando realmente cuenta de lo que te dice tu mente. Solo cuando eres consciente de ello, eres capaz de aceptar el pensamiento y lo que te provoca que sientas (y tomar una decisión al respecto). Por ejemplo, acabas de empezar a meditar y lo primero que te viene a la cabeza es una persona que te trató mal, y tienes una sensación de urgencia y de pánico que te indican que deberías hacer algo al respecto. Tienes dos opciones. Puedes seguir el pensamiento y la sensación, y acabar diciéndote: «Nunca encontraré el amor» o «No merezco el amor». O le puedes decir a este pensamiento y a esta sensación: «Te veo. Acepto que te esté pensando y sintiendo. Y entiendo que vienes de mi mente. Pero tú no eres lo que soy yo. No te doy la bienvenida como residente permanente en mi hogar. Estás aquí porque mi mente te está pensando, porque mi corazón te está sintiendo, pero no eres yo. Y elijo no seguirte». ¿Verdad que suena de maravilla? El acto de aceptar un pensamiento y la sensación que lo acompaña, o viceversa, le quita el poder. Te hace salir del estado en el que intentaba dirigirte y encasillarte. Ahora tú te conviertes en el líder, tú decides, tú eliges adónde vas.

Este no es un estado que puedas alcanzar y quedarte allí para siempre. Me molesta cuando la gente me pregunta: «¿Cómo lo haces para ser siempre tan positiva?». Yo no soy positiva todo el tiempo. Los pensamientos negativos me visitan. Las sensaciones negativas me visitan. Y en vez de pensar que no están allí o ignorarlos, los escucho e intento entender de dónde salen, si decido seguir pensándolos y sintiéndolos (cosa que casi nunca hago), y luego dejo que se vayan. El poema que viene a continuación te lo voy a ir repitiendo a medida que vayamos entrando en las habitaciones:

> *Cuando el dolor llame a la puerta,*
> *dale la bienvenida.*
> *Déjalo pasar.*
> *Siéntate con él.*
> *Tomen el té.*
> *Entiéndelo.*
> *Luego deja que se vaya.*

Porque habrá otro sentimiento esperándote en la puerta, esperando a que lo sientas. Hay otro pensamiento esperando a que lo pienses, y el verdadero poder aquí es que eres tú quien abre la puerta y el que luego acompaña a los invitados a la puerta.

Tal y como exploraremos en la habitación de la rendición (capítulo seis), el dolor llega de diferentes maneras. Puede venir en forma de ira, resentimiento, culpa, traición, decepción, etc. Cuanto más fuerte llama a la puerta (esto significa que lo estás ignorando), más fuerte se vuelve. Finalmente, su presencia es tan intensa que no lo puedes ignorar, o bien te acostumbras a vivir la vida con mucho ruido de fondo, ignorando lo mucho más serena que podría ser. Así que el mero acto de darle la bienvenida te da el poder de decidir qué quieres hacer con él. Sí, hay algunos sentimientos que vendrán como un lobo con piel de cordero, disfrazados de algo que no son. Por ejemplo, lo que puede que creas que es culpa, puede ser realmente remordimiento. La culpa significa que crees que has hecho algo equivocado, mientras que el remordimiento significa que crees que estás equivocado tú. Y cuando le das la bienvenida a un sentimiento, puede que te des cuenta de que el reto que se te plantea es mucho mayor de lo que pensabas. Sin embargo, la respuesta nunca es ignorar lo que sientes o piensas. Esta actitud no tiene ningún potencial capaz de resolver las cosas. Solo las agrava.

Volvamos a la meditación. Simplemente escucha y dirige tus pensamientos. Que no te domine ni el dónde te lleven, ni quién te hagan creer que eres. Todo esto forma parte del amor propio.

Como resultado de esta meditación, puede que notes que necesitas visitar otra habitación de tu casa. Saber qué es lo siguiente que tienes que hacer por ti también es parte del amor propio.

JOYA N.º 6: PLANTÉATE UN PROPÓSITO DE AMOR PROPIO CADA DÍA

Cinco minutos es un 0.3 % del tiempo que tienes en un día. Pero ese ratito te puede cambiar la vida. Pronúnciate las siguientes palabras: «Voy a pasarme cinco minutos en modo amor propio». Puedes empezar leyendo las siguientes afirmaciones:

1. Soy la única persona encargada de quererme.
2. Veré pruebas de amor a lo largo del día.
3. Soy mi mayor prioridad. Me merezco mi propio amor.
4. Quererme significa estar en casa conmigo.
5. Todo mi poder lo llevo dentro.
6. Hoy me atenderé cuando necesite amor.
7. Entiendo que pueda tener momentos en los que recaiga en viejos hábitos arraigados en el odio hacia mí o la sensación de no merecimiento, pero me prometo que practicaré el amor propio en cualquier momento en el que me dé cuenta de que me estoy hablando negativamente.

He aquí una manera poderosa de traer la atención a lo que te dices a ti mismo: cambiar al modo amor propio. Imagina que enciendes el interruptor de una habitación. Aquí se hace lo mismo. Pregúntate: «¿Lo que siento y lo que pienso proceden de un lugar de amor propio?». Esta es una manera simple de interrumpirte cuando estés hablándote desde el autosabotaje o el menosprecio. Me encanta esta herramienta porque te permite ser consciente de cómo te sientes y qué piensas, a la vez que tienes el poder de cambiarlo. Encender el interruptor significa que te has atrapado hablándote sin amor, y ahora te hablas como le hablarías a alguien a quien quieres.

Pasamos horas infinitas, especialmente en esta era de las redes sociales, deslizándonos por nuestros teléfonos y esperando a que pase algo (quizá que nos llegue una notificación, o que alguna información nos aporte algún tipo de alivio). Todo esto es una distracción de nuestro presente. Nos aparta del poder del momento presente con la esperanza de que algo externo hará que nos sintamos mejor. Entregamos nuestro poder de decidir qué hacemos con nuestro tiempo, porque antes invertiríamos tiempo en lo incierto que en lo cierto. Lo incierto es la posibilidad de que algo externo nos haga sentir mejor. Lo cierto es nuestra situación actual. Estamos constantemente buscando una forma de escapar.

Deja de esperar a que pase algo. Deja de esperar a que alguien te salve. Deja de esperar respuestas. Deja de esperar el amor. Deja de esperar a que llegue el momento adecuado o la situación adecuada. Deja de esperar el alivio. Deja de esperar la clarividencia.

Para poner esto en práctica, ¿cuántas veces te das cuenta de que estás deslizándote por tu teléfono a lo tonto, esperando a que ocurra algo? ¿O te pasas cada momento que no estás trabajando, estudiando o haciendo lo que sea que haces, enviando mensajes, llamando a los demás, viendo series, etc.? Y todo esto te deja con la sensación de cuando comes sin parar, pero sin sentirte bien alimentado. Ingieres tanto que te abruma, pero te sigues sintiendo vacío. Esto sucede cuando inconscientemente estás esperando a que pase algo que te saque de la situación en la que estás, sea cual sea. Es como si estuvieras esperando a que alguien desenrollara la alfombra roja hacia su casa para ti. O a que un acontecimiento o cambio te transforme la vida por completo, y te traiga felicidad.

Toda esa espera es un escape. Un escape de tu realidad. La niegas e, indirectamente, la juzgas.

Ningún hombre puede salvarte. Ninguna mujer puede salvarte. Nadie puede salvarte. No hay cantidad de dinero, estatus, fama o riqueza que pueda salvarte. Cambiar tu mentalidad acerca de la necesidad de que te salven es lo que te salvará. Si te construyes un hogar en tu interior, te estarás dando la seguridad que necesitas, el amor que necesitas para que, al mirar a los demás, no sientas que necesitas que te den la bienvenida en sus casas. Y, a la vez, no percibirás tu propio hogar, tu propio yo, con tan poco valor que tengas la intención de colocarlo todo en otra persona, con la esperanza de que sea tus cimientos. Si tu hogar te resultara un lugar seguro y acogedor, ¿por qué tendrías que estar constantemente buscando a otra persona o cosa para que te diera esas sensaciones?

JOYA N.º 7: DEJA DE ESPERAR

Y en este caso, ¿qué haces? ¿Cómo dejas de esperar?

1. Reconoce. Sé consciente de cuando esperas. Es una sensación de inquietud. O un estado de atontamiento total. Un tipo de atontamiento triste o desconectado por completo de la realidad. Es más fácil reconocer este estado de espera cuando, con el tiempo, miras tu día a día y buscas patrones de cómo pasas el tiempo.
2. Entiende. Entiende qué estás esperando.
3. Reflexiona. ¿Estás abandonando tu poder? Si es así, ¿a quién o a qué se lo estás dando?
4. Reclama. Recupera tu poder de las garras del «y si» y dáselo a «lo que es».

Este es el paso más importante. Recuperas el poder que habías entregado a las incertidumbres y a las incógnitas, y se lo das a lo que es cierto y conocido. ¿Y qué es cierto? Que eres el dueño de tu poder. Eres el líder de tu propia vida. Eres el constructor de tu casa. Eres quien decide tu felicidad. Eres tu propio director general.

PILAR N.° 7: El amor propio es darse
cuenta del poder que se tiene

Tu poder reside en tu interior. Es el amor que llevas dentro, no lo que recibes a cambio del amor, ni el hecho de que otra persona considere que tu amor merece ser recibido.

Con Noah me quedé vacía dando amor a alguien que no estaba preparado para recibirlo. Y su incapacidad de aceptarlo me hizo perder de vista que yo no me defino por el amor que los demás aceptan que les dé, sino por el amor que llevo dentro.

Si te pasaras el día cocinando para tu pareja para demostrarle tu gratitud, y llegara a casa y ni siquiera lo probara, ¿cómo te sentirías? Seguramente sentirías que ni la comida ni el tiempo que le has dedicado tienen valor, ¿verdad? Bueno, vamos a ver si esto es verdad. El hecho de que alguien no se lo coma, ¿le resta su valor nutricional o lo rico que está? No. Pero tu intención y objetivo final era recibir la validación de tu pareja, sentir que lo que querías ofrecer lo recibía alguien que te importa. Porque, de alguna manera, esto significaría que lo que tenías que ofrecer es valioso, lo cual implica que tú eres valioso.

¿Y si tu intención a la hora de cocinar toda esa comida era cocinar lo mejor que pudieras? ¿Sentirías que no vale nada simplemente porque alguien, sea quien sea, no se la ha comido? Seguramente no.

Verás, cuando dejamos de evaluar el valor de nuestro amor según quién lo recibe, o si se recibe o no, o la reacción que recibimos como resultado de ofrecerlo, podemos ver el propio valor de nuestro amor. En nuestro hogar. No a través de la lente con la que otra persona, desde su casa, lo está juzgando. Si hicieras un pastel y lo llevaras a casa de tus vecinos y estos te dijeran: «Gracias, pero no comemos postres», ¿te sentarías delante de su puerta esperando a que cambiaran de opinión y se

lo comieran para poder sentir que ese pastel tenía valor? El
único caso en el que te quedarías merodeando delante de la
puerta de tus vecinos sería si no tuvieras una casa a donde volver. Pero cuando tienes tu propio hogar, puedes volver y comer-
te el pastel tú solo. O dárselo a otra persona a la que sí le
guste el pastel.

No equipares tu valor con el hecho de si alguien se come tu
pastel o no, o de quién se lo come. Esto es exactamente lo que
hacemos cuando alguien nos rechaza. A mí me encantaba la
palabra *rechazo*. He escrito cientos de poemas sobre el tema.
Pero ahora ya ni existe en mi diccionario. El rechazo no existe.
El único rechazo que existe es el rechazo de uno mismo, y punto. Hallarse en un estado de cualquier tipo que no sea «en casa»
es rechazo. Porque estar en casa implica autoaceptación y autoconsciencia, ¿te acuerdas? Si te aceptas verdadera y sinceramen-
te, esto incluye el amor que hay dentro de ti. Y si aceptas ese
amor, no defines su valor según quién lo acepta o qué te dan a
cambio. Y no te sentirías tan desesperado como para darlo solo
para poder sentir que tiene valor. Hacerlo significaría que defines tu valor solo por lo que haces, y no por quién eres.

> Antes de darle amor a alguien, en la forma que sea, pregúntate:
> ¿mi intención es realmente querer a esta persona?
> ¿O es recibir una validación de que mi amor vale la pena?

¿Has experimentado alguna vez un berrinche provocado por
la vulnerabilidad? Yo lo defino como tener muchas ganas de ser
vulnerable, pero tener a la vez tanto miedo de serlo que acabas
balanceándote entre la euforia de la idea de ser vulnerable y el

temor a sus consecuencias. Yo solía experimentar estos berrinches a menudo. ¿Por qué quería ser vulnerable? Porque quería sentir una conexión más fuerte con la gente, con la vida, con el aquí y el ahora. ¿Y de qué tenía miedo? Tenía miedo de que el rechazo de esa vulnerabilidad me haría sentir que me había traicionado a mí misma.

Una vez, después de terminar con Noah (antes del desenlace final que te expliqué al principio del libro), prácticamente me suplicó que lo escuchara. Me dijo que se iba a abrir acerca de su pasado y que me iba a contar por qué era tan cauto. Lo escuché, pero no sabía cuáles eran sus intenciones contándome todo eso. Aún no había expresado lo que quería de mí. Mirándolo en retrospectiva, simplemente no quería que fuera yo quien cortara con él. Era todo cuestión de poder.

Después de abrirse, fui con pies de plomo cuando hablaba con él. Mi personalidad altamente empática me hizo sentir en el estómago que algo iba mal. Así que experimenté ese tira y afloja entre ser vulnerable y no serlo. Lo que impidió que fuera vulnerable con Noah no fue que no me fiara de él, sino que yo asociaba ser vulnerable con ceder mi poder. Tenía miedo de que si me volvía a rechazar después de haber sido vulnerable, sería mi culpa por haberme mostrado así. Le expresé mi miedo y me aseguró que esta vez sería diferente.

Después de unos días enviándonos mensajes sin parar, lo cual pensé que, de alguna forma, se convertiría en un encuentro, dejó de contactarme. Yo esperé pacientemente.

El primer día, no pasó nada.

El segundo día, no pasó nada.

El tercer día, empecé a sentir un poco de ansiedad.

El cuarto día, empeoró.

Y, el quinto día, empeoró muchísimo más.

Dudaba de mí misma. Me sentía impotente. ¿Por qué me

sentía tan impotente? ¿Por qué estaba a la espera de un mensaje? Porque equiparé mi vulnerabilidad con ceder mi poder. Porque sentía que me había traicionado a mí misma por haber hecho oídos sordos a lo que me decía mi instinto, creyéndole cuando me decía que esta vez sería diferente.

Pero la verdad es que mi habilidad de creerle y darle otra oportunidad para ser más claro y constante con su comunicación era una prueba de mi empatía. De mi poder. Su incapacidad de cumplir la promesa que me había hecho no me quitaba el poder. Mi vulnerabilidad no me hacía impotente. Mi vulnerabilidad es parte de mi poder.

Si una persona elige aprovecharse de tu vulnerabilidad y no cumple la promesa que te hizo de mantener un espacio seguro para tu vulnerabilidad, allá ella. No es tu culpa. Y no significa que seas débil. Tu poder es como un pozo en el que nunca se acaba el agua. La gente puede beber del pozo. Puede que la gente consuma demasiado de golpe. Pero tú eres la fuente de ese poder.

PILAR N.º 8: El amor propio significa que empiezas a responder a tu propia llamada de amor

¿Cuándo fue la última vez que te molestaste contigo mismo por no satisfacer tus propias necesidades? No en el sentido de despreciarte y preguntarte: «¿Cuál es mi problema?», sino enojarte porque no te habías responsabilizado de satisfacer tus propias necesidades. Tal vez se materializara en plantearte constantemente por qué esa persona o esa otra no estaban siendo consideradas con tus sentimientos, o por qué no les importabas.

La próxima vez que te des cuenta de que estás esperando la validación de alguien, tanto si es en forma de mensaje, llamada o cualquier otro modo de comunicación, pregúntate: «¿Qué supondrá, realmente, esa validación? ¿Qué me dirá de mí mismo? ¿Qué cambiará, realmente, para mí? ¿Me dirá que valgo? ¿Me dirá que estoy bien? ¿Me dirá que no pasa nada porque sea vulnerable? ¿Realmente necesito esta validación de una fuente externa?».

Yo me he encontrado en esta encrucijada una y otra vez. Recuerdo que un día, esperando un mensaje de Noah, escuché una voz interior que me decía: «¿Por qué te traicionas? ¿Por qué no contestas tu propio mensaje? ¿Por qué no te llamas? Él no te está traicionando. Te estás traicionando tú».

Y así es como te quitas la habilidad de construirte un hogar en tu interior. Si no ves el valor o la belleza de tu propia casa, hecha colectivamente de los elementos que la conforman, ¿por qué querrías siquiera construirla? ¿Por qué querrías vivir allí?

Decidí colocar el tema del amor propio al principio del libro, porque es uno de los elementos más importantes y más incorrectamente definidos y mal entendidos cuando nos referimos a la fidelidad con nosotros mismos. Se suele entender por amor propio el hecho de no permitir que la gente nos falte al respeto o no nos valore. Pero esto no es lo que significa el amor propio. Verás, cuando el foco está puesto en los demás, el poder lo tienen ellos. Quererte gira a tu alrededor. Recuerda que el hecho de estar en casa contigo mismo significa que, vayas donde vayas y estés con quien estés, estás en casa. Porque tú tienes el control sobre tu persona. Porque estás en un estado auténtico de autoaceptación y autovalidación. Tu ser, tu situación de «en casa» no se ve afectada por la aceptación o el rechazo del mundo exterior, tanto si se trata de un chico o una chica, de un trabajo, de la familia, de un círculo social o de lo que sea. Siempre y cuando tu definición de amor propio implique a otras personas, no te hallarás en un estado de amor propio. Estarás en un estado que alimenta tu ego, la historia falsa que te cuentas sobre tu persona.

JOYA N.º 8: RESPONDE A TU LLAMADA

Esta joya se me ocurrió y la coloqué en la habitación del amor propio a modo de recordatorio para dejar de esperar que los demás hagan o digan algo para que tú te sientas mejor. Es un recordatorio para que dejes de esperar cualquier señal que te diga que alguien está allí para ti, tanto si es una llamada, un mensaje, un correo electrónico o un gesto de amor. Sea lo que sea. Deja de hacer que tu sentido de bienestar y suficiencia dependa de que alguien te conteste al teléfono. Deja de esperar que te contesten las llamadas antes de que tú respondas a tu propia llamada. Cada vez que te cuestiones: «¿Por qué esta persona no me valora?», cambia la pregunta y dirígetela a ti: «¿Por qué me estoy traicionando a mí, a mi casa, otorgándole a otra persona el poder sobre mi valor, sobre mi sensación de estar en casa? ¿Qué necesito darme ahora mismo?». Y concédetelo.

Bueno, hemos llegado al final de este capítulo. Y llegados a este punto espero que te acerques al final de tu lucha para que los demás te quieran. El dolor y los finales tienen una ironía preciosa. ¿Recuerdas que antes, en la introducción, te dije que «Ese fue el punto final de la discusión»? En retrospectiva, ese fue el punto final de la batalla en la que había luchado toda mi vida... La batalla de suplicarle a otra persona que me quisiera. Finalmente, escuché lo que me querían decir todos esos dolorosos finales: «Te suplico que me quieras». El sujeto de la frase era mi auténtico yo. Y la frase iba dirigida a mi yo de veintinueve años, que se seguía preguntando «¿Por qué no puedo tener "eso"?».

Escúchate. Te estás diciendo: «Te suplico que me quieras».

¿Responderás a esa llamada?

Este contrato de amor propio te ayudará.

JOYA N.° 9: FIRMA TU CONTRATO DE AMOR PROPIO

Lee este contrato detalladamente y fírmalo. Vuelve a consultarlo siempre que lo necesites.

Yo soy la fuente de mi amor. Yo estoy al mando de satisfacer mis propias necesidades y voluntades. Yo estoy al mando de curarme de lo que mi infancia me enseñó de mí y de lo mucho que merezco el amor. Tengo la responsabilidad de no empequeñecer ni romperme en mil pedazos para que otros puedan darme la bienvenida en sus casas. Tengo la responsabilidad de construirme un hogar dentro de mí y darme la bienvenida tal y como soy: por completo, curándome y como un proyecto en desarrollo. Todo a la vez.

Puede que ahora no sienta esa completitud, pero entiendo perfectamente que mi auténtico yo se merece que lo quieran. Y la primera persona que me tiene que querer soy yo. Cuando me quiero, nadie me puede hacer sentir que no valgo, reteniéndome el amor. Si no me dan la bienvenida en hogares ajenos, no haré que giren alrededor mío. No me lo tomaré personalmente. Porque entiendo que no me sentiré sin hogar si tengo mi propio hogar en mi interior.

Puede que aún no haya acabado de construirme mi casa, pero mientras tanto no le voy a suplicar a nadie que me acoja en la suya. Mi propia casa es la que se merece todo mi amor y mi energía. Y hasta que no la haya terminado, no utilizaré a los demás para sentirme en casa. Todo aquello que me disponía a dar para que me devolvieran amor lo dirigiré a la construcción de mi propia casa. Haré el trabajo necesario para llegar a la raíz de mi dolor, a mi historia del «¿Por qué no puedo tener "eso"?», y sanaré todas las mentiras que me contó sobre mí.

Me quiero.

Firmado:

Perdón

En esta habitación aprenderás a cortar las cadenas del dolor que te están reteniendo. Aprenderás que el perdón no gira en absoluto en torno a la persona que te hizo daño. El perdón gira a tu alrededor. El perdón consiste en soltar.

Perdonarte te permite soltar a la persona que pensabas que tenías que ser. Perdonar a los demás te permite aceptar lo que pasó y soltar la necesidad de cambiarlo.

Entrarás en esta habitación siempre que sientas que te está costando desprenderte de lo mucho que te hirió alguien. Puede que entres a diario o solo de vez en cuando. Y no pasa nada. El perdón requiere tiempo y reflexión. Ten paciencia contigo mismo.

¿Estás preparado para soltar?

Empecemos.

Antes de entrar en esta habitación, pregúntate: ¿Qué significa perdonar a alguien?

Sea cual sea tu respuesta, quiero que la dejes fuera de la habitación e intentes responderla de nuevo después de haber leído este capítulo.

Cuando entras en la habitación del perdón lo haces con el

objetivo de desprenderte del dolor. Tienes el objetivo de aceptar, y no de revertir lo que ha pasado. Tienes el objetivo de superar el dolor atravesándolo.

Entras en la habitación del perdón por tu propio bien, no por el bien de nadie más. Solo tú puedes entrar en esta habitación, ninguna otra persona. No busques el remedio en manos de quien te provocó el dolor. No esperes sus disculpas para darte permiso para sentir el dolor. Si esperas, lo único que harás será provocarte más dolor. Y mientras lo hagas, le estarás dando más poder sobre tu propio proceso de curación. Y esto es algo que tú eliges hacer. Suena a amor del bueno, ¿verdad? Te lo doy porque lo necesitas. Y porque te mereces más que creer que no tienes tanto poder como tienes en realidad. Recuerda una de las normas fundamentales de la habitación del amor propio: el poder está dentro de ti.

Así que, si estar en la habitación del perdón es demasiado doloroso porque estás haciendo entrar a la persona que te hirió, vuelve a la habitación del amor propio y recuerda que tomar las riendas de tu sanación es clave. Recuérdate que tienes que atender a tu propia llamada. Recuérdate que eres tu máxima prioridad. Recuérdate que lo que busques es lo que verás.

La persona responsable de soltar el dolor que te han hecho eres tú. Y nadie más. Te aseguro que incluso si la persona que te hizo daño vuelve ahora mismo y admite lo que te hizo y te dice que se arrepiente mucho, esto no hará que desaparezca el dolor. Quizá durante un tiempo. Pero será solo como un parche, como una tirita.

Una sola persona no puede ser el dolor y el remedio a la vez. Puede ser el instigador del dolor, pero no puede ser quien lo cure. Esto lo tienes que hacer tú. Y lo más probable es que el dolor que te han activado por dentro se tuviera que activar en algún momento de tu vida. No te estoy pidiendo que les agradezcas que te hayan causado dolor. Incluso el hecho de ofrecerles gratitud por el dolor les concedería poder.

> *Tú no eres el motivo*
> *por el que te han apuntado con una flecha.*
> *Tú no eres el motivo*
> *por el que una flecha ha hecho que te arrodillaras.*
> *Pero tú*
> *eres el único motivo*
> *por el que decides levantarte*
> *con las manos ensangrentadas*
> *y lágrimas en los ojos.*
> *Es la resiliencia de tu columna,*
> *de tus venas,*
> *quien tiene mérito,*
> *y no la miseria que manó*
> *de sus corazones*
> *para lanzarte esa flecha.*

Tienes que entender que nunca está bien que te hagan daño. No intentes justificarlo. Aspira a encontrarle sentido y a descubrir por qué reaccionaste como lo hiciste.

Cuando perdonas, estás diciendo: «Lo que me hiciste ya pasó. No estuvo bien. Dejarlo atrás no significa que lo banalice. Significa que ya no tiene poder sobre mí».

Así que, antes de entrar en esta habitación, pregúntate:

1. ¿Qué/a quién tienes que perdonar?
2. ¿Estoy preparado para perdonar?
3. ¿He sentido ya el dolor?
4. ¿He entendido lo que me está intentando enseñar? (Si no, haz una visita a la habitación de la rendición.)

La habitación del perdón no sirve de máquina expendedora mágica que te proporciona una válvula de escape instantánea para tu dolor de una vez por todas. Hay dolor que necesita años para ser perdonado completamente. El perdón es una práctica de soltar.

Cuando empecé a escribir este capítulo no tenía ni idea de la montaña rusa que me esperaba. Después de innumerables horas trabajando en los pilares que tenía pensados para el perdón, noté que faltaba algo. Cuanto más escribía, más sentía que tenía que escribir. Un día estaba en una cafetería y me encontré escribiendo: «¿A quién tengo que perdonar?», en la parte superior de la página.

¿A quién tengo que perdonar?

¿Cuánto retrocedo en el tiempo?

Notaba que el malestar se me iba desplazando por el cuerpo hasta llegarme a los ojos. Hasta los dedos. Y simplemente recliné la espalda en la silla y cerré los ojos. No me importaba si alguien me estaba viendo. No me importaba lo que pensaran los demás. Notaba cómo el sol me llegaba a la cara. Y me empezó a venir todo cómo si se proyectara ante mí.

¿A quién tengo que perdonar?

¿Cuánto retrocedo en el tiempo?

¿Por dónde empiezo?

PILAR N.º 1: Tener algo o a alguien a quien perdonar no es motivo de vergüenza

Tú no decides qué dolor te echan encima ni cuánto tiempo tardas en curarte. Lo que sí depende de ti es lo que decides hacer con ese dolor cuando entra en ti. Si eliges resistirte a él, porque piensas que en este momento de tu vida no deberías sentir ese dolor, se quedará allí. A menudo utilizo la analogía de que alguien esté llamando a tu puerta. Si continúas ignorando la llamada, no hará más que volverse más fuerte y más pesada con el tiempo. Por mucho que ignores la llamada, tendrás que adaptar tu comportamiento cuando empiece, según lo ruidosa que sea y cuándo se vaya. En otras palabras, te controlará ella a ti. Te estás engañando si piensas que no dejándola entrar se irá.

Cuando el dolor llame a tu puerta:

> *Déjalo entrar.*
> *Si no, llamará*
> *cada vez más fuerte.*
> *Su voz será*
> *cada vez más fuerte.*
> *Así que déjalo entrar.*
> *Pasa tiempo con él.*
> *Entiéndelo.*
> *Luego acompáñalo a la puerta*
> *y dile que se vaya*
> *porque te ha llegado el momento*
> *de dar la bienvenida a la felicidad.*

Lo mismo pasa si niegas que alguien te haya hecho suficiente daño como para concederle el perdón. Tal vez porque pienses que el dolor no es muy grave, o porque pienses que alguien tan «fuerte» como tú debería ser capaz de aguantar el dolor.

> *Menospreciar el dolor*
> *que te sobrepasa*
> *no es ser fuerte.*

Retrocedamos unos años en mi vida. Estoy en el trabajo sentada delante de una de mis jefas. Me encuentro en un estado que solo puedo describir como absoluta desrealización. Todo lo que me rodea está borroso. La expresión en su cara es la opuesta a la que me mostró el día que nos conocimos, el día en el que di un paso al frente. Ese día me dio las gracias por mi valentía, me dio un abrazo y me dijo que todo saldría bien, que me protegería de ese hombre. Ahora me mira con cara de «Necesito que se acabe ya». No muestra ni pizca de emoción y me dice:

—Tienes que acabar con esto.

Bajo la mirada a mi regazo y siento que las lágrimas me atraviesan los pantalones y me mojan las piernas.

Mis lágrimas se convierten en cascadas. Cascadas silenciosas.

¿Cómo pasé de ser la chica perfecta, la hija perfecta, la estudiante perfecta, la profesora perfecta, la chica a la que el director pedía que se pusiera de pie delante de los demás niños y niñas de la escuela y decía «Quiero que todos sean como ella»? ¿Cómo pasé de ser esa chica a ser esta otra? ¿Cómo llegué a que me llamen mentirosa indirectamente?

¿No debía este sistema creer en mí? ¿No me tenía que proteger? Teniendo en cuenta que soy una mujer con una amplia interseccionalidad de identidades, que me hacen aún más vulnerable, ¿no se suponía que este debido proceso tenía que ser justo?

No puedo describir qué parte del dolor era la peor en ese momento, pero lo que sí te puedo decir es que no era solo un motivo. No era solo porque los resultados fueran en mi contra. O porque la gente a la que admiraba me hubiera decepcionado o juzgado. No era porque tenía que volver a un lugar de trabajo en el que la persona que me había causado todo este dolor seguía al mando. No era que se negara la historia. No era por todas las inconsistencias y preguntas que nadie me respondía. No era porque hubieran mentido acerca de mí. No era por la visión de mi carrera profesional destinada al fracaso. Era todo eso junto. Y lo peor de todo es que, cuando salí por la puerta, no sabía adónde tenía que ir o a quién acudir o qué hacer. Cuando salí por la puerta, no sabía ni quién era. En ese momento mi familia no sabía lo que ocurría. Mis amigos tampoco lo sabían. Yo era la fuerte. Y antes que nada, yo no era la que tendría que haber recibido este golpe.

Había confiado en que un sistema externo se llevaría mi vergüenza. De alguna forma, había construido mi casa en ese sistema. Y quizá si los resultados hubieran ido a mi favor, hubiera sido capaz de desmontar esa vergüenza con el tiempo y la validación de aquellas personas cuyas voces tenían tanto poder. Pero lo triste era que ningún veredicto de ningún sistema podía volver a la raíz de esa vergüenza y eliminarla por completo.

Tenía que hacerlo yo.

Recuerdo todos los mensajes directos e indirectos que he recibido a lo largo de los años que he vivido en Norteamérica acerca de cómo las mujeres tienen más derechos y se respetan más aquí que donde nací. Y aunque puede que esta afirmación sea cierta en muchos contextos, basándome en mis propias experiencias con el sistema, esto no encajaba con la experiencia que había vivido, ni con la de la mayoría de las mujeres que dan un paso al frente. La opresión de las mujeres adquiere diferentes formas en todo el mundo, y a menudo se esconde detrás de mantos de políticas y eslóganes que sirven para proteger las jerarquías misóginas del poder, que están profundamente arraigadas.

PILAR N.° 2: Perdonar a alguien
no pasa bajo su tejado, sino bajo el tuyo

Volvamos a la cafetería. Cuando recliné la cabeza hacia atrás y la apoyé contra la ventana, me juzgué a mí misma por pensar que tenía tanto que perdonar. ¿Estaba siendo desagradecida con todo lo que tenía, porque me estaba centrando en lo que tenía que perdonar? ¿Mi incapacidad de soltar era un equivalente de que algo iba mal en mí? Así que cambié mi planteamiento. Me dije que tener algo que perdonar no te hace ser menos que los demás. No significa que seas débil. El hecho de que no puedas soltar alguna cosa no significa que haya algo malo en ti.

Ahora te pregunto: ¿Has dejado de abrirte a los demás acerca de lo que te cuesta despedirte de una persona, evento o dolor? Quizá te preocupe haberte convertido en un disco rayado. Una carga. Y estás cansado de ti mismo. Así que escondes tu dolor de la misma forma que lo hacías antes de abrirte.

¿Había llegado el momento de soltar mi pasado? A esas alturas ya había tenido el valor de romper muchos límites. Y traspasar esas fronteras era como enfrentarme a mi propia muerte. De una forma bonita, estaba enfrentándome a la muerte de la mujer que me habían enseñado que tenía que ser. La mujer que me habían dicho que tenía que ser. Y que estaba convencida de que en cuanto me convirtiera en esa mujer, sería feliz.

Me enfrentaba a la muerte de esa mujer por el solo hecho de plantearme lo que realmente quería hacer. No, no: me enfrentaba a la muerte de esa mujer por el solo hecho de pensar que podía plantearme lo que realmente quería hacer.

A decir verdad, no tenía ni idea de lo que quería. No tenía ni idea de quién era. No tenía ni la más remota idea.

Había concentrado toda mi energía en cumplir las expectativas. Me enorgullecía trabajar todas las horas del día. No dormía porque tenía la cabeza llena de lo que tenía que hacer al día siguiente. Eso me hacía ser una trabajadora dedicada. Y eso mismo era un emblema de honor.

Tengo que hacer un preámbulo a esta próxima parte, y decir que soy consciente de que puede que muchas personas de fe musulmana y pertenecientes a la cultura árabe lean esto y piensen que estoy pintando una imagen defectuosa de nuestra fe y de nuestra cultura. Esta no es mi intención. Las experiencias vividas siempre difieren, pero no sirve de nada esconder algunas historias o ignorar su existencia solo por la imagen colectiva de una fe o cultura. Así que lo que viene a continuación no es un intento de decir que todas las personas que provienen de mi fe, cultura o trasfondo hayan tenido la misma experiencia. Mi intención es contar mi historia, cómo lo viví yo.

Empecé a ir a una escuela islámica cuando cursaba séptimo. A la hora del patio y del almuerzo, las niñas y los niños estaban separados. Los niños tenían redes de baloncesto en su patio, pero nosotras no. Su patio era el doble de grande que el nuestro. Los patios estaban uno a cada lado de la escuela, y había un enorme camino que los separaba con una gran reja metálica que se abría solo al final del día, cuando nos venían a buscar los autobuses para llevarnos a casa. Mientras los niños hacían educación física, nosotras hacíamos artes plásticas. Un día en clase de artes plásticas, otra alumna hablaba de que no se imaginaba casándose con un hombre sin quererlo. Nuestra profesora se molestó mucho y dijo:

—El amor no es lo que creen que es. Primero te casas con un hombre y luego aprendes a quererlo.

Yo nunca me concedí el derecho de pensar en chicos. Porque solo se podía pensar en chicos si formaban parte de una conversación acerca del matrimonio. Esto es lo que aprendí en la escuela, como parte de nuestro currículo. La pregunta era, ¿yo nunca me había concedido el derecho de pensar en chicos, o nunca me dieron el derecho de hacerlo? No lo sé. Lo único que sé es que hablar con chicos estaba mal. Yo no sabía cómo hablar con ellos.

Desde el principio, en la escuela, nos quedó claro que los hombres tenían privilegios por encima de las mujeres. Ellos eran los protectores. Ellos podían hacer mucho más que nosotras porque... simplemente eran hombres. Por ejemplo, ellos podían ponerse perfume, incluso se les animaba a hacerlo, mientras que a nosotras nos enseñaban que ponernos colonia era el equivalente a tener relaciones sexuales con un hombre con el que no estabas casada (uno de los mayores pecados que podías cometer). Como confiaba en mis profesores, la mayoría hombres, confiaba que aquellas enseñanzas se basaban en el Corán. Fue solo en los últimos años allí que descubrí que la mayoría de esas enseñanzas fueron creadas por el hombre y que no tenían sus raíces en el islam.

Casi todas las chicas de mi clase estaban enamoradas de algún chico y pensaban que lo que sentían era amor. Pero salir con alguien o hablar de sentimientos entre chicas y chicos estaba prohibido. Ese tipo de conversaciones eran para el matrimonio y, evidentemente, casarse era el sueño al que se quería aspirar. Era el objetivo final. Para la mayoría de las chicas. No era mi sueño.

Mi sueño era «eso». El amor. Un hogar. El sentido de pertenencia.

Siempre supe, sentí, que me faltaba algo. Siempre me sentí vacía.

Hasta que llegó un día, cuando tenía catorce años, en que uno de mis profesores de esa escuela islámica empezó a hacerme sentir especial. Llamó a casa por la noche, cuando ya era tarde, y se presentó a mi padre como mi profesor, y le dijo que quería explicarme unos conceptos con los que necesitaba que me echaran una mano. Luego se puso a hablarme de la vida. Yo tenía catorce años. Catorce. Me dijo que nunca había conocido a nadie con tanta madurez. Tan amable. Tan comprensiva. Me dijo que lo hacía recordar lo buena persona que él podía ser. No tardé en hacerme adicta a la atención que me daba. Un día, mi amiga Mariam me invitó a su casa después de la escuela. Esto era algo muy poco frecuente porque ella vivía en otro pueblo, así que solo podíamos citarnos si me aseguraba de que alguien me llevaría a casa. Yo le había comentado el plan al profesor. Y él fue a la casa de mi amiga y se sentó en el exterior con nosotras. En ese momento teníamos quince años, y supongo que por eso nadie sospechó nada. No sé cuál era su plan, pero me sentía muy bien y avergonzada a la vez. De alguna forma, como no podía encontrar «eso», tomaba lo que fuera que me hiciera sentir igual. Se acabó cuando fui a visitar a mi familia en Canadá ese verano; poco después se casó con una chica de dieciséis años.

Esta no fue la última vez que un hombre considerablemente mayor a quien admiraba me mostraba ese tipo de atención que me hacía sentir especial. La última vez que me pasó fue unos años después de mi llegada a Canadá. Esa historia marcó el punto final a mi necesidad de complacer a los hombres, especialmente a hombres en posiciones de poder. Como pasó en un marco profesional y había una diferencia de poder, tuve que interponer una demanda por acoso y me encontré con la típica negación de lo que había pasado. Ese fue el momento que estaba describiendo antes, en la oficina de mi jefa.

¿Sabes cuál fue la belleza de esa negación? Que sentí como si alguien tomara un calendario y bloqueara años de mi vida. Su intento de borrar ese dolor que vivía en mí de forma permanente me hizo sentir como si me borraran a mí misma. Pero este fue el inicio de la detonación de una poderosa bomba: mi voz. Lo que vino después de ese momento me enseñó lo que era el perdón. Me enseñó que cuando ubicas los cimientos de tu casa (tu autoaceptación) bajo el techo de la persona que te provocó el dolor, no te llegas a ver nunca como merecedora de tu propia casa.

No aprendí el verdadero significado del perdón hasta que perdoné a ese hombre. Bajo mi propio techo. En mi propia casa. Con mi voz. Mi verdad.

Y todo empezó por entender mi historia a través de mis ojos.

PILAR N.° 3: Perdonarte te hace más fuerte

Querida yo,
perdóname por todas las veces que he dicho
que no pasa nada
cuando debería haber dicho
sí que pasa
o
te perdono.

Me juzgué por haber sido tan inocente de rendirme a la atención de alguien a quien admiraba. De alguna forma, enamorarse de la atención era un reflejo de lo poco que me valoraba. Durante muchísimo tiempo intenté hacer que las cosas con él volvieran a la «normalidad». Y tardé mucho tiempo en entender que nunca fue algo normal. Él era alguien a quien admiraba. Y la relación no tendría que haber cruzado nunca esa línea. Y tuve que recordarme constantemente que no fui yo la que cruzó esa línea por primera vez.

Me juzgué porque me costó mucho soltar ese apego tan tóxico que tenía hacia él. ¿Era por él, o por su atención? ¿Era por la atención, o por la atención de un hombre que tenía poder y un cierto estatus en la comunidad que me rodeaba? ¿Era mi necesidad de complacer a alguien con tanto poder? ¿Era mi necesidad de sentir que valía como profesora, como persona, como mujer?

Perdonarme significaba que me entendía. Significaba que miraba hacia atrás, a mi yo más joven, que nunca había entendido que decir «no» estaba bien. Significaba volver a mi yo más joven y decirle:

> *Perdóname por echarte la culpa*
> *por lo que no sabías.*
> *Perdóname por echarte la culpa*
> *por lo que hicieron.*

En el proceso de perdonarme, reflexioné acerca del condicionamiento de mi yo más joven. Esa fue una parte esencial de mi proceso de sanación. Encontrarle el sentido al dolor y al trauma no era suficiente. Tenía que encontrar el sentido en mí misma. No me curé de mi trauma encontrándole sentido simplemente a los acontecimientos que me llevaron a él. Tuve que explorar mi vida más a fondo, como un conjunto, con los condicionamientos culturales y religiosos con los que crecí. Vi que mi condicionamiento era benigno y maligno a la vez: benigno por lo mucho que tardé en darme cuenta de que tenía que cambiar, y maligno por lo destructivo que fue para todo mi ser. Encontrarle el sentido a todo esto me llevó a entenderme a mí misma.

Encontrarle sentido a por qué reaccionaste como lo hiciste ante un acontecimiento doloroso aumenta la autoconsciencia y el conocimiento que tienes de ti mismo. Te ayuda a ser más empático contigo. Y esto hace más fácil que te perdones.

No centres tu sanación en entender por qué alguien querría

hacerte daño. Nunca sabrás sus verdaderas intenciones o si realmente tienen intención de hacerte daño. Es mejor plantearse aceptarlo en vez de descifrarlo, diseccionarlo o justificar lo que pasó. Atascarse intentando entenderlo es una forma de resistencia para no sentirlo o escapar de ello. Y todo eso, en general, es una distracción del verdadero trabajo que se tiene que hacer. Una distracción de ir a la raíz y extraer el dolor de su origen.

Yo no me curé de mi trauma entendiendo lo que había pasado a un nivel lógico y consciente. Mi trauma sigue apareciéndoseme en la vida. Mi curación es que ahora soy consciente de ello. Encontrarle el sentido a un trauma no significa que no vayas a vivir nada que lo desencadene y te haga volver a él. El trauma es como un órgano invisible que llevo dentro y está separado de mi corazón, y en determinadas situaciones y simultáneamente con mi corazón, me bombea dolor por las venas. Parte del proceso de perdonarme y de curarme es aceptar el dolor cuando llega, y no juzgarme.

A través de la terapia y de escribir mucho en mi diario, llegué a entender mi trauma. Aquello que lo desencadenaba. Y entendí que aquellos desencadenantes aparecerían de vez en cuando. No tendría este hogar dentro de mí si no lo hubiera aceptado.

Tienes que darle la bienvenida al dolor cuando lo sientes,
no solo saber de dónde viene.

«Pero, Najwa, yo lo siento. Lo he sentido durante mucho tiempo. ¿Cómo consigo deshacerme de él?» Esta es una pregunta que me llega de diferentes formas. Y es una pregunta que me encanta. Aquí va mi respuesta: además de sentir el dolor, lo tenemos que aceptar. Aceptar cómo pasó. Aceptar lo que hiciste. Aceptar lo que hicieron. Tienes que aceptar el hecho de que nunca volverás a ser la persona que eras antes de que pasara. Tienes que aceptar las cicatrices que te dejó. Tienes que transformar esas cicatrices para que dejen de ser recordatorios constantes del dolor y pasen a ser recordatorios de lo lejos que has llegado después de ese dolor. Y, lo más importante, tienes que responsabilizarte de tu aportación a tu propia vida.

Las herramientas en esta habitación se llaman «válvulas de escape» porque te ofrecerán la oportunidad de conectar con el perdón y desconectar de lo que te unía con el dolor pasado y con que te culparas a ti mismo. Si el perdón consiste en soltar, este es un espacio abierto en el que soltar todo lo que estamos reteniendo (sentimientos, pensamientos, resentimientos, amargura, desesperación).

VÁLVULA DE ESCAPE N.º 1: CÓSETE EL ALMA CON HILO DE ORO

Tienes que soltar la idea de que curarse significa volver a ser la persona que eras antes del acontecimiento que te rompió. Somos muchos los que nos atascamos con lo que hemos perdido (y a menudo lo que hemos perdido no tiene valor económico). Pueden ser años de nuestras vidas. Puede ser la inocencia. Puede ser la confianza en nosotros mismos, la esperanza, la mentalidad positiva. Nos centramos mucho en querer recuperar lo que hemos perdido porque, para nosotros, hacerlo es una señal de que vamos por el buen camino. Nos centramos mucho en convertirnos en la persona que éramos antes, pero esto sería como intentar caber en un caparazón que ya nos queda pequeño. La persona que éramos nos resulta familiar. Pero ¿ves en qué dirección tienes que ir para alcanzar a esa persona? Es hacia el pasado, hacia atrás. Así que, si esto es lo que intentas hacer, te voy a pedir amablemente que pares.

Te rompiste.
Había belleza en ti
antes de romperte.
Había belleza en ti
mientras te rompías.
Hay belleza en ti
mientras te reconstruyes
(no reviertes la rotura).
Y, oh, qué belleza habrá en ti
cuando te hayas cosido
las piezas de tu yo roto
con la aguja del amor propio
y el hilo dorado
de tu hogar.

Cuando te rompes puedes ver todas las partes de ti que necesitas ver. Es la forma más complicada y preciosa de desenredarse. Eres capaz de tomar cada pieza por separado, entenderla, quererla, ser consciente de ella, y puedes colocarla dentro de tu nuevo yo. El oro con el que te coses el alma puede parecer una cicatriz, pero recuerda que las cicatrices son recordatorios de lo lejos que has llegado.

Te daré un ejemplo de cómo lo hice yo. Cuando te conté que salí de esa oficina y no sabía qué dolor era peor, la imagen que tenía de mi sanación se remontaba a la mujer que era antes de lo que había pasado. Estaba rota y quería revertir la rotura. Pero lo que realmente tenía que hacer era reconstruirme. Porque revertir la rotura significaba desear que el dolor se fuera. Y esto es imposible. La reconstrucción es un acto de consciencia. No puedes construir una casa con una venda en los ojos. Reconstruir significa conocer todas las partes, saber para qué sirve cada una de ellas y dónde colocarlas. En mi trayecto de volver para entender por qué me convertí en la persona que era antes de que llegara el dolor, les di una oportunidad a las diferentes partes de mí para ser vistas, escuchadas y queridas. Y al tomar esa decisión no estaba abandonando mi yo del pasado. Estaba reconstruyendo mi yo del pasado. Conociendo mi yo del pasado. Ahora me conozco y sé cómo participar activamente en mi propia vida. Por ejemplo, ahora sé que soy una persona altamente empática y que esto, en gran parte, fue el motivo por el que tenía la necesidad de complacer. Querer volver a ser la persona que era antes implica que quiera ser alguien con la empatía oculta, que me lleva a los sitios equivocados. Reconstruirme significa que elijo mantener esa parte de mí, pero ahora la conozco. Y la valoro. Por consiguiente, puedo establecer límites alrededor de esa empatía.

Utilizo la analogía de coserse porque coserse duele mientras te estás curando. Requiere tiempo y esfuerzo. Exige perdón. Te insta a soltar. Implica que tomes las riendas de tu propia vida. Y esto hará que pierdas algunas personas. Puede que te sientas solo. Pero recuerda que estás construyendo a la persona más poderosa de tu vida: tú. Y esta es la mayor victoria.

En el proceso de aceptarte no vuelves a la persona que eras antes de ese acontecimiento doloroso o traumático. Separas automáticamente tu sanación de la disculpa o del reconocimiento. Tomas el control de esta reconstrucción. Tú eres el constructor. En el libro *Sparks of Phoenix* («Chispas del fénix»), escribí:

> *Quien te rompió*
> *no puede curarte.*

Tienes que soltar la idea de que solo podrás curarte si la persona que te hizo daño se disculpa o se arrepiente de sus acciones. En vez de culparlos por tu situación actual, tienes que hacerlos responsables de sus acciones pasadas y tomar el control de tu situación presente. Ellos no tienen este poder. Ellos no pueden hacerte rehén del dolor en el que te han sumergido. He aquí el secreto: muchas veces ni notan que tienen ese poder. Se lo concedes tú en tu propia cabeza. Se lo concedes al atascarte en los momentos dolorosos que crees que te han causado. Pero ellos no te han causado el dolor. Lo han despertado en tu interior. No me malinterpretes: no estoy diciendo que hayas elegido sentir dolor como resultado de su acción dolorosa. Lo que digo es que su poder no va más allá de ese momento limitado. Ahora vuelves a tener tú el poder.

A veces perdonarte implica que expliques la historia como tú la has vivido, no como otra persona la escribió. En vez de «primero hizo esto, luego esto y después aquello» dices «Yo hice, yo sentí, yo…». Y no lo haces para culpabilizarte... sino para convertirte en el narrador de tu propia historia.

VÁLVULA DE ESCAPE N.º 2: UTILIZA FRASES CON «YO»

Mucho de lo que sé hoy lo he aprendido enseñando. Durante mi formación de profesora, un profesor de educación infantil nos dijo que teníamos que animar a nuestros alumnos a utilizar frases con «yo». Esta idea la acuñó el psicólogo Thomas Gordon en los años sesenta, cuando abordaba la resolución de conflictos. Me preguntaba por qué no nos enseñaban también esta técnica para alumnos mayores. Por algún motivo, la resolución de conflictos solo se consideraba importante en los primeros años de vida, mientras que cuando los niños ya eran mayores, el foco recaía en la gestión del grupo clase y en la planificación del currículo. Y esta asignatura no era obligatoria para todos, lo cual me ayudó a entender que son muy pocos los profesores informados acerca de la resolución de conflictos. Cuando había un conflicto entre alumnos mayores, el foco no estaba en los estudiantes sino en hacer que el problema desapareciera; lo cual consistía, a menudo, en recordarle al alumno qué norma había infringido y aplicarle una consecuencia adecuada.

Con alumnos más jóvenes, nos enseñaban métodos más efectivos. Por ejemplo, imaginemos que enseño en un grupo de tercero, y Lara y Sandy son dos alumnas de mi clase. Un día en el patio, Lara se me acerca y me dice con lágrimas en los ojos:

—¡Hirió mis sentimientos!

Cuando hablo con Sandy, me dice que Lara es una pesada porque siempre se enoja si ella juega con otra persona. ¿Ves lo que está pasando? Tanto Lara como Sandy están señalando los defectos ajenos. Si les recuerdo que utilicen frases con «yo», lo más probable es que Lara diga:

—Me siento triste cuando Sandy no juega conmigo, porque me hace sentir excluida.

Y lo más probable es que Sandy diga:

—Me enfurece que Lara intente evitar que juegue con mis otros amigos, porque a mí me gusta jugar con todo el mundo.

Verás, a menudo sentimos que las acciones ajenas son como una gran nube amenazadora que llevamos encima a causa de lo que hacemos que sus acciones digan de nosotros. Y cuando podemos separar sus acciones de lo que pensamos que significan para nosotros, podemos entendernos mejor a nosotros mismos. Y también podemos entender mejor a la otra persona. Esto es lo que conseguimos cuando usamos frases con «yo».

Mi amiga Sam, por ejemplo, se puso en contacto conmigo un día después de enterarse de que el novio con el que llevaba dos años viviendo se escribía mensajes de carácter sexual con muchas otras mujeres. Estaba muy dolida y no paraba de decir:

—¡No entiendo cómo puede haberme engañado de esta manera! ¿Por qué no intenta ni siquiera explicarse? ¿Por qué no intenta arreglarlo?

Así que le pedí que cambiara todas las preguntas por frases con «yo».

En vez de decir: «¿Cómo puede haberme mentido?», di: «Me duele que me mientan, porque me hace sentir que no merezco que me digan la verdad».

En vez de decir: «¡Ni siquiera me explica por qué!», di: «Me entristece que alguien no intente resolver un problema, porque me hace sentir que no merezco que luchen por mí».

Las frases con «yo» tienen tres elementos:

1. Yo sentía/siento _____ (añadir un sentimiento)
2. cuando _____ (explica lo que ha pasado)
3. porque_____ (añade lo que te hace pensar)

Si eres capaz de hacerlo, eres capaz de tomar el último elemento, el porqué, y preguntarte si realmente es verdad. He aquí donde empieza tu sanación. No te curas del acontecimiento sino de lo que te reveló acerca de ti. Y esto te permite retroceder hasta aquel momento de tu vida en el que nació esa creencia que tienes de ti. Y, de repente, tu sanación pasa por encima de esa persona y te llega a ti. Y ahora, en vez de culpar a esa persona por darte la sensación de estar en casa y después arrebatártela, empiezas a construirte tu propia casa. Así que, si estás en el proceso de construirte tu propia casa, recuérdalo. Y si ya te la construiste y ahora estás visitando la habitación del perdón, las frases con «yo» no te fallarán nunca.

El objetivo de utilizar una frase con «yo» es alejarse de las frases con «tú». Las frases con «tú» implican un estado de desamparo, porque intentas encontrar la respuesta en algún lugar fuera de ti. La finalidad de utilizar las frases con «yo» es separar completamente tu sanación de la persona que te causó el dolor. Consiste en hacer que vuelvas hacia ti. A tu hogar.

PILAR N.° 4: El perdón no consiste en culpar, sino en soltar

Si pudiera haber otro nombre para esta habitación, sería la habitación de soltar.

No importa quién causó el dolor o lo que te llevó a estar herido. Lo que importa es que, de algún modo, te afectó. Saber quién tiene la culpa no se llevará el dolor. Más bien al contrario, hace más sitio para el resentimiento. Y ese sentimiento pesa mucho.

Mi dolor vivía en la superficie. Y nadie me dijo que lo veía hasta que me abrí. La herida que llevaba tanto tiempo escondiendo estaba debajo de una tirita. No la dejaba respirar ni dejaba que se formara una costra, porque no estaba preparada para soltarla. Quería que la herida se quedara, quería seguir sangrando para permitirme sentir el dolor constantemente. Y así podía justificar todo el dolor que sentía. Porque ¿cómo podía estar sufriendo si no era evidente que tenía un motivo para hacerlo? Me aferraba a lo que me había pasado para poder revivirlo y, de algún modo, sentirme viva. La parte más difícil de soltar el dolor, de aquello que me enseñó lo que creía de mí, fue enfrentarme a mí misma. Y reconocer la verdad de quién era.

Porque, si no tengo ese dolor que me defina, ¿quién soy?

VÁLVULA DE ESCAPE N.º 3: REDEFÍNETE: ¿QUIÉN ERES SIN ESTE DOLOR?

Si tuvieras que presentarte ahora mismo, ¿qué dirías? (Te lo voy a simplificar. Empieza con cinco palabras. Solo cinco palabras.)

Antes de tener mi hogar interior, solía presentarme con lo que me había pasado. En mis ojos, yo era una víctima de abusos. Había vivido acoso sexual y abuso de poder. Era alguien a quien nadie escuchaba. Alguien que luchaba para que la escucharan.

En el trayecto para llegar a mi casa, cambié el discurso. Ya no me define lo que me pasó, sino quién soy. Ahora me defino como alguien que ha sobrevivido, que se ha reconstruido, que se ha reparado. Me presento como alguien que es un participante activo en su vida, no alguien a quien le han hecho algo. No alguien que está reaccionando, sino alguien que está siendo.

Es difícil definirnos sin nuestro dolor, porque de repente tenemos que afrontar nuestra verdad. La mayoría de nosotros no sabemos quiénes somos. No lo digo para avergonzarte, ni a ti ni a mí, por aferrarnos al dolor. Solo estoy intentando hacer más visibles las razones por las cuales nos resulta más fácil vivir con dolor que sin él. No es porque queramos vivir con dolor.

Es porque vivir con dolor es mucho menos difícil que vivir sin un ancla que nos amarre a algo. A alguien. A un recuerdo. A un momento.

Cuando no sabemos quiénes somos, sentimos que no tenemos ningún propósito. Así que vivimos y caminamos sin rumbo, sin sentir ningún impulso. Muchos de nosotros preferiríamos no vivir en este estado de no saber, así que recurrimos a lo que conocemos: el dolor. Nos decimos que tener la identidad de alguien que ha experimentado algo es mejor que no tener ninguna identidad. Soltar es verte y aceptarte tal y como eres, sin el dolor. Sin tu historia. Sin etiquetas. Sin la identidad que te has creado basándote en el dolor o en la historia. Aceptar que no eres lo que te ha pasado. Y que no eres el resultado de ello. Sino que eres quien eres, con y sin eso. ¿Significa esto que lo que te ha pasado no sea suficientemente malo? ¿O que no fue significativo? Por supuesto que no.

VÁLVULA DE ESCAPE N.º 4: CORTA LOS HILOS

En *Sparks of Phoenix* («Chispas de fénix») utilicé la analogía de una marioneta:

> *Me ató hilos a la autoestima*
> *y jugó conmigo*
> *como una marioneta.*

Si pudiera reescribir este poema, diría:

> *Yo misma até mi autoestima*
> *al hecho de que él me aceptara.*
> *Decía, hacía y sentía*

lo que pensaba que tenía que decir, hacer y sentir
para merecer que me quisiera, me viera y me oyera.

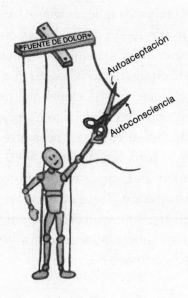

Primer paso: Siéntate en silencio.

Segundo paso: Cierra los ojos y céntrate en un objeto.

Tercer paso: Imagina la persona que te hirió. Piensa en todo el poder que le estás dando, como si fueran los hilos que te atan (a ti, la marioneta) a esa persona. Cada hilo representa algo que no puedes soltar en torno a ese dolor o a esa persona.

Cuarto paso: Imagina que tomas unas tijeras. Las tijeras salen directamente de los cimientos de tu casa. Uno de los filos es la autoaceptación y el otro es la autoconsciencia. Agarras las tijeras y vas hilo por hilo diciendo: «Te acepto y te libero. No tienes poder sobre mí».

Quinto paso: Cada vez que cortes un hilo, imagina cómo su poder vuelve a ti. Hasta tu corazón. Hasta tu hogar.

Esta actividad es como decir: «Estoy desmantelando el poder que tienes sobre mí. El poder que pensaba que era tuyo ahora es mío».

PILAR N.° 5: Perdonar a alguien no le otorga un pase de vuelta a tu vida, incluido tu yo del pasado

La frase clave en este pilar es: «incluido tu yo del pasado». ¿Recuerdas el momento que te describí de cuando estaba en esa oficina del trabajo, con mi jefa, llorando? Ese momento es donde me quedé atascada durante los dos siguientes años. Curarme del trauma (traumas) que había sufrido en los pocos años que precedieron ese momento significaba volver a aquella niña inocente e ilesa, que seguía las normas a rajatabla. Que buscaba agradarle a todo el mundo. A quien todo el mundo admiraba. Intenté volver a ser esa chica con tantas fuerzas que me rompí aún más.

Era como intentar agarrar cristales rotos y colocarlos exactamente como estaban antes de romperse. Aquella chica había desaparecido.

¿Te acuerdas de cuando me enfrenté a la muerte de la mujer que estaba convencida que tenía que ser para ser feliz? ¿Para estar bien? Volvamos a ese momento, en el que empecé a aceptar que necesitaba que esa mujer muriera. Una noche, antes de que mi padre se fuera a su viaje anual al Líbano, estaba sentada en el sofá, en la sala, y lo tenía enfrente. Me sentía como un cuerpo inerte. Mi familia no sabía por lo que estaba pasando. Veían que me estaba marchitando en todos los sentidos, en especial mi madre, pero no tenían ni idea de lo que me sucedía. Estaba muy avergonzada. Tenía mucho miedo.

Para el día del padre publiqué una foto en Facebook en la

que le daba la mano a mi padre. Debía tener uno o dos años. Llevaba un vestido blanco y rojo. Mis ricitos rubios estaban recogidos con unas ligas para el cabello rojas muy bonitas que parecían cerezas. Y yo estaba sonriendo. No se veía a mi padre en la foto, pero se podía ver cómo yo alargaba el brazo para tomarle la mano. Mi manita se agarraba de la suya como si le fuera la vida en ello.

Mi padre, sentado allí, enfrente de mí, me dijo algo que no memoricé palabra por palabra, pero que recuerdo bien. Mi padre, un hombre de muy pocas palabras, dijo:

—¿Recuerdas la foto que publicaste? Cuando eras así de pequeña solía mirarte a los ojos y decir: «Esta niña va a llegar lejos». Por la mirada que tenías. Pero esa mirada ha desaparecido.

Esa noche me miré al espejo. Y lloré. Y lloré. Y lloré. No me reconocía. Sentí como si estuviera mirando una desconocida. Era como si mirara al cielo, ahogándome, sin saber si se pondría a llover o si saldría el sol.

Veía lo que mi padre decía. Había dejado de ser yo. Estaba en la transición entre quien era y quien tenía que ser. Y mi cuerpo no aceptaba ni una versión ni la otra de mí misma, así que me convertí en un caparazón vacío, buscando desesperadamente cualquier rayo de vida que pudiera llenarme. Era una persona sin hogar.

Para convertirme en quien tenía que convertirme tenía que dejar de intentar ser quien había sido. La mujer que solía ser basaba su valor en construir casas temporales en otras personas. La mujer que quería ser sabía que la de su interior era la única casa que necesitaba.

Tenía que dejar de desear que el dolor se fuera. Tenía que dejar de esperar que llegara una disculpa. Tenía que dejar de esperar que alguien reconociera mi dolor. Tenía que dejar de sentirme tan pequeña al lado de aquellos en posiciones de poder. Y, por encima de todo, tenía que dejar de esperar, sintiéndome avergonzada por querer sentirme en casa. Primero tenía que perdonarme. Tenía que aceptarme. Tenía que sentirme en casa yo sola. Tenía que dejar de esperar que alguien luchara por mí. Tenía que dejar de esperar que alguien me diera una voz. Así que luché por mí misma. Y alcé la voz.

En retrospectiva, ese momento en el que derramé lágrimas directamente en mi regazo estando en la oficina de mi jefa fue el momento en el que empecé el luto por la muerte de mi yo pasado. Y empecé a construirme un hogar en mi interior.

Después de esta historia me di cuenta de que aferrarme a lo que me había pasado nunca me aportaría la sanación. Mortificarme porque mi jefa no me había defendido o reconocido lo mala que había sido mi experiencia, no hacía más que alejarme de mi propia casa en mi interior. Cuando te hacen daño, lo único que quieres es que se lleven ese dolor. Y yo confié en un sistema de poder para darme poder, cuando lo que tenía que hacer era no aceptar nunca que mi credibilidad dependiera de un sistema de poder para que fuera reconocida. No necesitaba que ninguna investigación me demostrara que había vivido lo que sabía que había vivido.

Perdonarlos… a todos… significaba que tenía que soltar lo que no estaba bajo mi control. Perdonarlos significaba tomarme el tiempo para llegar a poder disociar lo que me hicieron de quien soy. Perdonarlos no hubiera sido posible si no me hubiera perdonado a mí misma por poner tanto énfasis en la validación ajena de mi dolor. Perdonarme a mí misma y perdonarlos me devolvió el poder sobre mi vida. Me empoderó para decir: «No soy quien dicen que soy. Soy quien soy. Mi verdad no depende de si lo ven como una verdad. Mi verdad depende de la verdad que yo sé que viví».

La siguiente válvula de escape te ayudará a alcanzar el mismo nivel de libertad.

VÁLVULA DE ESCAPE N.° 5: SALIENDO DE ESTA HABITACIÓN, AFIRMA

Perdonando estoy soltando aquello sobre lo que no tengo control.

Solo puedo controlar mis pensamientos, mis sentimientos y mis acciones (lo que hago con mis pensamientos y sentimientos).

Yo decido cuándo y a quién perdono.

Me perdono.

No puedo precipitar el perdón.

Yo decido si esa persona puede volver a mi vida o no.

Para acabar este capítulo, quiero compartir contigo un poema que empecé a escribir en un momento en el que me di cuenta de que estaba esperando que el dolor se fuera. Después de aplicar el conocimiento que había adquirido acerca del auténtico perdón, fui capaz de redirigir mis sentimientos hacia la aceptación.

> *Ojalá pudiera volver*
> *justo al momento antes*
> *del momento de conocerte.*
> *Dar media vuelta*
> *y sentarme un poco más allá*
> *de donde me senté*
> *la noche que te conocí.*

Ojalá pudiera volver
justo al momento antes
del momento de salir de casa
esa noche.
Dar media vuelta y hacer cualquier cosa.
Cualquier cosa.
Menos salir por la puerta.
Ojalá pudiera volver
justo al momento antes
del momento
en el que te sonreí cuando me saludaste.
Porque durante mucho tiempo
pensé que mi sonrisa
te invitó a saludarme.
Y que mi hola
te invitó a decir
todo lo que me dijiste
para atraerme
como a una mariposa hacia un fuego virulento
con aspecto de rayos de sol.
Ojalá pudiera volver
justo al momento antes
de cada momento
en el que dije que sí
cuando quería decir que no.
Para recordarme que
si ser querida implicaba
romperme en pedazos,
podía elegir mantenerme entera.
Ojalá pudiera volver
justo al momento antes
de cada momento

en que decidí decir
lo que querías oír.
Para recordarme que
si querer ser escuchada significaba
que tenía que quedarme callada,
podía elegir hacer rugir mi voz.
Ojalá…
pudiera volver.
Pero qué agradecida estoy
de que mi deseo no se haya vuelto realidad.
Porque justo en este momento
soy quien soy,
estoy donde estoy,
porque en cada momento
justo antes del momento
en el que me derrumbé
me levanté
con alas cosidas con oro
y una voz tan potente
que ni yo podía ignorar.

CAPÍTULO
4

Compasión

En un mundo lleno de juicio y división, esta habitación existe para recordarte que existen tres tipos de compasión: la compasión hacia el mundo, la compasión hacia ti y la compasión de los demás. Esta es la única estancia de tu casa en la que pueden entrar otras personas. Este acto de dar la bienvenida a otras personas a tu hogar supone, intrínsecamente, la aplicación de algunos límites.

Es crucial que muestres compasión hacia ti y hacia el mundo. Y con ese mismo nivel de compasión tienes que ser selectivo con quien dejas entrar en tu casa. De la misma manera que expones tu compasión hacia el mundo a través de la empatía y el deseo de ayudar, también lo deberían hacer las personas a quienes des la bienvenida a tu casa. Deberían tener la habilidad de sentir contigo, no por ti.

¿Estás preparado para empezar a aprender el poder que tienes sobre quién entra en tu casa?

Entremos.

Tengo un recuerdo de cuando estaba en cuarto de primaria. Tenía ocho años.

Nuestra clase de lectura trataba sobre un cirujano del corazón que había desarrollado un procedimiento innovador que evitaría la muerte de miles de pacientes. Recuerdo quedar fascinada por todo lo bueno que ese médico había hecho por el mundo. Y recuerdo pensar en la gran recompensa que se merecía por salvar tantas vidas.

Recuerdo, inocente de mí, correr hacia mi profesora al final de la clase, sintiendo una profunda admiración por el médico y preguntarle a la profesora si el doctor iría al cielo por haber salvado tantas vidas. Se me borró rápidamente la sonrisa cuando me contestó:

—No, porque no es musulmán. Irá al infierno.

Recuerdo volver a casa con una gran tristeza en el corazón. No podía entender por qué alguien que había hecho tanto bien podía no ir al cielo. Había crecido escuchando historias preciosas sobre la religión que me contaba mi abuela y ella me enseñó que nunca debía juzgar a nadie por nada más que sus acciones.

Fui a mi padre y le conté lo que había pasado. Y recuerdo que me dijo:

—No somos nosotros quienes juzgamos adónde va cada persona. Solo Dios sabe lo que hay en el corazón de cada uno.

Si esta historia no es una prueba suficientemente sólida para ti de que los niños nacen siendo lienzos en blanco que acabamos condicionando para que vean el mundo a través de nuestras etiquetas, ya no sé qué lo es. Estaba triste porque no podía soportar la idea de que hubiera alguien que iría al infierno simplemente por no ser musulmán. ¿Te imaginas la persona que sería hoy si no hubiera llegado a casa y le hubiera contado esta historia a mi padre? ¿O si mi padre me hubiera confirmado lo que me había dicho la profesora? ¿Te imaginas la persona que sería hoy si me hubiera limitado a creer lo que me dijo mi profesora ese día y hubiera ido por la vida creyendo que la distinción entre ir al cielo o al infierno tenía que ver con la religión en la que creyeras? Hubiera seguido juzgando a la gente basándome en etiquetas, y no hubiera empatizado con ninguna de esas personas. Hubiera permitido que mi juicio hacia esas personas invalidara mi empatía.

Tuve la suerte de tener unos padres que me enseñaron una versión de la fe que era muy amable, compasiva y empática. Una versión que respetaba la libertad de decisión de las personas y sus acciones, más que las etiquetas con las que se identificaban.

Algunas veces, a lo largo de mi infancia, mi padre me llevó a visitar a sus amigos a pueblos cercanos. Eran cristianos y drusos. La conversación que teníamos siempre que íbamos y volvíamos de allí era que lo más importante es ser buena persona. Que las acciones y los modales son más importantes que la identidad religiosa.

Mi imagen de Dios era una imagen de luz. Yo no seguía las normas porque tuviera miedo de ir al infierno. Yo las seguía porque me encantaba la imagen de Dios que yo tenía (justo, bueno, comprensivo, empático); una versión que entraba en conflicto con la que me enseñaron en la escuela islámica a la que fui. Mi padre siempre me insistía en que le contara todo lo que aprendía en la escuela, y así podía corregirlo si era necesario.

Verás, yo no tenía ningún problema con Dios. Yo tenía un problema con las personas que me hablaban de Dios. Cuando fui a la universidad, muchas de las personas que me rodeaban practicaban esa misma versión moralizante de la religión que se reducía a cielo o infierno, blanco o negro. Hubo gente que me llegó a decir que si entraba en una habitación con el pie izquierdo, los ángeles no me recibirían. Que si me ponía maquillaje, mis plegarias no serían válidas. Que si me pintaba las uñas, no podría limpiarme adecuadamente antes de rezar.

Recuerdo pensar: «¿Por qué debería importarle a Dios si llevo esmalte para uñas cuando rezo? ¿Por qué debería importarle a Dios si entro en una habitación con el pie derecho o con el pie izquierdo?». Y esos pequeños detalles insignificantes, desde mi punto de vista, ¿son más importantes que ser realmente una buena persona? Como, por ejemplo, el caso de todas esas chicas a mi alrededor (recuerda que no tenía amigos chicos porque no estaba bien visto) que se mostraban totalmente devotas en público, pero a la vez sabía que estaban en relaciones a espaldas de sus padres. Yo sabía que chismeaban sobre otras chicas. Y entre otras muchas cosas, fui testigo de cómo juzgaban a otras personas por hacer lo mismo que hacían ellas en privado. Para mí, eso era peor que llevar esmalte para uñas al rezar.

La imagen que tenía de Dios era una imagen de compasión hacia todo el mundo, no solo hacia aquellas personas que se identificaban como musulmanas. Dios me dice que vea a las personas por quienes son realmente, no por las etiquetas que las rodean. Y este es el tipo de compasión con el que yo trato el mundo. Si alguien me habla negativamente a mí, o a cualquier otra persona, siempre reflexiono sobre si tuvo la misma crianza que yo. ¿Tuvo un padre como el mío que corregía el adoctrinamiento de la escuela? ¿Tuvo una madre como la mía que siempre me insistió en que me fijara en las acciones de la gente, antes de mirar sus etiquetas? Y hago siempre lo posible para recordarlo cuando respondo. No soy perfecta, pero siempre hago lo posible para mostrar compasión en mis respuestas.

En el capítulo cinco, «Claridad», compartiré la historia de cuando me quise quitar el hiyab. Teniendo la habitación de la compasión en mente, me gustaría analizar qué papel desempeñó la compasión en esa parte de mi vida. Yo me quité el hiyab en julio del 2018. Cuando publiqué mi decisión, recibí bastantes comentarios llenos de odio. Compartí esta experiencia en las redes sociales, unos días después de haber hecho pública mi decisión:

Estos últimos días han sido muy duros para mí. La cantidad de odio que he recibido ha sido tal, que ni siquiera las montañas podrían cargar con él. Incluso he llegado a responder de maneras que no son propias de mí, a causa de lo abrumadora que se ha convertido esa negatividad.

Si me estás juzgando o estás juzgando lo que llevo en el corazón basándote solamente en lo que ves, adelante. No puedo detenerte. Si quieres dejar de seguirme, adelante, deja de seguirme. Pero yo no cambiaré. Y mi mensaje no cambiará. Mi corazón no cambiará.

Yo nunca juzgaré a una persona por lo que diga que cree; tan solo lo haré por sus acciones, por su corazón y por su conciencia. Por el bien que aporta al mundo. Esto es lo que predica mi fe. Así que no pongas palabras en mi boca y no te concedas el derecho de dar por supuesto cosas sobre mí, o sobre por qué hago lo que hago.

Paz y amor para ti, incluso si me odias. Paz y amor para ti.

¿Por qué te estoy contando esto? Porque es un ejemplo perfecto de mi práctica de autocompasión, a la vez que expreso compasión hacia los demás. En vez de permitir que las opiniones que los demás tienen de mí me hagan sentir inferior, decidí hablarme con compasión, empatía y con la voluntad de ayudarme a crecer.

PILAR N.º 1: La autocompasión marca el listón
para la compasión que recibes de los demás

Sentirte como en casa en tu interior no significa que no te afecte el mundo que te rodea. Practicar la autocompasión te preparará para el tipo de compasión ajena que aceptarás. En el proceso aprenderás a construir límites alrededor de tu hogar. Sentirte en casa en tu interior significa saber a quién quieres darle la bienvenida a tu casa, con qué condiciones, y en qué momento se tiene que ir. Por este motivo es importante que aprendas a construir los límites para todos los visitantes que intenten entrar en tu casa. ¿Te diste cuenta de que utilicé la palabra *construir* en vez de *establecer*? Es como construir una reja alrededor de tu casa o ponerle un cerrojo a la puerta. Y parte de este proceso consiste en entender qué tipo de compasión te mereces.

Esto está directamente relacionado con el amor propio. Dedicar tiempo a aprender cómo ser autocompasivo y practicar esa autocompasión no es egoísta. El tiempo que te tomas para tener compasión contigo mismo no disminuye la compasión que muestras hacia los demás. De hecho, te aseguro que cuando tienes compasión con los demás, no agotas tus existencias, no desarrollas resentimiento. Te asegura que tu compasión se origina en un lugar sano.

Me solía pasar que cuando tenía algún problema, miraba a otros problemas de mayor calibre en el mundo y decía: «Pero mi problema no es nada comparado con eso. Tendría que estar agradecida por no tener que pasar por eso». Pensaba en los millones de personas que viven en la pobreza o en las víctimas de guerra. Con el tiempo, me di cuenta de que tener compasión por los demás no implica que tengas que minimizar tus propios problemas. Puedes hacer ambas cosas a la vez. Puedes hacerlo lo mejor posible para implicarte en el cambio de los demás, a la vez que haces cambios en ti.

Además, no está bien tener compasión por los demás solo por pena o para sentirte superior, porque sufren o la están pasando peor que tú. Esto es simpatía, no empatía. La empatía implica sentir «con» la otra persona, no que lo sientas «por» la otra persona. Y, de la misma forma que no querría que los demás sintieran pena por mí, tengo que sentir empatía «conmigo», no pena «por» mí.

PILAR N.º 2: Da la bienvenida a aquellas personas que se hayan ganado el derecho a ser bienvenidas

Si te dijera que sentirte en casa en tu interior implica ir con la cabeza bien alta por tu cuenta, sin pedirle ayuda a nadie, te mentiría. Dejar que entren en tu vida no te impide sentirte como en casa. Pero esto tampoco significa que dejes entrar a cualquiera. Es vital que seas selectivo con los visitantes que llaman a tu puerta. Esos visitantes no son solo personas; sus opiniones también son visitantes de vez en cuando. Como también lo pueden ser las normas culturales y religiosas.

¿Y cómo puedes saber a quién debes dejar entrar en tu casa?

He decidido etiquetar las estrategias de esta habitación como bloques de conexión, porque nos sirven como herramientas para construir conexiones con los demás.

El primer bloque de conexión es el más importante.

BLOQUE DE CONEXIÓN N.º 1: NO PIERDAS
DE VISTA QUE TÚ ERES EL ANFITRIÓN

Antes de centrarte en quién entrará en tu habitación de la compasión, date la bienvenida a ti. Recuerda que tú eres el propietario de esta casa. Tú eres el anfitrión. Ten compasión contigo mismo. Ponte en tu propia piel. Ten el deseo de ayudarte. Si organizaras una cena en tu casa, es probable que te centraras tanto en servir a todos los invitados que te olvidaras de que eres el anfitrión. Es importante que tengas tu nombre en la lista de invitados y que te tomes el tiempo de disfrutar de la comida que preparaste. También es importante que te hagas un sitio allí entre aquellas personas a las que quieres. Recuerda que el proceso de construirte una casa gira en torno de ti. Consiste en que tengas un lugar al que volver al final del día, antes de sentir que necesitas acudir a otra persona. Así que asegúrate de que tu casa te acoge a ti antes de acoger a nadie más.

Las personas a las que dejes entrar en tu casa, a las que dejes sentar alrededor de la mesa, serán aquellas que te escucharán sin juzgarte, sin tener la necesidad inmediata de responder, criticar o analizar. Aquellas personas que practiquen, y no solo muestren, compasión. Aquellas personas que, incluso cuando no estén de acuerdo con tus acciones o con lo que te ha llevado hasta ese punto, te digan: «Tiene que ser difícil. No puedo ni imaginarme lo que debes estar sintiendo». No las personas que te digan cosas como: «Pero ¿cómo no viste eso o aquello?», o cualquier otra frase que te haga sentir que tu problema no es nada comparado con el suyo, o con lo que otras personas están pasando.

Aquellas personas a las que les puedas confiar partes de tu historia son las que merecen tu confianza. ¿Compartirías libremente tus pensamientos e ideas con cualquiera que pasara por la calle, sabiendo que podrían no escucharte, robarte esas ideas o simplemente ignorarte? No, no lo harías. Así que ¡deja de permitir que estas personas entren en tu casa!

¿Querrías que las personas que entran en tu casa se sintieran mal por ti? ¿O preferirías que te vieran y que estuvieran allí por ti solo por amor genuino? Deja entrar a aquellas personas que sabes que sentirán contigo, con empatía, y que no se sentirán mal «por» ti. La empatía es una parte fundamental de la compasión. Deja entrar a aquellos que no se sentarán y compararán tus problemas con los suyos. A aquellos que te darán consejos cuando se lo pidas. A los que te amplificarán la voz cuando te sientas débil. A las personas que te recordarán lo que vales cuando lo olvides. A los que te recordarán tu lógica cuando estés lejos de tu habilidad de evaluar tu situación de una forma imparcial, por culpa de estar enredado en algún asunto.

El primer comentario que recibo cuando me abro ante algún amigo sobre algo por lo que estoy pasando es: «Pero ¡¿por qué no me lo habías dicho?!». Y aunque sé que lo dice con buena intención, lo último que necesito es explicar por qué no se lo dije antes. Lo último que necesito hacer es defender mi confianza con esa persona, nuestra amistad o lo que significa para mí. Lo que me dice me añade más carga sobre mis espaldas. Y me impide empezar a compartir porque sé lo que conllevará. Sé que sentiré que estoy cargando tanto con la losa de la historia como con la losa de ratificar a la persona ante la que me estoy abriendo.

Aunque me dolía hablar con alguien de lo que me estaba pasando cuando estaba saliendo del caparazón de la mujer que pensaba que tenía que ser, mi primer instinto fue decirme a mí misma: «No te van a entender. Así que mejor me callo. Me preguntarán por qué no les dije nada antes. Pero antes que nada, dirán algo que hará que me cuestione: ¿cómo no supiste hacerlo mejor?».

Los amigos que se fueron de mi vida eran los que escuchaban

mi dolor y mi agonía con juicios en vez de con empatía, menospreciándome con el deseo de sentirse mejor. Ya no hablo con estas personas. Ya no las invito a mi casa. Esto no significa que sean malas personas; simplemente son personas que no se han ganado una buena acogida en mi casa. Si llaman a la puerta puede que escuche lo que tienen que decir. Pero las trato como trato a mis emociones, como visitantes.

Tal vez te digas: «¿Qué pasa si ya les di la bienvenida a mi casa a personas que me han tratado de esta forma? ¿Qué hago?».

BLOQUE DE CONEXIÓN N.º 2: REDACTA TU LISTA DE INVITADOS

Imagina que organizas un encuentro. Has invitado a tus amigos más cercanos y has preparado grandes cantidades de comida. Piensa en la lista de invitados: ¿quién aparece? Anota los nombres y vuelve aquí.

¿Invitarías a este encuentro a alguien que te hubiera herido mucho a ti o a un amigo? ¿Le darías la bienvenida a tu casa a alguien que te hubiera hecho daño (o a cualquier desconocido de la calle)? Seguramente, no. Así pues, ¿por qué permites que aquellas personas que te hirieron puedan llegar a ti? ¿Por qué les concedes un lugar a sus opiniones?

∽

A veces hay personas que entran llevando una capa de compasión pero no tardas en darte cuenta de que no es real. Cuando te pase, recuerda que eres el dueño de tu casa. Puedes acompañarlas a la puerta tal y como las has acompañado al entrar.

∽

Si alguien a quien hubieras invitado a cenar te insultara o te faltara al respeto, ¿qué harías? ¿No le pedirías amablemente que se fuera? Y, de ser necesario, ¿no le pedirías a alguien que te ayudara a sacarlo? E, incluso, si aguantaras toda la noche con esa persona, ¿la volverías a invitar? Pues eso. Tener en tu vida a personas que no te muestran una verdadera compasión es más de lo mismo. Y no me digas que no tienes alternativa. Porque sí la tienes.

Yo siempre había pensado que mi habilidad para ser una persona amable, paciente y comprensiva, que excusaba a la gente, me hacía ser una buena persona. Era de las que siempre pensaban que la gente puede cambiar. Que todo el mundo se merece una segunda, una tercera o una décima oportunidad, si realmente quiere cambiar. Y tardé años en entender que esa forma de ser surgía de mi empatía. Y no había nada malo en ello. Pero siempre acababa molesta con aquellas personas que me hacían daño, a pesar de haber tenido todas las oportunidades posibles para decir que no, para terminar la relación o cortar la comunicación con ellas, o para dejar de interactuar con ellas por completo. Pero elegía continuar. Acabé ofendida con esas personas por aprovecharse de mi empatía, sin responsabilizarme de mi propia aceptación de su comportamiento. Esto me llevaba a juzgarme a mí misma por sentirme ofendida, lo cual me incitaba a disculparme por decir lo que había dicho al reaccionar o responder. Y la rueda no paraba. ¿Por qué?

Porque no tenía límites. Ni siquiera sabía lo que eran los límites. Pero no tienes idea de lo equivocada que estaba. Ya hablé de límites en la habitación del amor propio, pero son aplicables aquí también. De pequeña no vi nunca a mi madre, bendito sea su corazón, decirle que «no» a nadie. Siempre hizo todo cuanto pudo por estar allí para todo el mundo. Pero esto tenía un precio. Y el precio era ella misma. En el pasado, siempre había pensado que el mayor honor sería ser como ella; pero ahora que soy consciente de lo autodestructivo que es satisfacer a todos los que te rodean, entiendo la importancia de los límites. Ahora sé que priorizarme no me hace mala persona.

La gente no debería subestimarte a la ligera. No deberían pensar que nunca les quitarás el privilegio de darles la bienvenida a tu casa. Así pues, ¿cómo decides a quién dejas entrar? Construir límites te ayudará a establecer unos criterios sobre a quién dejas entrar y a quién dejas en la puerta. Los límites son tan importantes en cualquier relación con los demás como una reja de protección alrededor de tu casa, o el cerrojo de la puerta. Tú decides a quién dejas pasar, a quién conservas en el interior y a quién le pides que se vaya. Tú decides con qué frecuencia invitas a alguien, así como si ya no lo quieres invitar más.

Además, recuerda que no solo las personas te visitarán en tu casa. Sus opiniones también son visitantes. Aunque puede que no permitamos que ciertas personas entren en nuestra vida, seguimos permitiendo que sus opiniones sobre nosotros nos afecten. Es importante ser consciente de que la influencia que tiene la gente en nosotros a menudo sobrepasa su presencia física en nuestra vida.

Evalúa los pensamientos y opiniones que aparecen en tu lista de invitados. Es una manera poderosa de pensar en las opiniones de los demás, ¿verdad?

Y no solo las opiniones que personas concretas tienen de ti te afectan en tu vida. Las presiones sociales, los estándares religiosos y los límites culturales también lo hacen. Por ejemplo, la forma corporal de una mujer, su peso y las características físicas son elementos que la sociedad escudriña sumamente y que juzga un conjunto de normas tácitas. Las redes sociales refuerzan estas normas. Cuando permites que estas normas tácitas dicten cómo te ves, estás permitiendo que los modelos de la sociedad entren en tu casa, incluso si los rechazas a nivel consciente.

Aquí tienes ideas de cómo puedes establecer límites para que este tipo de normas no escritas no entren en tu casa a través de las redes sociales:

1. Deja de seguir en las redes sociales las cuentas que prediquen esas normas tácitas. Deja de exponerte intencionadamente a ellas.
2. Prepárate para enfrentarte a su exposición accidental. Por ejemplo, puedes elegir la opción de «ocultar publicaciones parecidas»; deja un comentario expresando tu opinión con amabilidad; o simplemente sigue deslizándote por la página sin darles importancia a esas publicaciones. ¿Hay otras formas en las que crees que podrías prepararte para este tipo de situaciones?

Yo seguía permitiendo que las personas que me juzgaban entraran en mi vida, sin realmente darles la bienvenida. ¿Cómo? Permitiendo que las opiniones que tenían de mí afectaran a cómo me veía a mí misma. Si hubiera imaginado que solo les daría la bienvenida cuando entraran compasivamente, ya no los hubiera dejado ni entrar. Un ejemplo de esos momentos lo encontramos cuando decidí quitarme el hiyab. O cuando me fui de casa de mis padres. O cuando decidí vestirme como yo quería. Sentía que tenía molestos invitados en casa a los que yo no había dado la bienvenida.

PILAR N.º 3: Construye límites antes
de dejar que nadie entre en tu casa

Cuando me presentaron por primera vez los límites, no tenía ni idea de lo que eran. Pensaba que un límite consistía en que estableciera ciertos estándares para cambiar el comportamiento de otra persona. Pensaba que era como un conjunto de estándares que, si alguien rompía conmigo, se metía en problemas. Sin embargo, el tiempo y la sabiduría me enseñaron que nunca podría ni debería intentar cambiar el comportamiento de otra persona. Los límites no tienen nada que ver con los demás. Solo tienen que ver conmigo.

En pocas palabras, construir límites consiste en decir: «Esto es lo que acepto y esto es lo que no acepto».

No construyes los límites delante de las narices de otra persona, sino que los construyes a tu alrededor, para que honren el valor que sabes que llevas dentro. Levantar muros como reacción a lo que otra persona dice o hace es actuar desde el miedo. Los límites, sin embargo, consisten en honrar y valorar lo que tienes dentro de tu casa.

He aquí otra poderosa manera de visualizar los límites: imagina que tienes joyas y diamantes en casa. Decir: «Quiero protegerlos para que no me los robe nadie» no es poner límites. Establecer límites es decir: «Estas joyas y estos diamantes son valiosos, y si alguien intenta ponérselos sin mi permiso, no lo voy a permitir». Esta es la diferencia entre el modo de defensa y el modo de respuesta.

No te pasees por la vida en modo de defensa. Si alguien traspasa tus límites, responde. No reacciones.

Muchos de nosotros cometemos el error de creer que establecer límites acaba con expresarle a alguien que una de sus acciones nos hiere. A continuación, dependemos de la consciencia de esa persona para que se diga: «Mejor dejo de hacer eso». Si, por el hecho de comunicarle tus límites a alguien, esperas que modifique su comportamiento, esto no es poner límites. Un límite no depende de las expectativas de que el comportamiento de alguien cambie. Esta decisión la tiene que tomar la otra persona. Si vinculas la validez del límite con el cambio de conducta de la otra persona, estás entrando en el hogar de esa persona, y definiendo tu valor basándote en cómo te trata.

Cuando basas el límite en ti, tu foco pasa de que te sientas dolido porque alguien no te está valorando tanto como crees que te mereces, a que veas que esa persona está violando el estándar de respeto que te marcaste. Y dices: «Mi valor no depende de que otra persona respete cómo quiero que me traten».

～

Parte de respetar a los demás es respetar sus límites.
Parte de respetarte a ti es construir tus propios límites.

～

En vez de preguntarte: «¿Por qué siguen haciéndome daño si yo ya expresé que lo que hacen me duele?», empieza a preguntarte: «¿Lo acepto en mi vida? Yo no acepto la falta de respeto. Yo no acepto la inconsistencia en la comunicación. Yo no acepto que alguien me trate de una manera que me haga ver su clara falta de respeto hacia mí como persona». No basas la validez de tus límites en que otra persona los respete o no. Apreciando tu propio valor recuperas el poder. Ese límite hace referencia a este valor. El bloque de conexión n.º 3 ahondará en este aspecto.

Ya lo hemos hablado en la habitación del perdón: cuando empieces a utilizar las frases con «yo», tu vida entera cambiará. Cuando te responsabilizas de lo que haces, de cómo te sientes y de cómo piensas, empiezas a cambiar. Es el momento en el que desmontas el poder que cualquier persona ajena pueda tener sobre ti. Sus acciones solo tendrán poder sobre ti, sobre tu bienestar, tus pensamientos y sentimientos si les concedes ese poder.

«Pero me sigue haciendo daño que la gente haga cosas que sabe que me hieren.» Este es un comentario que recibo a menudo. Y esta es mi respuesta: imagínate que un día estás paseando y, de repente, inesperadamente, se pone a llover. Te mojarás. Pero eres tú quien decide si vas a cobijarte de la lluvia e irte a algún sitio donde te puedas secar, o si continuarás plantado bajo la lluvia porque… ya estás mojado. En la habitación de la rendición hay una potente analogía sobre cómo nuestro corazón se adapta al contexto, lo cual es exactamente lo mismo que decir que ya estoy mojado. Pero ahora piensa como si te cayera un chubasco inesperado. Te sorprende. No sabes qué hacer o cómo reaccionar. Piensa en el poder de dar un paso atrás y, en vez de mortificarte por lo que pasó y por qué, piensa: «¿Y ahora qué hago? Pasó esto [sea cual sea la transgresión de tu límite]. Me dolió. Pero puedo tomar una decisión. ¿Qué quiero hacer ahora?».

¿Sabes lo que hace la mayoría de la gente? ¿Lo que he hecho yo? ¿Y seguramente lo que tú has hecho? Si aceptamos una vez la transgresión de un límite, cuando vuelve a pasar, lo aceptamos, porque ya lo hemos aceptado antes. Nos suena. Sabemos cómo va a salir. Sabemos que podemos soportarlo. Sabemos que, de alguna forma, decir lo que pensamos provocará que la persona que ha cruzado la línea se marche. Así que les permitimos que pisoteen ese límite solo para que no se vayan.

Otra cosa que puede que hayas hecho es decirles que te sientes de esa forma por cómo te están tratando. A menudo intentamos cambiar el comportamiento de los demás haciéndolos sentir culpables. Por ejemplo, en momentos de conflicto, decimos cosas como: «No puedo creer que me hagas sentir así. No me lo merezco. No es justo». En momentos así, quiero que te acuerdes de utilizar tus frases con «yo». Que te sientas mejor no depende de que la otra persona cambie su actitud. Depende de que no aceptes ese comportamiento después de haber expresado tu opinión al respecto.

BLOQUE DE CONEXIÓN N.º 3:
CONSTRUYE TUS LÍMITES

Primer paso: Conócete. Conoce lo que vales. Los cimientos de tu casa y la habitación del amor propio te ayudarán enormemente en esta labor. Los límites son un reflejo del valor que vemos en nosotros mismos.

Segundo paso: Establece límites utilizando frases con «yo». Aunque tus límites se basen en ti, tendrán diferentes aspectos y sonarán distinto en cada contexto (por ejemplo, con tus amigos, familiares, con tu comunidad religiosa o cultural, compañeros de trabajo, desconocidos, etc.). La conclusión es que tienes el derecho de imponer una reja sólida de protección alrededor de tu casa. Tienes el derecho de tener un cerrojo en la puerta de entrada. Tienes el derecho de echar a cualquier persona que se meta por la ventana o que entre sin llamar a la puerta.

Aquí tienes algunos ejemplos de límites, para que veas qué aspecto pueden tener:

1. Acabaré la conversación si mi interlocutor me interrumpe constantemente.
2. Diré que «no» si me siento incómodo.
3. Saldré de la estancia si X me grita.
4. Limitaré el tiempo y la energía que dedico a aquellas personas que intentan avergonzarme a través de la religión.
5. No toleraré el comportamiento o las palabras de nadie solo porque tenga miedo de herirle los sentimientos si pido que pare.
6. No haré ni diré nada que reduzca el respeto que me tengo solo porque otra persona se sienta mejor.
7. Añade tus propios ejemplos.

Tercer paso: Refuerza tus límites. Exprésalos cuando lo necesites. Repito, habrá personas que se adaptarán a tus límites a partir del sentido común y porque notarán tu nivel de comodidad. Pero otras personas necesitarán que les explicites claramente tus límites.

Cuarto paso: Mantente firme con tus palabras. No hacerlo sería como ajustar la reja que construiste alrededor de tu casa según lo alto o bajo que otra persona esté dispuesta a saltar. Por ejemplo, si tu pareja te grita y dices que si lo vuelve a hacer, acabarás con la relación, pero sigue haciéndolo y tú te quedas, no estás respetando tus propios límites. Y esto no quiere decir que su elección de tratarte mal sea tu culpa. Nada más lejos de la verdad. Pero que te mantengas firme con tu límite es un reflejo directo de lo seguro que estás de lo que vales. Si tienes miedo de que tu pareja se marche, seguirás bajando ese límite y sentirás una mezcla de miedo, dependencia, resentimiento e impotencia. Adaptarás tu límite a su voluntad de respetarlo. Por ejemplo, puede que digas algo del estilo: «Por lo menos no me grites cuando estemos con mi familia».

Cuanto menos aprecies tu validez, más bajos serán tus límites, y menos poderoso y fuerte te sentirás con ellos. Si piensas que te mereces menos, no sabrás cómo establecer límites. No sabrás qué no quieres aceptar en la vida. Ese conocimiento y consciencia de ti mismo es un reflejo directo de los límites que construirás.

Y si te estás mortificando porque ya estás aceptando que te traten mal, no sigas aceptándolo diciéndote: «Es que ya estoy mojado». En vez de eso, entra en la habitación del perdón y perdónate. Entra en la habitación del amor propio y ama a tu auténtico yo. Entra en la habitación de la rendición, y siente tus emociones. Entra en la habitación de la claridad, y obsérvate. Vuelve aquí y prométete que, de ahora en adelante, reforzarás tus límites.

Recuerda tu lista de invitados. ¿A quién dejarías entrar en tu casa? ¿A aquellos que se saltarían la reja y entrarían sin llamar a la puerta y sin ser bienvenidos? Una parte esencial de estar en casa es dar la bienvenida a aquellos que respetan tus límites sin hacer que los tuyos giren a su alrededor, sino en torno a ti. La gente que está en tu casa tiene el acceso y la habilidad de traspasar tus límites, pero a veces eligen no hacerlo por un genuino respeto hacia tu persona. Es en este momento en el que tienes que decidir a quién mantienes en el interior de tu casa y a quién echas. Cada vez que comparto la necesidad de construir límites, recibo preguntas como: «¿Y si se trata de tu propia familia? ¿Y si es en el trabajo?». En otras palabras: ¿qué pasa si las personas para las que tengo que construir límites son demasiado cercanas o una parte integral de mi vida? Es mucho más fácil construir límites con personas con las que no tienes ningún tipo de historial ni vínculo.

Tengo una historia que contarte. Cuando empecé a enseñar un poco el pelo, fui a una cena familiar. Todas mis tías, tíos y sus hijos estaban allí. Una de mis tías, delante de todo el mundo, me dijo, intentando avergonzarme:

—Bueno, ¿estás contenta contigo misma?

Recuerdo sentir una oleada de sangre enrojeciéndome el rostro. Todos los que nos rodeaban lo oyeron. Se hizo el silencio en la sala durante unos instantes. Mis primos apartaron la mirada. En ese momento de mi vida tenía más valor y voluntad de no complacer que nunca. En ese momento, volver a mi forma de ser complaciente significaba quedarme callada y mortificarme en mi propia humillación. Pero en esa ocasión di mi opinión. Le dije:

—Sí, lo estoy.

En el pasado, mi actitud se hubiera considerado irrespetuosa. Mi yo del pasado se hubiera dicho: «Mi tía es mayor que yo. Es mayor y punto. Tengo que respetarla pase lo que pase». Pero mi yo del presente se dijo: «Respetar a los demás nunca debería ser a costa de perderte el respeto a ti misma».

Después de este incidente no hablé con mi tía. Unos meses más tarde, le dijo a mi hermana que se disculpara conmigo de su parte. Yo le dije a mi hermana que le dijera que aceptaba su disculpa y que no quería volver a oír nunca un comentario de ese tipo. Y nunca se repitió lo acontecido.

Puede que el texto que viene a continuación te ayude con tus familiares:

Sé que crees que vienes de un lugar de amor y protección, pero tienes que respetar mi autonomía. Quererme no debería depender de si hago o digo aquello con lo que estás de acuerdo. Piensas que avergonzarme me protegerá, pero lo único que hará será impedir que sea yo misma. Soy humana. Cometeré errores. Y esto no me hace ser… [mala hija, mal hijo, etc.].

El entorno de trabajo también puede ser un sector delicado en el que establecer límites. Especialmente si hay alguien que tenga poder sobre ti, y puede que no quieras hacerlo enojar o ponerte en su contra. Y, sobre todo, si eres una persona altamente empática, sentirás que no puedes soportar no complacer a alguien. Deja que te recuerde algo: no eres mala persona por no aceptar que alguien se aproveche de ti o de tu tiempo. Tienes que defenderte. Y si esto significa decir que «no», o «Esto no forma parte de mi trabajo», no pasa nada. Informar de comportamientos inapropiados o acoso también forma parte del hecho de construir límites. La conclusión es que la imparcialidad y las oportunidades equitativas en tu puesto de trabajo nunca deberían ser a costa de complacer a los demás. Y, por supuesto, nunca debería implicar que aceptas ningún tipo de falta de respeto o de tratamiento injusto.

PILAR N.° 4: Parte de la autocompasión consiste en construir límites alrededor de tus emociones

Las emociones son visitantes en tu hogar. En *The Nectar of Pain* («El néctar del dolor»), escribí:

> *Si el dolor se construye una casa*
> *en tu corazón,*
> *recuerda que tiene*
> *puertas.*
> *Y tiene*
> *ventanas.*
> *Abre las ventanas*
> *para que entre la felicidad.*
> *O aún mejor, abre las puertas*
> *y sal.*

Si estás en un punto en el que sientes que conoces tu valor (el valor de lo que tienes en casa), pero cuando te visitan emociones negativas (aspecto detallado en el capítulo seis, «Rendición»), estas te empujan a aferrarte a los demás para obtener un reconocimiento de lo que vales, o buscas refugio en las casas de los demás, quiero que recuerdes: aunque es fundamental que seas consciente de las emociones que te visitan, también hace falta que no les des un sitio permanente dentro de tu casa. Recuerda que el control lo tienes tú, no la emoción.

Así que, aunque esas emociones (remordimiento, culpa, vergüenza, etc.) no permanezcan siempre en tu casa, planifica qué harás cuando te visiten. ¿Qué límites les pondrás? ¿Qué proceso de reflexión hará que una emoción negativa como «Hay algo malo en mí» (remordimiento) se vaya cuando venga de visita? ¿Te limitarás a ignorarla? Si te limitas a ignorar las emociones porque quieres insensibilizarte y dejar de sentir su dolor, recuerda que el dolor se acumula con el tiempo. El objetivo es llegar a un punto en el que puedas decirle al dolor: «Te doy la bienvenida. Escucho lo que me dices de mí. Entiendo de dónde surges. Sé que no hay nada malo en mí. He cometido errores, pero esto no significa que haya algo intrínsecamente malo en mí. Ahora te puedes ir».

El problema con el que convivimos muchos de nosotros es que, con los años, nos hemos acostumbrado a que ciertas emociones sean inquilinas permanentes en nuestro hogar. Parte de nuestro aprendizaje acerca de los límites con otras personas es aprender a extraer los inquilinos que ya están en nuestro hogar (nuestras emociones) y cuestionar su presencia. Por ejemplo, yo albergaba siempre sentimientos de soledad y que me decían que no valía. Pero no surgían de la nada. Y no aprendí a construir límites con los demás hasta que les pude decir a estos inquilinos que todo lo que me habían dicho sobre mí no era verdad. Así es como fui capaz de ver mi valor (Primer paso del Bloque de conexión n.° 3).

༄

Las emociones son visitantes y no inquilinas de tu casa.
Sepárate de tus emociones.

༄

Si hay determinadas emociones que han sido inquilinas de tu casa y te acabas de dar cuenta de ello ahora, gracias a haberle seguido la pista a tu historia de «¿Por qué no puedo tener "eso"?», ha llegado tu momento de entrar en la habitación de la rendición, y darles una válvula de escape a esas emociones para que puedan ser sentidas.

Tienes que hacerte espacio por dentro para que puedan entrar nuevas emociones. ¿Qué te parecería substituir la vergüenza por amor propio? ¿Y el amor por autoperdón? ¿Y el no sentirte suficientemente bien contigo mismo por sentirte satisfecho de quien eres? Los polos opuestos no pueden existir en tu interior a la vez, así que, ¿con cuál te quedas? Tienes que hacerle espacio a lo que elijas. No puedes llenar la nevera de comida fresca si está llena de productos viejos y caducados. Primero tienes que tirar todo lo que está pasado. No puedes colocar libros nuevos que quieres leer en una estantería repleta de libros antiguos, que ya leíste, ¿verdad?

PILAR N.° 5: Créete que te mereces
lo que la gente te ofrece

Antes de acoger a gente en tu casa, créete de verdad que te mereces lo que tienen que ofrecerte. Cuando no sabes lo que te mereces, es más probable que acojas a cualquiera que llame a la puerta, porque para ti, que alguien llame a la puerta, equivaldrá a que tu puerta merece ser llamada. Cuando desarrollas autocompasión, no te plantas en la calle pidiéndole a cualquiera que entre en tu casa. En vez de eso, estás a salvo dentro de tu casa, decidiendo si dejas pasar a quien sea que llame a la puerta.

Una vez estaba hablando con un amigo mío, Stephan, que es un orador muy exitoso. Me estaba ayudando a decidir los temas de mi discurso y mi tono para el banco de conferenciantes. Una de las primeras preguntas que me lanzó fue:

—¿Qué estás dispuesta a recibir?

—¿Dispuesta a recibir? —pregunté, pensando «¿A qué rayos se refiere?».

Stephan siguió:

—Puedes decirme que estás dispuesta a comprometerte a dar cinco o cien charlas al año, a recibir cuarenta mil o quinientos mil dólares al año. Pero ¿estás preparada y abierta a recibir esa cantidad de dinero? ¿Realmente crees que te lo mereces? Porque esto marca la diferencia.

Evidentemente, me empezaron a correr lágrimas por las mejillas.

No sabía lo que me merecía. En ese momento de mi vida, me mortificaba por lo que no tenía, sin expresar nunca qué quería tener. Apliquémoslo ahora a la situación de dar la bienvenida a otras personas en tu vida. Cuando no sabes lo que estás dispuesto a recibir, aceptarás cualquier cosa y, más adelante, te darás cuenta de que es demasiado poco, o de que simplemente no era lo que querías. Pero cuando te tomas el tiempo necesario para saber lo que quieres, estarás abierto y preparado para recibirlo.

Yo siempre me sentía como una molestia cuando alguien se ofrecía a hacer algo por mí. Me sentía mal porque alguien tuviera que esforzarse solo para hacerme las cosas más fáciles. Pero esto surgía del hecho de que yo no sabía que a veces la gente expresa el amor a través del esfuerzo, a través de la acción, ¡y que yo merecía ese esfuerzo y esa acción! Te voy a dar un ejemplo. Adam, el chico sobre el que te contaré más cosas en la habitación de la rendición, vive a una hora en coche de mi casa, en otra ciudad. Las primeras veces que nos citamos, venía en coche hasta un parque cerca de mi casa, y salíamos a pasear durante mucho rato. Cada vez que le proponía quedar a medio camino o ir yo hasta su ciudad, me decía:

—Sé que estás muy cansada por todo lo que escribes, y no querría cansarte más haciendo que condujeras. Yo tengo tiempo. Así que deja que venga yo hasta ti.

Este chico, además de conducir dos horas al día para llegar al trabajo, conducía aún dos horas más solo para verme. Y me sentía tan culpable que llegué hasta el punto de sentirme mal por querer verlo, porque sabía que esto implicaba que tendría que conducir dos horas más.

Después de reflexionar acerca de mi conversación con Stephan, me di cuenta de que me sentía mal porque no estaba dispuesta a recibir la expresión de amor de otra persona por mí. Porque realmente no creía que me lo mereciera. Era ciega ante lo que merecía que otros me ofrecieran por culpa de lo que creía de mí misma. Así que, después de un tiempo, dejé de sentirme mal. Y lo convertí en: «Te agradezco que conduzcas tanto tiempo para verme. Gracias».

A veces hay personas que solo quieren darnos amor, tiempo, atención y afecto, porque nos ven genuinamente como somos. Y están dispuestas a darnos todo esto con compasión. Y el rechazo que sentimos hacia nosotros mismos y hacia lo que merecemos, nos hace creer que nos están dando demasiado.

Lo volverás a leer en la habitación de la rendición, pero también se puede aplicar aquí: se tarda un tiempo en aceptar más que las sobras, cuando te crees que algo es demasiado para ti. ¿Qué hay de malo en que alguien quiera priorizarte en su vida? ¿Qué hay de malo en que alguien se esfuerce para demostrarte que te quiere? Te lo mereces. No es demasiado. Es lo mínimo que te mereces de alguien a quien estás dando la bienvenida a tu casa.

BLOQUE DE CONEXIÓN N.º 4: ABRE LA MENTE PARA RECIBIR COMPASIVAMENTE DE LOS DEMÁS

La próxima vez que alguien te ofrezca algo y tu primer instinto sea decir que no, reflexiona si estás diciendo que no porque realmente no quieres lo que te están ofreciendo, o porque no crees que merezcas lo que te están ofreciendo.

Es fácil ser un cínico sobre lo que la gente tiene que ofrecerte cuando en la vida te han dado muy poco. Me di cuenta de que me había centrado demasiado en todas las personas que no estaban allí para mí durante mi época más complicada. Que aquellas personas en las que confiaba me juzgaron en vez de mostrarme compasión cuando más lo necesitaba. Acepté que lo que me ofrecían era lo mejor que podría recibir. Al fin y al cabo, esas eran las personas más cercanas a mí. Me conocían. Eso hizo que no viera lo que otros me podían ofrecer. Y acabé haciendo la afirmación genérica de que no podía confiar en nadie. Si las personas más cercanas a mí me traicionaban de esa forma, ¿cómo podía esperar algo distinto de cualquier otra persona?

Para ellas, escribí:

Para todas las personas que aparté mientras estaba sanando:
Perdona por no ser capaz
de darte la bienvenida
cuando realmente lo hubiera querido.
Tenía miedo.
Tenía miedo
de que me juzgaras.
Tenía miedo
de que no me entendieras.
Tenía miedo
de que me preguntaras por qué no lo había hecho mejor.
Tenía miedo
de que me apartaras
y me recordaras los motivos
por los que no merezco que me quieran.
Tenía miedo.
Todas las personas a las que di la bienvenida antes de ti
me mintieron
o se marcharon
o tomaron más de lo que podía ofrecer.
Todas las personas a las que di la bienvenida antes de ti
solo se quedaron mientras era quien querían que fuera
en vez de quien yo era realmente.
Lo siento por hacerte sentir que no confiaba en ti
cuando la verdad era que no podía ni confiar en mí.

Para terminar este capítulo, quiero que recuerdes esto: preguntarte si una persona está entrando en tu casa con compasión antes de dejar que pase te ahorrará mucha angustia.

Si alguien no te cree, ¿esto muestra compasión? No. Así que, ¿por qué querrías permitirle la entrada en tu vida?

Si alguien no te apoya, ¿esto muestra compasión? No. Así que, ¿por qué querrías permitirle la entrada en tu vida?

Si alguien te falta al respeto, te hiere, te miente, miente acerca de ti o se inventa rumores sobre ti, ¿esto muestra compasión? No. Así que, ¿por qué querrías permitirle la entrada en tu vida?

CAPÍTULO

5

Claridad

La finalidad de la habitación de la claridad es que consigas verte claramente. Eliminarás las capas que no te permiten ver tu yo verdadero. Cuanto más tiempo pases en esta habitación, más clara será tu visión en todos los sentidos de la palabra.

En esta habitación entras cuando no le encuentras el sentido a aquello por lo que estás pasando; cuando te sientes confundido. Durante épocas complicadas de tu vida, puede que acabes aquí casi cada día. En otras épocas, cuando consigas un poco de claridad, puede que sientas la necesidad de pasar ratos en otras habitaciones. La mayoría de nosotros recurre a los demás para conseguir claridad. Intentamos ver nuestras propias verdades a través de ojos ajenos. En esta habitación, mirarás a través de tus propios ojos, porque este es el tipo de claridad más importante. Te permite ver quién eres y qué defiendes.

Deconstruyendo quién te enseñaron a ser y desvelando tu auténtico yo, los diferentes espejos en esta habitación te reflejarán las emociones que puede que te estén nublando la visión, como la ira y la culpa.

¿Estás preparado para convertir la confusión en claridad? Entremos.

En la habitación de la claridad veo espejos por todas partes. En esta habitación no te puedes esconder de todas las verdades e historias sobre quién eres realmente. Yo tiendo a mirarme en el espejo cuando me siento confundida o cuando siento que me estoy perdiendo. A veces me hace llorar, y en otras ocasiones me hace sentir como la reina del mundo.

A menudo nos quejamos porque sentimos que no nos ven como realmente somos, pero yo creo que lo peor de todo es cuando nosotros mismos no nos vemos con claridad. Aquí, primero compartiré contigo lo que han hecho por mí los espejos de la habitación de la claridad. Luego, para ayudarte a encontrar tu auténtico yo en esta habitación, te daré estrategias específicas, y las etiquetaré como espejos. Estos espejos ofrecen un proceso de reflexión con el que puedes ser sincero, crudo y auténtico contigo mismo. Esta es lo única forma de alcanzar la claridad.

Existen unas capas que cubren el núcleo de quien realmente eres, y estas capas evitan que te puedas ver con claridad. Estas capas ocultan tu auténtico yo. Comprenden quien crees que deberías ser y quien crees que no deberías ser. Y lo que separa quien eres realmente de quien piensas que deberías ser es tu miedo de no ser lo suficientemente bueno. El miedo crea una borrosidad que evita que te veas con claridad.

Cuando pones tanto empeño en convertirte en quien crees que deberías ser y en evitar a quien crees que no deberías ser, vives la vida como si fuera un teatro. Dominas el arte de esconder tu auténtico yo. Y si lo haces durante suficiente tiempo, pierdes la noción de quien eres realmente; pierdes la habilidad de estar auténticamente presente en tu vida. Es lo que pasa con la mentalidad de «aparentarlo hasta lograrlo». Algunos de nosotros nos quedamos tan atascados aparentando que acabamos olvidando quiénes somos realmente. Hasta que es demasiado tarde... Y llegamos al final de nuestra vida, mirando hacia atrás pensando en lo que hubiéramos deseado vivir.

Tal y como te insisto en el «Jardín de los sueños» (capítulo siete), no te pongas a fingir algo hasta que lo logres. Vívelo y acabarás llegando hasta donde tienes que estar.

Si te encariñas mucho con la imagen de lo que deberías ser, acabarás esperando que el mundo que te rodea te defina. Porque ese «deberías» no procede de ti. Viene de tu alrededor. Cuando llegas a este mundo, eres tú mismo. Auténticamente. A medida que vas creciendo, tu entorno te dice lo que está bien y lo que está mal. Quién deberías ser y quién no.

Y, a veces, después de haber personificado la imagen de quien deberías ser, te llega una sensación de responsabilidad por mantener esa imagen, por seguir ejecutándola a la perfección. Esto es algo que veo que pasa a menudo con las madres, por ejemplo. Muchas veces las mujeres están condicionadas para creer que la maternidad es la marca de la feminidad; que es el mayor logro que puede conseguir una mujer. Aunque no pasa nada por creerlo, tampoco pasa nada por no creerlo. No todas las mujeres pueden tener hijos, ni todas quieren. La cuestión es que, si sigues ese camino porque la sociedad te ha convencido de que lo hagas, tienes la creencia subyacente de que cuando llegues a ese destino serás apta. Estarás bien.

Lo mismo pasa con cualquier otro objetivo, camino o etiqueta que te estés convenciendo ahora de que necesitas para poder «lograrlo»; para ser competente. Y cuando llegas, pones todos tus esfuerzos en demostrarle al mundo que puedes con todo... y no solo estás sobreviviendo, sino que estás prosperando. Empiezas a recibir la aprobación que querías con el visto bueno que te da el mundo, diciéndote lo bien que encajas en el molde. Pero si pararas un momento a mirarte en el espejo y preguntarte: «¿Esto es realmente lo que quiero?», se te revelaría la verdad.

Cuando te esfuerzas tanto para cumplir con las expectativas del entorno, te abandonas a ti mismo. Abandonas a quien eres realmente.

Y cuando te miras al espejo, literal o metafóricamente, te centras en la borrosidad. Lo único que ves es quien deberías ser, qué más tienes que hacer para que te acojan. Te dices las palabras que te han dicho los demás.

Y todo eso aún te nubla más la visión y evita que te veas de verdad. Es como mirarse en un espejo que nadie ha limpiado en décadas: con suerte, verás tu sombra reflejada.

Con los años, esto es lo que noté de mí. Para llevarte de la mano en mi proceso de limpiar el espejo, te contaré algunas historias. Empecemos con un fragmento de un poema que leí por primera vez en un evento en el 2016.

PILAR N.° 1: Conoce tu historia

¿QUÉ HISTORIA TE CUENTO?

Si tuviera que contarte mi historia
me preguntaría:
¿Qué historia te cuento?
¿Te cuento la historia de la niña
a la que acosaban en la escuela?
¿La historia de la niña
a la que siempre le decían que era demasiado sensible?
¿Te cuento la historia de la niña
que vivió en 2, 3, 4, 5, 6, 7, ya no me acuerdo
de cuántas casas?
¿O te cuento la historia de la niña
que nunca sintió que tuviera voz?

Siempre estaba callada.
Siempre «está bien».
A ella nunca le preguntaban
«¿cómo te fue hoy?».
A ella nadie le decía
«Te quiero».
¿Te cuento la historia de la chica
que se mudó a un nuevo país el día que cumplía dieciséis años?
¿Que vio por la tele cómo el aeropuerto donde estaba
ardía unas semanas antes?
¿Te cuento la historia de la chica
que casi pierde a su padre a los doce años?
¿Te cuento la historia de la chica
que nunca sintió que tenía un hogar?
¿La que se pasó la vida construyendo casas
en los demás
suplicando que la acogieran?
¿Suplicando sentirse querida?
¿Sentirse valorada?
¿Sentirse respetada?
¿Qué historia te cuento
si, seguramente, la única historia que ves
cuando me miras
es esta (señalando mi hiyab)?
Es como si lo que me envuelve la cabeza
envolviera todas las historias
que he vivido.
Es como si lo que me envuelve la cabeza
no solo me ocultara el pelo
sino también el ser humano que soy.
Oculta esa niña de la que te he hablado.
Oculta la mujer que soy hoy.

Vivo en un lugar y un momento
en los que la gente quiere reducirme
a esto.
Se olvidan del mundo que llevo dentro.
De la maravilla que llevo dentro.
De la profundidad que hay en mí.
Se olvidan de la voz que se muere por rugir
y que llevo dentro
como si lo que me envuelve la cabeza
me envolviera la boca.
Así pues, ¿qué historia te cuento?
¿Te cuento la historia de la chica en el autobús
a quien le decían que no vistiera así
porque estaba en Canadá?
¿O la historia de la chica
que siempre se percibe como oprimida?
La chica a la que siempre le preguntan
¿por qué te pones esto?
de una forma que me hace sentir incompleta
porque elijo taparme la cabeza.
De una forma que me hace sentir que algo en mí,
en mi esencia, está mal porque
hay partes del cuerpo que prefiero no mostrar.
Y me entristece que mucha gente crea
que esto es lo peor que me podría haber pasado.
Y hace que no vean
todas las otras historias que se esconden en mí,
como si llevara mis historias escritas en la piel
y escondidas con la ropa con la que me cubro el cuerpo.
Tengo mucho miedo de derrumbarme delante de los demás
porque una parte de mí tiene miedo de que no vean
que estoy afligida por culpa del mundo, no por esto.

Que no tengo voz por culpa del mundo, no por esto.
Que estoy herida por el mundo, no por esto.
Y puede que simplemente me digan
que estoy afligida,
sin voz
y herida POR CULPA de esto.
Esta es la parte de mí que ves
pero cuando llego a casa cada día
y me quito esto,
cómo desearía que todos mis problemas
también se fueran.
Cómo desearía que las cosas fueran así de simples.
Que al quitarme esto
se me oyera de repente
o que las piezas de mi corazón que están demasiado rotas
se cosieran y volvieran a estar juntas.
O que las cadenas que me reprimen la voz por dentro
desaparecieran
y mi voz rugiera.

Este poema lo he leído en varios eventos para abordar la importancia de mirar más allá de la superficie de una persona. Más allá de las etiquetas. En ese momento aún llevaba hiyab, el tocado tradicional que llevan muchas mujeres que siguen la fe musulmana. Cabe mencionar que no todas las mujeres musulmanas lo llevan, y que hay diferentes creencias entre las personas que profesan esta religión acerca de que sea obligatorio o no.

En el momento en el que escribí este poema ya había autopublicado mis dos primeros libros, *Mind Platter* y *The Nectar of Pain*. Era muy consciente de que lo que el mundo elogiaba de mí era mi resiliencia y mi fuerza como una mujer visiblemente musulmana que escribe bien. Aunque mi escritura no tenía nada que ver con la religión o con la cultura, varios artículos de prensa y reseñas se referían a mí como una inmigrante musulmana que escribía sobre su trayecto del Líbano a Canadá, lo cual no se acercaba, en absoluto, a la realidad. Mis padres se casaron en Canadá, tuvieron cinco hijos, decidieron mudarse al Líbano, y allí es donde nací yo. Yo ya tenía la nacionalidad canadiense unas pocas semanas después de haber nacido, y había visitado a mi familia en Canadá varias veces. Mis hermanos y hermanas mayores volvieron uno tras otro a Canadá, y yo me quedé con mi padre y algunos parientes en el Líbano hasta mi decimosexto cumpleaños. En ese momento, todos los miembros de mi familia, menos mi hermana casada, estaban en Canadá. Fui de visita y poco después estalló la guerra en el Líbano, así que me quedé en Canadá. El objetivo no es huir de las etiquetas. El objetivo es decir: «Esta no es mi historia. No puedes tomar mi apariencia y utilizarla para contar la historia que crees que hay detrás de mí. Yo cuento mi historia». ¿Era una inmigrante? Por supuesto. En todas partes adonde iba. Incluso cuando vivía en el Líbano. Porque nunca sentí la verdadera sensación de estar en casa. ¿Era musulmana? Sí. Pero ¿por qué tenía que formar parte de mi título? ¿Por qué tenía que ser más importante eso que lo que realmente estaba haciendo?

Cuando escribí este poema intenté con todas mis fuerzas demostrar a todo el mundo que estaba pasando por una situación dolorosa. Que sentía el dolor de no ser vista de verdad. Escondía los años que pasé buscando un hogar. Escondía el hecho de que me sentía fuera de lugar. Escondía lo humillada y emocionalmente débil que era por haber experimentado acoso sexual y abuso de poder. Cuando leí este poema, encima del escenario, gritando sin gritar: «Escúchenme. Véanme. Créanme. Vean más allá de mis etiquetas. Vean más allá de lo que ven con los ojos. Dejen que me vea su corazón».

A menudo me pedían que hablara en eventos y en la escuela, y el tema siempre acababa siendo la religión, la cultura o el hiyab. Y yo quería decir: «Soy más que eso».

Estaba cambiando. Mis creencias estaban cambiando.

Y yo era más que una mujer musulmana que llevaba hiyab y tenía la habilidad de escribir.

Ya no era la chica protegida de dieciséis años que llegó a Canadá, con todas las creencias que me enseñaron en mi pueblecito del Líbano.

¿Te acuerdas del principio de este capítulo, cuando te he dije que no verte claramente a ti mismo es más perjudicial que el hecho de que el mundo no te vea? Esto es exactamente lo que estaba haciendo aquí. Estaba pidiendo ser vista y escuchada, sin realmente verme a mí misma. Estaba pidiéndole al mundo que me rodeaba que levantara las capas (la vergüenza y el miedo) que me separaban de ser yo misma, en vez de hacerlo yo e ignorar lo que el mundo pensara. Pedía permiso para contar las historias que, tal y como escribí en el poema, estaban escritas en mi piel, escondidas debajo de la ropa que llevaba.

Estaba esperando a que alguien me desvelara. Que me salvara. Pero la verdad más dura y, sin embargo, más liberadora era que era yo quien tenía que desvelarme. Podía esconderme fácilmente detrás de mis palabras, y esperar a que alguien me entendiera. Pero sabía que ya no me podía esconder más.

Así que empecé el proceso de desvelo.

No recuerdo el momento exacto en el que empezó. De algún modo, yo llevaba un tiempo desvelándome por dentro. Pero ¿recuerdas esa noche en la que mi padre me dijo que había perdido aquella mirada que tenía antes en los ojos? Ese fue un momento trascendental en el que me di cuenta de lo mucho que me había alejado de mí misma. Ese fue el inicio de algo que me explotó por dentro. Del anhelo de volver a mi yo, incluso sin saber lo que era ese «yo», o a qué quería volver. Mirando atrás, es a casa adonde quería volver…, quería volver a mí.

En mi discurso en TEDx acerca de buscar un hogar a través de la poesía, describo cómo me vi esa noche: «Recuerdo que esa noche me miré en el espejo y vi una persona a la que no reconocí. No tenía ni idea de quién era. Mi cara no se parecía a mí. Mis rasgos parecían distorsionados. Sentí como si estuviera mirando el cielo, cuando en realidad me estaba ahogando con el gris: no había sol, ni nubes, ni lluvia, nada, solo me ahogaba».

PILAR N.º 2: Desvela y deconstruye el yo que el mundo te dijo que fueras: sé quien eres

Para desvelarme, tuve que empezar preguntándome cómo había llegado a ser así, para poder desenmarañar el enredo y recrear un yo que pudiera reconocer en el espejo. Empecé a hacerme preguntas. Me entró la curiosidad. Hice un inventario de cómo era mi vida actual, y me planteé la siguiente pregunta para cada aspecto: «Si tuviera elección, ¿es esto lo que elegiría? ¿Decidiría quedarme callada acerca de mi experiencia de abuso de poder y acoso sexual? No. Pero no puedo explicarlo porque nadie lo entendería. Nadie me creería. ¿Fue realmente algo tan malo o estoy exagerando? Además, arruinaría mi reputación porque me enredé emocionalmente con un hombre, punto. ¿Decidiría esperar hasta que un hombre me propusiera matrimonio para poder casarme y empezar una familia, y cumplir así mi destino como mujer? No. Pero debería ser así, ¿no? ¿Decidiría vivir en casa? No. Pero no puedo independizarme porque cultural y religiosamente está mal visto. Aún no estoy casada. ¿Decidiría llevar hiyab? No. Pero no me lo puedo quitar ahora, porque lo he llevado durante mucho tiempo y todo el mundo pensaría que lo estoy condenando…, que quiero enseñar el cuerpo, lo cual es algo que me debería dar vergüenza hacer. Pensarán que quiero llamar la atención. Además, echaría a perder la imagen de buena niña que he estado construyendo a lo largo de muchos años».

Para empezar el desvelo de tu auténtico yo, empecemos evaluando tu vida en el espejo del lienzo blanco.

El espejo del lienzo blanco

Imagina que este espejo es un lienzo de tu vida.

1. En un pizarrón o en un papel, anota cómo es exactamente tu vida actualmente (haz un inventario de tu vida).
2. Pregúntate: ¿este lienzo realmente te refleja a ti?
   a) Pregúntate: si tuvieras elección, ¿esto es lo que elegirías?
   b) Pon una palomita allí donde digas que sí y una cruz donde digas que no.
3. Empieza un nuevo pizarrón o un trozo de papel. Imagina que el lienzo de tu vida está en blanco.
4. Si este lienzo realmente te reflejara a ti y a todas tus decisiones, ¿qué aspecto tendría?
5. Pregúntate: ¿qué cambios tienes que hacer para pasar de tu vida actual a la vida que eliges?

Esto es lo que hice.

Y sabía que vivir la vida que realmente me reflejara requeriría valentía. Tendría que revelar el yo que se hallaba debajo de todas esas capas, y así exponer mi auténtico yo. A mi auténtico yo le parecería muy fácil decir que no a la vida que pensaba que tendría que vivir, y sí a la vida que quería vivir.

Así que después de denunciar mi historia en privado y sentir
que nadie me escuchaba, la compartí en público. Y tuve las aga-
llas de asumir lo que se dijo de mí. Aprendí que *reputación* es
solo una palabra inventada para que las mujeres vivamos per-
manentemente en el remordimiento. Aprendí que yo no tengo
la responsabilidad de ser la abanderada de mi cultura y religión.
Aprendí que puedo vivir con la reputación por los suelos. Porque gracias a eso descubrí que mi valor no se construye ni des-
truye con los ideales que establece la sociedad, la cultura o la
religión. Mi valor se construye en mí. Se construye dentro de mí.

Una periodista me llamó en esa época y me dijo:

—Cuando te conocí eras como una hoja suelta en el viento.
Y ahora te miro y pienso: ¡guau! Sabes lo que defiendes.

La fuerza que gané defendiéndome me dio el empujón necesario para expresar que ya no temo a los hombres. Ya no temo
a los hombres poderosos. Ya no temo ser una mujer. Ya no me
siento incompleta por no estar casada. Recuerdo que una vez
estaba con un grupo de mujeres y una de ellas dijo sobre su
prima:

—Tiene casi veintidós años. Pues claro que le preocupa no
estar casada.

La miré y le dije:

—¿Preocupada? Yo tengo veintisiete.

La fuerza que gané siendo capaz de pronunciar palabras
como esas, desafiando la hipocresía cuando la veía, me dio el
empujón para decir que quería irme de casa de mis padres. ¿Fue
algo fácil? Por supuesto que no. A pesar de tener veintisiete
años, me sentía avergonzada por decir que quería vivir sola.
Porque estaba yendo en contra de las normas. ¿Y por qué querría vivir sola? ¿Qué podría querer hacer cuando nadie me mirara? Pero lo hice de todas formas. Encontré una vivienda. Y me
independicé.

La fuerza que gané siendo capaz de dar ese paso fue la que me empujó a decir: «Quiero quitarme el hiyab». Si pudiera retroceder en el tiempo hasta el momento en el que decidí llevarlo, en séptimo, y preguntarme si quería llevarlo, hubiera dicho que no.

¿Ves como mi desvelamiento no fue solo un desvelamiento físico? Fue un proceso de deconstrucción de todo lo que había aprendido que estaba bien y lo que estaba mal, y luego preguntarme: «¿Crees que esto está bien o mal? ¿Qué piensas tú de esto?».

Desvelé mi historia.

Desvelé mis voluntades y necesidades.

Desvelé mi voz.

Desvelé mi pelo y mi cuerpo.

Desvelé mi yo.

He empezado este capítulo de cero por lo menos cinco veces, porque me estaba costando señalar el gran momento mágico en el que todo dio un vuelco… Cuando se produjo el desvelo. Y, como puedes ver, no fue solo un gran momento. No era una película de Hollywood. Hubo muchos pequeños grandes momentos que fueron pasando. Hubo momentos que generaron resiliencia para que otros momentos pudieran acontecer.

¿Cómo sería tu vida si la vivieras como quieres y no como estás convencido de que tienes que vivirla?

PILAR N.° 3: No dejes que la culpa te detenga, deja que te enseñe

Cuando intentes eliminar la borrosidad que te separa del espejo, lo más probable es que sientas culpa. Sentirás que hiciste algo malo. Es una emoción tan incómoda que puede que prefieras dejar esa borrosidad en el espejo, en vez de lidiar con ella. Pero recuerda que la culpa es una emoción muy normal cuando vamos en contra de lo que hemos creído durante mucho tiempo.

∾

Puede que tardes un tiempo en desvelar tu auténtico yo.
Puede que te sientas falso contigo por ir en contra de lo que has sido
siempre. Esto no significa que vayas por el mal camino. Solo significa
que estás cambiando. De la misma forma que con el desvelo,
limpiar un espejo que hace siglos que no se ha limpiado puede llevar
tiempo. Y puede que tardes en acostumbrarte a la imagen que ves
reflejada. Puede que te sientas como un desconocido… Un desconocido
para el yo que has sido durante tanto tiempo. Pero ese yo ¿no era
el que construía casas en los demás constantemente, esperando a que
alguien lo acogiera? Tu yo desvelado es la mejor versión
del yo en casa.

∾

Cuando decidí quitarme el hiyab no puedo ni explicarte lo culpable que me sentí por querer enseñar el pelo y el cuerpo. La primera vez que salí a la calle enseñando un poco el pelo y el cuello, me sentí desnuda. Me sentía muy culpable por querer hacerlo. Me sentí culpable por disfrutar de cómo el viento me soplaba el pelo, y cómo el sol me acariciaba la piel. Sentía que tenía que explicarle a todo el mundo por qué quería quitarme el hiyab. Solo con el tiempo entendí que lo que hago con mi cuerpo no es asunto de nadie más que mío.

Empecé a llevar hiyab cuando iba a la escuela islámica en el Líbano. Iba a séptimo y debía tener unos doce años en ese momento. Quería tener el aspecto de mi hermana mayor. Y quería ser la mejor «niña buena» posible. Ponerme el hiyab quería decir que estaba un paso más cerca de Dios. Aunque a escondidas, se notaba que se juzgaba a las chicas que no lo llevaban.

En la escuela, nos enseñaron que el hiyab es obligatorio y que no entraríamos en el cielo si no lo habíamos llevado en esta vida, en la tierra. Una profesora llegó tan lejos que nos dijo que las chicas que no llevaban hiyab serían colgadas por el pelo en el más allá. Esto no tiene ninguna base en el Corán, pero formaba parte de las antiguas tácticas hechas por los hombres, para asustar a las mujeres y que así se conformaran con las normas.

Yo no llevaba el hiyab por miedo. Yo lo llevaba porque quería ser una buena niña. Quería estar más cerca de Dios. La mayoría de las mujeres de mi entorno lo llevaban, así que no destacaba de ninguna manera. Más bien sentía que encajaba.

Recuerdo el día que decidí ponérmelo. Mi padre me dijo que quería hablar conmigo al final del día.

—¿Alguien te dijo que lo llevaras? No tienes por qué llevarlo si no lo quieres.

—Quiero llevarlo.

—¿Estás segura? —me volvió a preguntar—. No quiero que pienses que quiero que lo lleves. Es una decisión personal. Tú decides.

Me sentí como una niña mayor al decir: «Esto es lo que quiero».

No te voy a engañar. Hubo ocasiones después de ese momento, al salir de bañarme, en que me miraba el pelo y deseaba poder salir bajo el sol luciendo mi pelo. Me encantaba mi pelo.

Me encantaba cómo el castaño se volvía dorado bajo el sol. Pero ahora que había decidido cubrirlo, tenía que mantenerme firme en mi decisión. Y las dificultades por llevarlo siempre puesto o seguir cualquier norma religiosa significaban que íbamos por el buen camino. Porque nos enseñaron que era difícil mantenerse por el «buen» camino. Nos enseñaron que ese era el verdadero significado de la yihad: las dificultades del alma por mantenerse espiritualmente cerca de Dios, siguiendo las normas y evitando cualquier comportamiento pecaminoso.

Tal y como he mencionado anteriormente, y tal y como mencioné en «¿Qué historia te cuento?», cuando me mudé a Canadá, a los dieciséis años, mi familia ya estaba allí. Había visitado Canadá muchas veces antes, pero solo durante el verano. Una noche, mi padre me quiso hablar, como lo había hecho años atrás, y me dijo:

—Ahora vivirás en un nuevo país, y aquí la gente es diferente. Sé que eres una persona sensible y quiero asegurarme de que sabes que si quieres puedes quitarte el hiyab, que no pasa nada.

El hiyab se había convertido en una parte de mi identidad y de cómo me veía. Era como una red de seguridad que no estaba preparada para soltar. Era como me había visto durante varios años. Representaba la imagen de la niña buena y fiel que estaba convencida de que tenía que ser. Así que me lo dejé puesto. No era consciente de que se me veía diferente hasta que pasó la historia que te voy a explicar. Esta historia señaló un antes y un después en mi experiencia con el hiyab.

Estaba en el autobús, de camino a la universidad. Llevaba una falda de mezclilla larga que me había regalado mi hermana, y una camisa blanca con florecitas rosas y azules. Llevaba mi hiyab preferido. Me fui hasta la parte trasera del autobús y allí me encontré con un hombre mayor intimidándome con la mirada. Pero no le di importancia.

Durante unos diez minutos me miró intensamente. Tenía el cuerpo lleno de tatuajes. Esto es todo lo que veía. Se levantó para bajar en su parada, se plantó delante de la puerta mientras se abría, se giró, me miró y me dijo:

—Estás en Canadá. No tienes por qué vestirte así.

Luego salió del autobús.

Bajé la cabeza. Empecé a derramar lágrimas. La mujer que tenía enfrente se giró y me dijo:

—Lo siento mucho. Esto no es aceptable. Puedes vestirte como quieras.

El resto es algo borroso.

Ahora soy perfectamente consciente de que no paso desapercibida. Soy perfectamente consciente de que, tal vez, la etiqueta de canadiense me excluye; tal vez esa etiqueta no incluya mi apariencia. Quizá no incluya mi red de seguridad.

A la mañana siguiente, cuando me preparaba para ir al colegio, me miré en el espejo. Tomé el hiyab antes de envolvérmelo en la cabeza y me pregunté: «¿Quién soy? ¿Qué defiendo? ¿Por qué llevo esto? ¿Es importante? ¿Vale la pena? ¿Por qué no me lo quito y dejo de tener que aguantar este tipo de juicios? ¿Todo el mundo me ve así? ¿Fue por eso que me trataron mal en el primer trabajo que tuve? ¿Será por eso que me siento tan sola y fuera de lugar?»

Las preguntas que se me arremolinaban por la cabeza eran infinitas. Y dolían.

Me dije: «Si quitártelo significa complacer los ojos de los demás, quitármelo sería una debilidad. Despertarme cada mañana y decir: "Yo elijo ponérmelo", esto es fortaleza. Es valentía. ¿Quién soy? Soy una persona valiente. ¿Qué defiendo? La valentía».

Así que ese día elegí la valentía. Y el día en el que salí de mi casa por primera vez con el pelo al aire y enseñando el cuello, recuerdo que me pregunté: «¿Quién soy? Soy una persona valiente. ¿Qué defiendo? La valentía».

Así que ese día también escogí la valentía. Me enfrenté a críticas, sí. Seguramente acabé perdiendo unos doscientos mil seguidores en las redes sociales a causa de esa decisión. A la vez, muchas otras personas se apresuraron a felicitarme por ser «libre». Y lo único que quería decir es: «No soy libre porque me haya quitado el hiyab. Soy libre porque he tomado yo la decisión». El día que decidí seguir llevándolo después del incidente en el autobús a los diecinueve años, era libre. Y el día que decidí quitármelo, a los veintiocho, era libre. No quería que nadie definiera por mí lo que era la liberación. Y deja que te lo diga a ti también: no dejes que nadie defina la liberación por ti.

Pero para llegar hasta aquí tenía que entender de dónde salía esa culpa. Y era de la educación que recibí en el colegio cuando era pequeña, que me enseñó que no podía ser una niña buena y devota si no lo llevaba.

PILAR N.° 4: Utiliza la confusión como el camino hacia la claridad

Mis mayores momentos de confusión me condujeron hasta las mejores decisiones de mi vida, ya que me hicieron hacer lo que honraba: la construcción de mi casa en mi interior. Ser incapaz de descifrar el comportamiento de los demás (que un día te acogen en su vida, y al día siguiente te hacen sentir como una desconocida) hacía que me sintiera confundida. Porque, a decir verdad, el comportamiento confuso de los demás hace que te cuestiones a ti mismo. Cuestionas tu cordura, cómo recuerdas los acontecimientos, cómo entiendes lo que pasa, o tal persona, o a ti.

Por muy dolorosa que sea, la confusión, te enfrenta a los cambios que tienes que hacer para no dejar nunca la claridad en manos ajenas. En el hogar de otra persona.

Deja que te lo enseñe. Quiero mostrarte un camino al que llamo «Falsas ilusiones»:

Primera parte: Imagina que llegas a casa después de un día largo. Estacionas el coche. Llegas hasta la puerta de casa. Sacas las llaves. Intentas abrir la puerta, pero la llave no gira. La puerta no se abre. Al principio, miras a izquierda y derecha para comprobar que estás en el lugar correcto. No lo crees porque cada día llegas a casa, a esta casa. Empiezas a cuestionarte. ¿Me equivoqué de calle? ¿Me estacioné en el sitio equivocado? Empiezas a llamar a la puerta pero nadie te abre. En el fondo del corazón, sabes que este es el lugar al que llegas a tu casa todos los días. Imagina lo devastador que puede ser. No sabrás adónde ir. O qué hacer. Y como es el hogar al que siempre llegabas, vuelves cada día. Pero la llave sigue sin abrir. Un día, la persona que vive allí abre por fin la puerta. Sonríes aliviado e intentas entrar, pero esa persona te mira como si no tuviera ni idea de quién eres. Tú la reconoces, pero te mira como si no te hubiera visto nunca antes. De hecho, te dice que dejes de intentar abrir la puerta o llamará a la policía. Así que en medio de la negación, la incredulidad y la confusión, tienes que irte. Porque, si no, te vas a meter en un problema. Y tampoco tienes tiempo para sufrir el dolor o entender lo que acaba de pasar… Solo sabes que la realidad que pensabas que tenías ya no está allí.

Ahora imagina esa historia pero sin una casa física, substitúyela por una persona que estuvo contigo lo suficiente como para que te sintieras en casa. Una persona que estableció los cimientos de una casa. Imagina volver a casa, a esa persona, a ese espacio de alma que compartieron una vez, y encontrarte con que esa persona ya no está abierta a ti. Y en vez de la llave, pruebas con todo lo que habías probado en el pasado. Intentas ser amable y cariñoso, ser tu antiguo yo. Pero nada funciona. Te mira como si no tuviera ni idea de quién eres.

Y no tiene sentido que alguien que te conocía, a tu yo de verdad, ya no te reconozca. ¿Qué es lo primero que haces? Te empiezas a cuestionar, especialmente si ustedes dos eran los únicos que conocían esa casa. La existencia íntegra de esa casa está en tus manos. Depende solo de si tú la ves o no. Así que empiezas a llamar a la puerta, en el corazón de esa persona. Y no recibes respuesta. De hecho, te dice que te vayas, y cuando preguntas por qué, te dice que no hay sitio para ti. Y cuando preguntas por qué de repente no hay sitio para ti, te dice que nunca hubo un sitio para ti, y que creerlo demuestra que tienes falsas ilusiones. Allí te has quedado, tirado en medio de la calle, y ya no sabes adónde tienes que ir. Empezaste a caminar junto a una persona en la que confiabas plenamente para llegar al sitio adecuado. Has perdido de vista dónde empezaste porque no te fijaste en el camino, sino en quien te acompañaba por ese camino. Y ahora esa persona ha desaparecido y te ha convencido de que nunca estuvo allí. Y tampoco tienes tiempo de apenarte porque ha desaparecido todo y te han dicho que nunca llegó a pasar.

Si te paras a pensarlo, debe haber algo malo en ti, te dicen. Así que el trauma de ese momento se instala dentro de ti, pero no tienes permiso para sentirlo. No tienes permiso para curarte porque te han dicho que te lo inventaste. Es como intentar curarte de una enfermedad sin que nadie haya validado el diagnóstico.

Esto lo escribí para describir la vivencia del abandono. Recibo la misma historia con repeticiones distintas a diario. Toma por ejemplo a Sally, que descubrió que su marido le había sido infiel durante los dieciséis años de matrimonio. Tenían dos hijos juntos. Cuando me escribió para contármelo, me dijo que lo peor de todo fue que él afirmaba que ella era insegura cada vez que cuestionaba que él estuviera ausente, o cada vez que se planteaba si él le era fiel, a raíz de su comportamiento. Le decía que estaba loca por pensar que le podría estar poniendo los cuernos, a pesar de que ella veía cómo escondía el teléfono todo el tiempo. Aunque tenía motivos de sobra para pensar que algo no estaba bien, ella llegó a creerse que estaba loca y que estaba exagerando al creer en su instinto.

Otro ejemplo es el de Sena, de Pakistán, que se mudó a Canadá después de casarse. Me dijo:

—No sabía hasta qué punto me había perjudicado que me hiciera luz de gas. Desaparecí. Pasé de ser una persona muy segura a cuestionarme mi existencia constantemente. Al principio de nuestra relación, me hizo tomar antidepresivos y me quedé atontada. Con los años, sentí como si el control y el menosprecio hubieran ido socavando en mí. No me di cuenta de lo destrozada que estaba hasta que te oí explicar el concepto «luz de gas». No tenía ni idea de que existía tal cosa. Simplemente acepté que había algo malo en mí. Aún me cuesta mucho separarme de lo que me destruyó.

Yo defino el concepto «luz de gas» como lo que pasa cuando alguien en quien confías niega tu realidad, sea cual sea la realidad que vivas con esa persona. Saco el tema en este capítulo porque se trata de la mayor forma de confusión, y a la vez la más extrema. A menudo se da en las relaciones sentimentales, pero también ocurre en política, en el trabajo, en relaciones de amistad o familiares. Puede causar daños irreversibles. El término proviene de la obra teatral de 1938 denominada *Luz de gas*, en la que un marido abusivo manipula a su mujer para que crea que está loca, destruyendo psicológicamente su percepción de la realidad. Una de sus tácticas es manipular el nivel de intensidad de las lámparas de gas de casa, para que brillen menos y luego recuperen su brillo normal. Esto la asusta, pero cuando lo comenta, él le dice que está equivocada, y le hace pensar que se está volviendo loca.

En varias ocasiones, un hombre me dijo que estaba delirando cuando le recordé cosas que había dicho. Él me decía que me lo estaba inventando todo. Y aunque yo tenía los mensajes que nos habíamos enviado para demostrármelo, me cuestioné lo que recordaba porque confiaba en él. La confianza que le tenía a él invalidó la confianza que tenía en mí misma. Esto ni siquiera rasca la superficie del asunto, pero solo explico partes de la historia porque quiero ser prudente y no volver a sumergirme en la oscuridad.

El día que descubrí el concepto «luz de gas» sentí que mi confusión, mi visión borrosa, empezaba a ganar nitidez mágicamente. Porque ahora podía empezar a entender lo que pasó.

Ponerle una etiqueta a una experiencia te permite saber que no estás solo. Y también hace que tu visión sea más nítida. Te valida. Recibir la confirmación de que tu experiencia tiene un nombre y que otras personas han pasado y continúan pasando por lo mismo es algo revelador.

&

Cuando puedes etiquetar tu experiencia, adquieres claridad.

&

¿Te acuerdas de cuando Sena dijo: «No me di cuenta de lo destrozada que estaba hasta que te oí explicar el concepto "luz de gas"»? Pues me envió este mensaje en una nota de voz. El alivio que oí en su voz fue increíble. Porque cuando escuchó una palabra que encarnaba su historia, se sintió legitimada internamente. Cuando te pasa esto, te puedes distanciar de la experiencia.

∾

No estás confundido. Estás viviendo una situación confusa.
Separa la situación confusa de quien eres. Si dices: «Estoy confundido»,
insinúas que la situación confusa es parte de ti. Y no lo es. Forma
parte de lo que estás viviendo. La respuesta a la confusión no radica
en la confusión en sí, sino que radica en la habilidad de salir de ella
y ver que la estás experimentando y que no forma parte de ti.
La respuesta radica en ti.

∾

PILAR N.º 5: Escucha a tu instinto

Si notas que algo no está bien de una forma que no puedes explicar, seguramente no esté bien. Esto es tu cuerpo diciéndote que algo está mal.

Pero ¿verdad que a veces nos escapamos de lo que es bueno para nosotros? Sí. Es muy probable que algo bueno se te esté acercando pero que no te haga sentir bien, porque te resulta desconocido. Este tema lo abordaremos más detenidamente en la habitación de la rendición, pero por ahora, en la habitación de la claridad, quiero que escuches a tu instinto. Si lo sigues o no, no nos concierne ahora. Se trata de no ignorar que te está intentando transmitir algo. Para saber qué te está intentando comunicar, tendrás que profundizar.

A lo largo de mi relación situacional con Noah, siempre noté que había algo que no estaba bien. Pero no escuché a mi instinto. Tenía la esperanza de estar equivocada. Interpreté los altibajos de la confusión por el hecho de que él me gustara. Amir

Levine y Rachel Heller (autores de *Maneras de amar*) se refieren a esta situación como sistema de apego activado. Como no me había construido una casa en mi interior y no tenía la seguridad de interiorizar realmente mi merecimiento del amor, me tomé su falta de disponibilidad como una señal para esforzarme más en demostrar lo que valía. Su falta de disponibilidad emocional confirmó mi historia del «¿Por qué no puedo tener "eso"?». Activó el estilo de apego ansioso que había desarrollado en mi infancia, y me devolvió al cuerpo de esa niña pequeña desesperada por conseguir lo que no tenía. Él siempre estaba en guardia. Siempre me enseñaba un poco de él, lo suficiente para evitar que me fuera.

Pero aquí es donde empezó la manipulación. Aquí es cuando mi instinto me decía: «Corre». Pero no lo escuché. De hecho, lo ignoré. En los momentos en los que él notaba que yo lo estaba soltando, me decía algo para menospreciarse, como «Nunca me he sentido seguro de mí mismo a causa de mi educación», sabiendo que me pondría inmediatamente la capa de salvadora y lucharía con sus fantasmas por él. Soy una persona altamente empática, ¿te acuerdas? No lo digo para culparlo por mis acciones. Yo admito la total responsabilidad de intentar animarlo. Al fin y al cabo, nadie te puede forzar a hacer nada. Pero cuando hablamos de inversiones emocionales, la lógica no es precisamente el primer instinto en aparecer.

Llegaba a tal punto que era como si me dijera: «Sé vulnerable. Dime lo que sientes por mí». Y cuando lo hacía, se ponía muy contento. Pero nunca me correspondía. Y en el momento en que le pedía algo tan sencillo como vernos para tomar un café, se convertía en alguien a quien no reconocía. Me decía:

—No estoy preparado para nada serio.

Y yo saltaba inmediatamente a la defensiva y contestaba:

—Lo siento. No dije nada. Simplemente tengo la sensación

de que sería un paso natural para avanzar en lo que sea que tenemos.

Estaba muy confundida. No tenía ni idea de lo que quería. No tenía ni idea de por qué seguía buscando momentos de conexión conmigo, que realmente parecían formar parte de una relación, sabiendo que me acabaría hundiendo.

Y lo más divertido es que todas y cada una de mis amistades no solo lo odiaban, sino que lo despreciaban. No veían lo que yo veía en él. Verás, yo misma me fabriqué la imagen de un hombre herido que necesitaba que alguien le hiciera creer en él y que fuera paciente con él, a la vez que sus acciones eran comparables a las de un chico con una madurez emocional de doce años.

Ojalá hubiera escuchado a mi instinto, que me decía: «Esto no está bien. No me da la sensación de que esto esté bien o que sea sano». Me hubiera ahorrado mucho dolor.

Aunque odie admitirlo, Noah también me hizo luz de gas. Pero no lo supe, o no lo advertí, hasta que me distancié de la experiencia durante suficiente tiempo como para ver las cosas con claridad. El siguiente es un ejemplo sencillo: la primera vez que Noah me pidió que fuéramos a tomar un café, me dijo que le avisara cuando tuviera tiempo para hacerlo. Así que le expliqué mi horario. Acordamos una cita. A medio café me preguntó:

—Y ¿por qué querías que nos viéramos para tomar un café?

Y lo único que me venía a la cabeza era: «Pero ¡si fuiste tú quien pidió que nos viéramos!». Este debería haber sido el primer indicio de que quería hacerme creer que era yo la que lo perseguía.

Pero no escuché a mi instinto.

Esa noche fui a casa de mi amiga Jenan después del café con Noah. Hasta hoy, ella me dice que lo odia por lo gris que me veía esa noche. Me dice que ella sabía que algo no estaba bien.

PILAR N.º 6: Percibe la historia tal y como es, no como quieres que sea, ni como desearías que fuera

Cuando sientes confusión, tu alma está buscando claridad. Y la claridad no se puede ver cuando está nublada por tus deseos o falsas ilusiones acerca de lo que es verdad. La situación de no verte claramente en el espejo cuando nublas tu visión con lo que crees que deberías ser, se repite en otras experiencias vitales. La verdad se encuentra a menudo ante tus narices. La llevas dentro. Y la aceptación completa queda bloqueada por la negación.

Cuando eliges la negación y la confusión, ¿qué te indica esto? Seguramente lo adivinaste. Estás buscando un hogar, estás buscando claridad dentro de otra persona. En unos cimientos que no son los tuyos.

Una parte de mí negaba por completo la posibilidad de que alguien me hubiera hecho luz de gas, especialmente Noah. ¿Cómo podía ser que después de todo por lo que había pasado, alguien me hiciera eso? Noah era a quien estaba salvando. Era a quien estaba animando. ¿Cómo podía Noah, ese niño con un interior tan frágil, ser capaz de crearme tanta confusión y conflicto? No podía ser.

Pero así era.

Así era.

Tenía que aceptarlo.

Y no lo acepté hasta que dejé de buscar la claridad en su interior. Hasta que dejé de intentar encontrarle sentido. Tenía que buscar la claridad en mi interior. Tenía que ver qué había dentro de mí que me hacía aferrarme al espíritu quebrantado de otra persona, que hacía que me responsabilizara de reparar los daños que había en su vida. Y tenía que dejar de intentar prepararlo para ser la persona que yo necesitaba.

Tienes que dejar de ver a los demás como quieres que sean,

o como crees que son. Tienes que verlos como son realmente. Tienes que dejar de ver la historia como la quiere ver tu yo en estado de negación.

Tienes que dejar de ver a esa persona por cómo era cuando empezaste a sentir algo por ella. Sé que es más fácil decirlo que hacerlo. Sé que hay algunos acontecimientos y sentimientos que son irreversibles. Así pues, no les des la vuelta. Hónralos. Pero también honra el hecho de que ya no estén aquí. Honra que hay nuevos acontecimientos y nuevos sentimientos que también vale la pena honrar. No puedes seguir mirando hacia atrás para ver la versión que veías antes de los acontecimientos que hicieron que vieras el auténtico yo de alguien. Por ejemplo, si descubres que tu pareja te ha estado engañando a lo largo de toda su relación, no puedes seguir viéndola como la veías antes de descubrir sus mentiras. Bueno, sí que puedes, pero, ¿por qué querrías hacerlo? Es como seguir creyendo que la tierra es plana, cuando sabes que en realidad es redonda.

Volvamos a las «Falsas ilusiones»:

Segunda parte: Tienes que centrarte en volver a unir tus piezas y, cuando lo hagas, podrás coserlas con un hilo de oro para hacer una nueva versión de ti.

No estés resentido con tu sinceridad y tu empatía, ni creas que ellas fueron la razón por la que se aprovecharon de ti. Entiende que no es lo que hay en tu interior lo que hace que otros se aprovechen de ti. Es lo que eligen hacer con lo que ven en tu interior. Y lo que los demás hagan con lo que ven dentro de ti no te hace ser quien eres. Lo que llevas dentro es lo que te hace ser quien eres.

No tienen que acogerte en casa de nadie. Solo tienes que acogerte en tu propia casa.

Deja de buscar a alguien que te lleve hasta el final del camino, porque te perderás a ti en el proceso de buscar a esa otra persona. Y tienes que dejar de buscar la falsa ilusión de la persona que viste en el pasado. Tienes que empezar a centrarte en el camino. Y cuando lo hagas, pavimentarás tu propio camino. Sí, puede que sea algo oscuro, y que no sepas muy bien hacia dónde vas. Pero, siempre y cuando avances hacia ti, alcanzarás tu hogar.

Llegarás a casa.

PILAR N.° 7: Deja de buscar una mota de polvo en el océano

Cuando buscamos claridad, especialmente en las relaciones, podemos perdernos fácilmente buscando algo que simplemente no está. En tal caso, tienes que dar un paso atrás, distanciarte de la situación y ver las cosas con perspectiva. Si te acercas demasiado al espejo, te fijas tanto en los detalles que empiezas a exagerar las minucias. Así de poderosa es nuestra atención. Da un paso atrás, aléjate del espejo e intenta ver la historia como un todo. Hay algo que quiero que recuerdes cuando le des mil vueltas a cada detalle, preguntándote qué puede haber ido mal, o cómo es posible que alguien haya sido tan cruel contigo, o cómo puede alguien ver fealdad en ti, o cuando te frustres contigo por no ser capaz de dejar de pensar en algo.

A veces habrá personas que hagan cosas que te puedan herir, sin pensar en el dolor que te están causando. Y esto no significa que sean malas personas. Esto no lo decides tú. La verdad es que enojarte y atascarte en la tristeza de que alguien te hizo daño no te aporta ninguna paz. Solo te aportará más dolor.

Lo que buscas es pasar página. Y lo que esperas es que cuando entiendas por qué te hicieron lo que te hicieron, serás capaz de seguir adelante. Pero pasarte tanto tiempo dándoles vueltas a todos los detalles esperando que, no sabes cómo, entre los pliegues de esos detalles encuentres la respuesta que quieres, es como buscar una mota de polvo en el océano. Nunca la encontrarás. Porque esto no es en lo que te tienes que centrar. Te tienes que centrar en el hecho de que la persona que te hizo daño no se merece tu tiempo y energía más que tú. Puede que no se merezca ni pizca de tu tiempo y energía. Eres tú quien lo merece. Y aunque te duela mucho, llóralo, háblalo, escríbelo, báilalo, grítalo. Haz lo que tengas que hacer para que se vaya. Nunca busques el remedio en el veneno. No está allí. El remedio lo llevas dentro. Si estás herido porque diste amor, amabilidad y comprensión, date amor, amabilidad y comprensión.

Que se queden lo que te quitaron. Así es como esparces tu luz por el mundo. No luches para recuperarlo. Luchar para entender y conseguir una justificación o un cierre es luchar por recuperar lo que diste. Deja que se lo queden. Incluso si lo que te quedaste a cambio fue dolor, veneno, palabras groseras y flechas directas al corazón y a tu autoestima. Que se lo queden.

Esto es lo que pueden dar. Y quizá sean capaces de dar más, pero eligieron darte lo que te han dado ahora. Y si tú eres capaz de dar más, ¿por qué querrías tener a alguien en tu vida que eligiera herirte activamente? No lo quieres.

Te duele porque esa persona significó algo para ti. Te duele porque creíste en ella. Te duele porque te imaginaste un futuro con ella. Porque fuiste vulnerable con ella, porque gastaste mucho tiempo y energía con esa persona. Pues claro que te duele. Y no pasa nada porque duela. Deja que te duela. Siéntate con el dolor. Esto nunca debería ser tu normalidad. Nunca te debería parecer bien que te trataran mal. Nunca te debería parecer bien que te traicionaran. Nunca te debería parecer bien que alguien en quien confiabas mucho se dé la vuelta y te trate como si nunca hubieras significado nada para él. Nunca te debería parecer bien.

No te tiene que parecer bien para aceptarlo. Y tienes que aceptarlo porque la fase de sanar llega después de aceptarlo. La empatía, la sensibilidad y la belleza que te permiten sentir el dolor de que te traten así hace que seas quien eres. Por eso eres capaz de dar amor. Por eso eres capaz de dar, y punto. Eliges no causar dolor. Y esto es lo que te hace ser quien eres.

Así que deja de buscar el motivo por el cual alguien te hirió. Deja de buscar el porqué de su cambio. Deja de buscar esa mota de polvo en el océano y mira el océano como un todo. Si eres capaz de dejar que ese cierre, esa persona, esa experiencia se disuelvan por completo en el gran océano de tu vida, junto con todas las personas que conocerás y todo el amor que experimentarás, darás y recibirás; si eres capaz de hacerlo, verás lo pequeña que es esa persona y esa experiencia comparado con la grandiosidad de lo que puedes vivir. Pero si buscas algo que no está, te hundes. Te ahogarás si realmente crees que la única manera de salir es encontrar esa mota de polvo. Así que deja que se disuelva. Deja que se vaya. Y sigue nadando. Sigue viviendo. Sigue respirando. Sigue hacia delante, hacia los sitios y las personas que no exijan que te engullas a ti mismo, que te ahogues en ti, para que te vean.

PILAR N.º 8: Que el enojo contenido no te nuble la visión

¿Cuántas veces te has intentado convencer de que lo único que tienes que hacer es calmarte? ¿Esa manifestación de enojo es una señal de debilidad? ¿Cuántas veces has dicho: «No pasa nada» ante una disculpa, cuando en realidad sí pasaba, cuando sabías que la disculpa en sí no eliminaría el dolor que sentías?

Entiende que no permitirte estar enojado no te convierte en una buena persona o en una persona calmada. No permitirte estar enojado impedirá que veas la historia tal y como es. Impedirá que te veas como eres. Te cegará ante la verdad. Ante tu verdad. Lo que no nos enseñaron nunca es que el enojo es una emoción humana saludable y normal que tiene la finalidad de aportarnos alivio y soluciones. Su objetivo es ser una alarma que te diga: «¡Cuidado! ¡Hay algo amenazante aquí!». Y cuando nos impedimos expresarlo (o, aún peor, nos impedimos sentirlo), puede ser (bueno, en realidad lo es sí o sí) perjudicial para tu claridad.

Sentir enojo no implica que haya algo malo en ti. Y de la misma forma, el hecho de que te pase algo que te provoque enojo no significa que haya algo malo en ti.

En vez de castigarte por sentir enojo, pregúntate: ¿qué me está intentando decir este enojo? ¿Me está intentando decir que alguien está traspasando mis límites? ¿Me está intentando decir que alguien me está silenciando? ¿Me está intentando decir que debería decir que no?

Especialmente en el caso de las mujeres, nos enseñan a mantenernos calladas. Nos enseñan que el enojo no es femenino, que es un desencanto. Nos enseñan que tenemos que disculparnos por expresar nuestros sentimientos de forma agresiva, cuando en realidad solo estamos expresando nuestros límites, o que uno de nuestros límites se ha traspasado. Por el contrario, si un

hombre hablara con enojo, se consideraría como algo totalmente normal, o incluso un rasgo de masculinidad.

Piensa en el enojo como un fuego que arde en tu interior. La
leña representa nuestros límites, creencias, autorrespeto, nuestra voz. Los cerillos son los desencadenantes (pueden ser tanto
externos, a través de acciones ajenas, como internos, a través de
nuestra interiorización de lo que el comportamiento de los
demás debe decir de nosotros). El aire es el poder. Y el enojo
quema y crece como un fuego. Si lo dejas en tu interior, lo único que harás será quemarte. Ponerlo todo fuera, proyectándolo
hacia los demás, quemará a otra persona, lo cual es necesario a
veces.

Por ejemplo, cuando le dices que no a alguien, puede que lo
quemes con ese fuego. Y no pasa nada. Porque no estás conte-
niendo tus propios deseos solo para complacer a otra persona.

Tienes que aprender a gestionar el fuego del enojo, no re-
primirlo a expensas de lo que realmente quieres decir. Repri-
mirlo es como darle más poder, más aire, para que siga que-
mando.

A menudo me dicen:

—No te imagino enojada.

La versión de mí joven, protegida e inocente que era antes diría:

—Nunca me enojo. Tengo maneras saludables de calmar la sensación de enojo.

Pero ahora digo:

—Solo porque no grite no significa que no me enoje.

El enojo suena a «No».

El enojo suena a «Esto no está bien».

El enojo suena a «Esto me incomoda. Detente».

El enojo suena a «No puedes hacer esto».

El enojo suena a estar en un escenario amenazada legalmente por hacer pública mi historia (delante de personas ante las que estaba avisada de que me estarían viendo), y decir: «No voy a disculparme por decir la verdad. No voy a disculparme por alzar la voz».

Vayamos al día de mi discurso.

Veía muchas caras conocidas. Tenía a mi abogado al lado. Sabía que se enojarían por lo que iba a decir. Empecé a respirar fuerte, sabiendo que todo lo que dijera se utilizaría en mi contra.

Pero luego me acordé.

Me acordé de la chica que salió de esa oficina sintiéndose como una niña con las alas rotas. Me acordé de la chica que tenía tanto miedo la noche anterior a informar del caso que se derrumbó en la cocina y llamó a su madre para que la ayudara. Me acordé de la mirada de mi madre diciéndome, desesperada, a punto de ponerse a llorar:

—Te pasa algo y no nos lo estás contando.

Me acordé de la chica sentada en la oficina del investigador del caso, que empezó a hiperventilar en cuando le contaron las mentiras que le habían relatado los testigos.

Me acordé de ella.

Y sentí enojo.

El fuego que llevaba dentro se avivó, y cuando subí al escenario noté como si me envolvieran unas alas de fuego. Absorbí cada momento de enojo. Me erguí. Con la cabeza bien alta. Y orgullosa de mí.

Me tembló la voz cuando me puse a leer, pero cuanto más hablaba, más valentía tenía. Y esto me trae de vuelta a lo que dije antes de que no hay un solo momento que te cambia la vida. Son una serie de momentos que se alimentan unos a otros. Es como un efecto dominó.

Hablé durante veinte minutos, en los que miré al público sin saber exactamente quién me estaba mirando. Pero sabía que había suficientes personas con cargos de poder que tenían la capacidad de influir en la injusticia igual que en la justicia. Y quería escucharlas. Vi que muchas personas, especialmente mujeres, tenían lágrimas en los ojos. Y supe que era porque sabían de lo que hablaba; habían vivido lo que yo había vivido.

Acabé el discurso levantando las hojas de papel que llevaba y dije:

—No me disculparé por decir la verdad.

Luego leí un poema de Jasmin Kaur:

> *Grita*
> *para que un día*
> *dentro de cien años*
> *otra hermana no tenga que*
> *secarse las lágrimas preguntándose*
> *en qué momento de la historia*
> *perdió la voz.*

Luego dije:

—Yo grité, tan fuerte como pude. ¿Gritas conmigo?

Te hago la misma pregunta. ¿Gritas conmigo?
¿Gritas por ti?

Tu enojo no tiene
por qué parecer enojo.
Tu enojo no tiene
por qué sonar como enojo.
Tu enojo puede ser el susurro
más suave,
cálido,
y dulce que diga
no
y mande ecos al mundo
con las alas de la mariposa
que te dijeron que nunca
saldría del capullo.
Tu no no tiene por qué
sonar como no.
Tu no no tiene por qué
parecer un no.
Tu no puede convertir
el fuego con el que intentaron quemarte,
con el que intentaron convertirte en cenizas,
en un cerillo
que encienda una llama
que haga renacer el fénix
que te dijeron
que nunca renacería.

Espejos adicionales en esta habitación

EL ESPEJO DEL PROPÓSITO

Mírate en este espejo para entender tu propósito, tu «por qué». Puede estar relacionado con el trabajo o las acciones que estés llevando a cabo.

Las preguntas que encontrarás a continuación te ayudarán a evaluar lo que estás haciendo actualmente, y si está alineado con tu propósito. Tu propósito puede ser un trabajo o cualquier forma de ocupación en la vida.

1. ¿Qué estoy haciendo ahora? (acciones)
2. ¿Cuál es mi objetivo final con esto que hago? (propósito)
3. ¿Mis acciones están alineadas con ese propósito?
   a) Si es así, ¡genial!
   b) Si no, ¿qué tengo que cambiar?

Puede que estas preguntas te parezcan muy sencillas, pero si te tomas el tiempo necesario para responderlas, verás claramente cómo te impulsan a reflexionar, a redirigir tus acciones o a reafirmar que vas por el buen camino.

Durante un tiempo, no mucho, me centré demasiado en las métricas de las redes sociales. Las marcas normalmente se fijan en las impresiones, el alcance, las estadísticas demográficas, y demás. La mayoría de los profesionales que tenía en mi entorno se definían con el número de visitas y seguidores. En ese momento no me preguntaba cómo estaba a diario, y mi obsesión con las métricas acabó repercutiéndome. Es fácil hacérse adicto a evaluar tu éxito con números, cuando evidentemente el mundo te evalúa de la misma forma. Pero, a fin de cuentas, no quieres verte como te ve el mundo, o cambiar para ser como el mundo te valora para sentir que tienes valor. Quieres ser sincero contigo para ver y sentir tu verdadero valor, y luego proyectarlo al mundo. Tenía la sensación de que las métricas me confundían, y pedí a mi equipo que hicieran una planificación de la cantidad de publicaciones que teníamos que sacar al día, a qué hora, etc. Pero notaba que eso no estaba bien. Me sentía como una hipócrita. Me quedé tan atrapada con lo que hacía todo el mundo en las redes sociales, que dejé de confiar en mí.

Un día empecé a sentirme muy confundida. Desconectada. Lejos de mí. ¿Conoces la sensación de cuando no estás a gusto contigo mismo? Así me sentía.

Mi auténtico yo estaba confundido con el yo que estaba proyectando al mundo.

Así que empecé a escribir para entenderme. Me pregunté: «¿Por qué hago lo que hago?». Para ayudar a la gente a sanar como yo me estoy sanando.

Y fue en ese momento en el que me di cuenta de que mis acciones no estaban alineadas con mi propósito. No es que me estuviera aprovechando de mi público. Pero me estaba fiando más de lo que hacían los demás que de lo que hacía yo. Y aunque lo que publicaba ayudaba a sanar a otras personas, mi prioridad, inconscientemente, era aumentar mi compromiso en las redes sociales.

Después de darme cuenta de ello, oía una voz en mi interior que me decía: «¡No, no, no! Ya no lo haré más. Mi propósito es ayudar a la gente a sanar. Este ha sido siempre mi propósito. Así que antes de publicar más contenidos, voy a replantear mis intenciones hasta que vuelva a mi yo "normal"». Por ello decidí cambiar de rumbo inmediatamente.

Y así es como creé el espejo de la intención.

EL ESPEJO DE LA INTENCIÓN

Mírate en este espejo cuando olvides por qué estás haciendo lo que haces.

¿Cuántas veces te ha pasado lo de estar haciendo algo y pensar: «Pero ¿por qué estoy haciendo esto? ¿Lo hago porque quiero o porque estoy acostumbrado a hacerlo?». Mirarte en este espejo te permite replantear tu intención de acuerdo con quien eres y tu propósito. Para vivir una vida auténtica, tienes que estar alineado con tus verdaderas intenciones. De lo contrario, te sentirás desorientado.

A continuación, tienes una definición sencilla del término *intención*: el verdadero motivo por el que haces lo que haces. Imagina que tu intención es una semilla. Es pequeña, pero crecerá para convertirse en lo que sea.

Entrena tu mente para que se pregunte lo siguiente antes de hacer nada: «¿Cuál es mi intención con lo que estoy haciendo?». Por ejemplo: «¿Por qué estás publicando esto en las redes sociales? ¿Por qué quieres enseñar a los demás que tu vida es de una cierta manera? ¿Por qué quieres sentirte refrendado?». No se pueden juzgar tus intenciones, pero la simple acción de preguntártelo te aporta conocimiento y, o bien te redirige, o te reafirma.

ᘐ

Planta la semilla del árbol cuyos frutos quieras ver.

ᘐ

EL ESPEJO DE LA HUIDA

Mírate en este espejo cuando tengas ganas de huir. El objetivo de este espejo es aportarte claridad sobre el sentimiento o la emoción que estás esquivando. Cuando una emoción intensa e incómoda llama a tu puerta, la reacción inicial es querer que se vaya. Porque sentirla es difícil e incómodo. Tomemos el enojo como ejemplo. Rebobinemos hasta el momento antes de subir al escenario para dar mi discurso (pilar n.º 8). Huir hubiera impedido que expresara mi enojo, mi voz, mi verdad. Fuera donde fuera, la opción de quedarme callada siempre me seguía. Huir me hubiera ahorrado el alboroto de exponerme y lidiar con las consecuencias, sí. Pero me habría decepcionado a mí misma.

Escribí esta reflexión para combatir mis ansias de salir corriendo, de empezar de nuevo y no recordar todo lo que me había pasado desde que llegué a Canadá a los dieciséis años:

Dime: ¿qué pasaría si huyeras? ¿A qué pondrías punto final? Quizá harías desaparecer la presencia de algunas personas y cómo te hacen sentir. Quizá harías desaparecer la sensación de insignificancia durante un rato. Porque has estado basando tu valor en otra persona. En algo ajeno a ti. Pero ¿sabes qué? No importa adónde vayas porque aquello de lo que quieras huir será tu destino hasta que lo vivas completamente… Hasta que te demuestres que tu miedo es una creación de tu mente. Hasta que aprendas lo que tiene que enseñarte. Hasta que elijas dejar de evitarlo. Quizá pienses que evitar lo que temes te hace fuerte. Pero no. Te convierte en prisionera del miedo. Estar en casa significa que sales de un lugar de poder, no de un lugar en el que se evita el miedo.

Pregúntate: «¿De qué emoción o sentimiento estoy huyendo?». Ahora dale la bienvenida a tu casa, siéntelo y permite que se vaya de tu casa para que puedas liberarte de él.

Después de mirarte en este espejo, tal vez quieras darte un paseo por la habitación de la rendición.

EL ESPEJO DEL «¿QUIÉN SOY?»

Mírate en este espejo cuando quieras entender quién eres y qué defiendes. En cualquier momento de confusión acerca de tu auténtico yo, mírate en el espejo y pregúntate:

1. ¿Quién soy?
2. ¿Qué defiendo?

EL ESPEJO REVELADOR

Mírate en este espejo para recabar información de las capas que tienes que quitarte para ver tu yo verdadero.

1. ¿Cuál es la etiqueta que crees que el mundo que te rodea ve de ti, o con qué etiqueta crees que te define? (Yo me refiero a ella como «esto» en el poema «¿Qué historia te cuento?», en la página 168). Podría ser tu cuerpo, tu per-

sonalidad, tu género o los compartimentos en los que creas que el mundo te mete.

2. ¿Qué hay detrás de esa etiqueta (el verdadero yo)?
3. ¿Ves tu yo verdadero aunque el mundo no lo vea?
4. ¿Qué te da miedo de exponer tu yo verdadero a la gente que te rodea?

EL ESPEJO DE LA VERDADERA HISTORIA

Mírate en este espejo para ganar claridad acerca de la realidad, en vez de lo que piensas que es o lo que quieres que sea.

En una cara de un papel escribe: «¿Cuál es la verdadera historia?» (basada en la realidad).

¿Recuerdas ese espantoso lunes por la mañana en el que Noah me llamó y me dijo que ya no podíamos hablar más? La historia que no podía parar de repetirme era «No vale la pena estar conmigo». Pero ¿cuál era la historia realmente? De ninguna manera. Mi ego no quería soltar la identidad que me había costado tanto tiempo construir, para sentirse importante. Así, la historia reafirmaría lo que siempre había creído de mí.

Recuerdo sacar una hoja de papel y dibujar una línea en el medio de la página. A un lado de la línea anoté todas las conclusiones que había sacado sobre mí como resultado de lo que me había dicho Noah. Al otro lado de la línea respondí a todas las conclusiones, siguiendo las preguntas que menciono a continuación:

1. ¿Es verdad? Y, aunque lo fuera,
2. ¿es útil creerlo?

Una de las cosas que anoté fue: «Él cree que no valgo la pena». En la columna adyacente, como respuesta a «¿Es verdad?», escribí: «No lo sé». Y en respuesta a «¿Es útil creerlo?», puse que no.

Con esta reflexión tan sencilla se puede demostrar que te ves a ti y a tu historia a través de ojos ajenos, a través del hogar de otra persona, no del tuyo.

EL ESPEJO DEL MOMENTO DE TRANSICIÓN

Mírate en este espejo para encontrar la calma, un espacio tranquilo entre el pasado y el futuro: el presente.

¿Recuerdas cuando te despiertas de un sueño profundo y, por un momento, te olvidas de dónde estás, de qué día es, de la hora que es? ¿El tipo de sueño que te roba tan hermosamente todos los recuerdos y sueños que normalmente tienes en la cabeza? ¿Verdad que ese momento te hace sentir ligereza, liberación? Es como una refrescante página en blanco para tu vida.

Y luego, poco a poco, te llega todo. Trocito a trocito. La sensación es como si te volvieran a inyectar veneno en las venas, poco a poco, mientras vas recordando todo lo que te agobia. Mientras recuerdas acontecimientos que te encadenan al pasado de alguna forma, y futuras preocupaciones que te roban la sensación de ser competente.

El espejo del momento de transición te ayudará a recrear el momento de total desconexión con tu pasado y tu presente. Aquí tienes los pasos a seguir:

1. Siéntate, quédate de pie o acuéstate en un lugar en silencio.
2. Imagina que tienes el pasado sentado detrás de ti.
3. Imagina que tienes el futuro sentado delante de ti.

Lo que suele pasar cuando lo haces es que sientes que el pasado y el futuro se han ido acercando a ti, y estás enredado y enmarañado en ellos, no puedes sentir ni pensar nada más allá de ellos. Es como si dos paredes se acercaran cada vez más a ti, y sintieras que te ahogas de miedo por lo que te harán o lo que representarán para ti.

4. Mientras te imagines este estado, imagina que te rodea un poder protector, que emana de la casa que tienes en el interior, que evita que el pasado y el futuro te toquen.

5. Repítete: «Estoy a salvo. Estoy bien. Soy competente. Valgo. Lo que me sucedió en el pasado no me define. Lo que hice antes no me define. Lo que puede que pase o no pase en el futuro no me define. Lo que puede que consiga o no en el futuro no me define. Ahora estoy bien, tal y como estoy. Estoy en casa conmigo, ahora, en este momento».

Cuando te mortificas por el pasado, tanto si es porque te arrepientes de algo que dijiste o hiciste, o algo que no hiciste o dijiste, como si te mortifica un acontecimiento pasado que ya no te sirve (una ruptura, haber dejado un trabajo, haberte mudado a otra parte, sea lo que fuere), estás eligiendo salir de tu casa. Verás, no solo construimos nuestras casas en otras personas, sino que también las construimos en otros tiempos. En tiempos que ya no nos sirven. También es posible que te obsesiones demasiado con el «y si» del futuro. Tu casa tiene que estar aquí y ahora, contigo. Está viva contigo. Cambia contigo. Crece contigo. Cada momento que vives se convierte en una parte de ti, pero los momentos pasados se tienen que dejar atrás. Es allí donde se tienen que quedar. Cuanto más los acarrees, más probable será que tu casa se convierta en un lugar en el que no quieres estar, porque has dejado que los momentos pasados llenen tu espacio presente. Cuando vives en los momentos del pasado, la casa entra en un estado de desesperación; queda repleta de objetos que ya no te sirven, y te atrapa con su inmovilismo.

Vale la pena destacar que este enfoque no pretende infravalorar los acontecimientos traumáticos. Si viviste algún tipo de trauma, ten en cuenta que aunque esta estrategia te pueda ayudar, puede implicar bastantes repeticiones antes de que puedas desconectarte completamente de los traumas del pasado y de las preocupaciones del futuro. Y puede que tengas que acudir a un terapeuta profesional para que te ayude. Yo, personalmente, encontré que la mayor parte de la terapia que hice no me ayudó para librarme de mi trauma. Sin embargo, sí recuerdo momentos clave que me permitieron avanzar.

Un día, saliendo de la oficina de mi terapeuta, le dije:

—No llego a entender cómo puede afectarme tanto algo tan pequeño.

Me refería a la luz de gas que me hicieron. Ella me contestó:

—El trauma no es lo que te pasó. Es cómo has respondido a lo que pasó.

Esa respuesta me sacudió durante unos días y me aportó mucha claridad. Así que, si has vivido un acontecimiento traumático, por favor recuerda que nadie te puede decir si tienes derecho o no a sentir que fue algo traumático. Si te dejó con un trauma, te dejó con un trauma. Y el objetivo es curarte.

6. Ahora que estás en casa, en un estado de sentirte como en casa contigo, libérate de las cadenas del pasado y del futuro, y pregúntate: «¿Qué me gustaría hacer ahora? ¿Qué me gustaría estar sintiendo ahora?», y hazlo.

EL ESPEJO DE LA CONCENTRACIÓN

Mírate en este espejo cuando te sientas distraído. Empieza con una pregunta muy sencilla: «¿Por qué no soy capaz de concentrarme?». Sé sincero contigo. Podría ser porque no tienes claro tu propósito. Podría ser porque tu entorno te distrae. Podría ser porque tienes un sentimiento o una emoción llamando a tu puerta. Podría ser porque estás haciendo demasiadas cosas a la vez. Responder esta pregunta de la forma más sincera que puedas te aportará claridad acerca de lo que tienes que hacer para recuperar la concentración.

Lo que me ha permitido a mí mantener la concentración en mi trabajo ha sido escribir la noche anterior una planificación para el día siguiente (he descubierto que me va mejor escribirlo la noche anterior, para evitar confusiones por la mañana acerca de lo que tengo que hacer). Mi planificación incluye objetivos y cualquier aspecto organizativo, un horario aproximado y recordatorios.

Para los objetivos, normalmente escribo tres grandes objetivos como: (1) acabar el capítulo en el que estoy trabajando; (2) crear X videos sobre X temas; (3) revisar X documentos. Para los aspectos organizativos, entro en más detalle. Por ejemplo, debajo de (1), «acabar el capítulo en el que estoy trabajando», escribo:

1. Acabar el pilar 8.
2. Corregir errores gramaticales o estructurales.
3. Consolidar el formato de los pilares.
4. Eliminar las ideas repetitivas.
5. Asegurar un buen flujo de ideas.

Para el horario, normalmente incluyo las comidas, el ejercicio, hacer la compra, los planes con los amigos, y demás.

Y, para los recordatorios, normalmente escribo algo que me recuerde que tengo que cumplir mis objetivos al día siguiente.

La planificación debería ser realista, un esbozo factible de lo que quiero lograr al día siguiente. Acuérdate de hacer una cosa detrás de otra. No serás un superhéroe por hacer mil cosas a la vez. Sé concreto a la hora de crear tu horario. Asegúrate de que dejas tiempo para comer, descansar, alguna forma de actividad física o meditación, socializar, etc.

¿Pensabas que el plan se acababa aquí? Pues no.

Es de vital importancia que identifiques tus distracciones. Haz una lista. Elimínalas. Quédate a solas con tus pensamientos, y ten claro lo que es mejor que hagas en este momento.

Si son las redes sociales, sal de las redes sociales. Si es necesario, elimina las aplicaciones del teléfono durante un día o una semana, o el tiempo que necesites. Recuerda que un «Me gusta» o un «Seguir» no te definen. Recuerda que las dosis constantes de dopamina te agotan. Si es la tele, apágala. Si es estar siempre disponible para los demás, deja el teléfono en otra estancia hasta que acabes el trabajo.

Yo lo hago cada vez que tengo la sensación de que me quedo agotada sin haber trabajado nada. Me acabo sintiendo confundida y enredada en mi entorno. Sé que es porque permito que mi energía se filtre hacia múltiples direcciones. Intento conservar esa energía eliminando las posibles distracciones antes de empezar a trabajar. Normalmente, dejo el teléfono en otra estancia porque sé que es mi mayor distracción.

CAPÍTULO
6

Rendición

En esta habitación entras cuando sientes que hay una emoción llamando a tu puerta. Entrando bajas la resistencia hasta cómo te sientes realmente, y te concedes el espacio para sentir tus emociones. Esto hará que puedas aceptar la realidad, y te revelará todos los patrones en los que caes cuando lidias con emociones (tristeza, vulnerabilidad, vergüenza, enojo, etc.). Puede que te des cuenta de que te resistes a hacer las paces con tus emociones, que las atontas o que simplemente niegas su existencia.

Experimentar estas emociones dejará espacio para otras nuevas que elijas tú. Parte de construir un hogar para ti es abrir la puerta a vivir lo que realmente pasa en tu interior. En el epicentro de esta habitación está la exposición emocional que te haces a ti mismo.

El objetivo final de estar en casa contigo no es no sentir nunca emociones negativas, sino aprender a sumergirte en ellas escuchándolas y entendiéndolas constructivamente. Sin ahogarte en ellas, aunque te resistas constantemente a sentirlas.

¿Estás preparado para empezar a darles la bienvenida a tus emociones?

Entremos.

Ríndete…, ríndete ante ti. Ante lo que realmente está pasando en tu interior. Deja caer la máscara. Suelta las excusas. Baja la resistencia. Deshazte de la necesidad de aparentar que estás bien según los estándares que te rodean, sean los que sean. Tu familia, tu comunidad, el mundo, las redes sociales, etc. Por este motivo, las herramientas en esta habitación se llaman sumisiones, no con su connotación de debilidad, sino con la de lo contrario de resistencia.

Simplemente ríndete. No te limites a escuchar tu voz interior. Escúchate de verdad. Escucha lo que te dice el corazón. Escucha lo que te dice el alma. Y…

Escucha lo que te dice tu dolor.

Escúchate.

Durante la temporada en la que estuve intentando entender por qué me dolía tanto la necesidad de amor, por qué quería con tal desesperación que alguien (quien fuera) me quisiera, tuve ganas de construirme una casa para la tristeza en mi interior. Sentía tristeza todo el tiempo. Sentía aún menos que eso. ¿Ya ves que los árboles extienden sus raíces para llegar a cualquier fuente de agua? Yo tenía la sensación de que me extendía en todas direcciones para conseguir el amor de cualquiera, en cualquier parte, en cualquier cantidad. Solo para seguir adelante. Escondí muy bien la desesperación mientras buscaba cualquier confirmación posible de que no me merecía el amor. Y encontrara donde encontrara estas confirmaciones, me convencía a mí misma de que se trataba de una fuente de amor. Buscaba una medicina en el dolor. Porque pensaba que el dolor tenía más poder para cambiar la forma en que me veía que yo misma.

Cada rechazo, cada negativa, cada señal de indiferencia me demostraba que no me merecía el amor. Como resultado, corría de vuelta a aquellos que me daban migajas de su atención y de

su amor, incluso si esto iba acompañado de montañas de toxi-
cidad. Estaba dispuesta a soportar el abuso para recibir una
pizca de amor. Era un bucle de retroalimentación que me hun-
día en el pozo de la tristeza y la desesperación. Y cuando volvía
a caer en el mismo patrón, me echaba la culpa por haber caído
otra vez. Me echaba la culpa por tomar la decisión de perseguir
lo que me hacía daño. Y lo interiorizaba como: «Te mereces
estar herida y que te decepcionen hasta que aprendas la lección».

Pero ¿qué lección?

Del mismo modo que había sacado las capas que me impedían ser mi auténtico yo en la habitación de la claridad, aquí
también tenía que desvelarme. Tenía que retroceder en el tiempo y preguntar por qué esa niña seguía creyendo que no podría
tener nunca un hogar, amor, bienestar o un sentimiento de pertenencia. Y no solamente mientras intentaba aprender lo que
era el amor propio. O quién soy. Sino también mientras aprendía por qué tenía esta resistencia tan profundamente arraigada
ante… algo.

Ante… derrumbarme.

Ante… desvelarme.

Ante… sufrir.

Ante… pedir lo que quiero.

Ante… pedir lo que necesito.

Ante… sentirme avergonzada por lo que necesito.

Y si pudiera mirar hacia atrás y preguntarme qué apariencia
tenía esta resistencia, serían años de dolor por ser realmente
vista, escuchada y querida, a la vez que me juzgaba a mí misma
por sentir ese dolor y lo ocultaba con lo que pensaba que era
fortaleza.

Mantuve el dolor en la puerta. Porque me avergonzaba admitir que lo sentía. Y ese dolor seguía llamando a la puerta.

Y con los años, siguió llamando. Cada vez más fuerte y más fuerte, hasta que «muy fuerte» era solo «fuerte». Hasta que «fuerte» era solo «normal». Hasta que me adapté a vivir con una capa protectora que recubría mi dolor. Pero aquí viene el giro: el dolor no estaba fuera de mí intentando que lo sintiera. Ese dolor estaba dentro de mí intentando que lo viera. Que lo escuchara. Que lo sintiera. Así que, mientras lo cargaba, también me convencía de que si no le prestaba atención se mantendría fuera de mí. Fuera de mi vista, fuera de mi cabeza, ¿verdad?

Tenía el dolor en el interior, y la puerta a la que llamaba también estaba en mi interior. Me paralizó, pero normalicé su presencia para poder negar su existencia.

∽

Negar la existencia de algo no hace que no exista. Simplemente hace que niegues la realidad.

∽

Así que el dolor fue cada vez más pesado. Porque encima de ese dolor había el dolor que sentía porque quería que se fuera. Me juzgaba a mí misma por el simple hecho de sentir ese dolor.

Y esto me hizo sentir, aún más, que no tenía un hogar.

Porque en vez de ocuparme yo del dolor, buscaba que los otros me vieran antes de verme yo misma. Esperaba que los demás se deshicieran de mi dolor. Que arreglaran mi dolor. Que me arreglaran.

Esperaba que los demás me ayudaran a cargar con ese dolor para que fuera más ligero. Y así era cada vez que construía parte de mi casa en otras personas. Cada vez que encontraba un hogar en otra persona.

Pero ¿era justo que lo hiciera?

No, no lo era.

Y, a la vez, ¿esto les daba permiso a los demás para aprovecharse de mi falta de hogar? No.

Perdonarme implicaba empatizar con la niña que llevaba dentro y decirle: «Pequeña, el hecho de que necesites un hogar no te hace ser menos de lo que eres. No es una señal de permiso para que otros te menosprecien. No es una excusa para que otros se aprovechen de ti. Pequeña, simplemente estás intentando comprender las cosas. Estás aprendiendo».

Y si entendía todo eso, ¿por qué seguía cayendo en el patrón de construir casas en los demás? Había avanzado a pasos de gigante en cuanto al conocimiento de lo que es el amor y lo que no lo es. Pero no había suficiente con el conocimiento. Algo tenía que cambiar de veras.

Tal y como te dije en la habitación de la claridad, no habrá un único momento definitivo que te empujará a construirte un hogar para ti y no mirar nunca atrás. Son una serie de momentos. Cada instante da pie a nuevos momentos, hasta que alcanzas el punto en el que te has desvelado por completo, y te has construido un reino glorioso en tu interior. Así que, mientras lees esto, puede que te preguntes por qué vuelvo a las mismas historias si ya me han aportado descubrimientos. He aquí el porqué: del mismo modo que tienes que desvelar varias capas en ti, cada historia tiene varias capas que también se tienen que desvelar.

Mirar tu historia desde distintos ángulos te llevará hasta la raíz. Y no hay un remedio rápido. No puedes ir directamente a la raíz sin dar los pasos necesarios para llegar hasta allí. Puede que no notes que avanzas con cada paso pero, en general, avanzas. Piensa en el gimnasio. No ves cambios después de un entreno de una hora. Los ves después de semanas, sumando entrenamientos de una hora. Pues lo mismo ocurre con curarse. Puede que cada día tengas momentos de reflexión. Y puede que algunos días después de esos momentos te sientas bien, y que otros días te sientas mal. Y puede que la sensación te dure un minuto, una hora, o más tiempo. Pero, en general, no puedes esperar curarte por completo en menos de un segundo. Ese momento en el que te llega la revelación que te libera, o que te hace ver la historia de verdad, no llega instantáneamente. Y no puede llegar sin la acumulación de momentos de sanación.

También quiero mostrarte, desvelándome ante ti, que no tiene que avergonzarte tomarte todo el tiempo que necesites para curarte de lo que sea por lo que estés pasando. Aquí me tienes, abriéndote mi corazón, hablándote de mis momentos más vulnerables, de mis pensamientos y sentimientos. Esta soy yo. Un ser humano como tú. Y me estoy exponiendo. Me estoy rindiendo ante ti. Puede que nunca me conozcas en persona. Puede que nunca sea real para ti. Pero soy exactamente como tú. Tengo familia, amigos, conocidos. Hay gente que me odia. Hay gente que quizá lea esto y sienta pena por mí, o diga:

—Lo ves, te dije que le pasaba algo. ¿Ves cuánto se obsesiona con su dolor?

Y si pensabas que no había contemplado todo esto mientras ponía por escrito el contenido de estas páginas, estabas equivocado. Aquí me tienes, rindiéndome ante mi dolor. Viéndolo. Escuchándolo. Y sintiéndolo. Aquí estoy, desmenuzando la vergüenza que hizo de capa protectora de ese dolor, y de todo lo que vino con él. Para mí, abrir la puerta en mi interior para dejar que entre, demuestra fortaleza. Y cómo se perciba esto fuera de mi persona no depende de mí.

PILAR N.º 1: Da la bienvenida
a las emociones cuando te lleguen

«Me dejó y me siento muy triste. Me dijo que ya no me quería. No sé qué hacer para desprenderme de esta sensación. Ayúdame.»

«Después de dos años juntos descubrí que se había estado acostando con otra persona desde el momento en el que nos conocimos. Me siento herido. No sé qué hacer para dejar de sentirme así.»

«Me destrozó por completo y ahora estoy intentando sanar, pero me parece imposible. Tengo muchas ganas de pasar página y sacarme este dolor del corazón, pero no me siento con suficientes fuerzas.»

«Mi padre murió y no tuve la ocasión de decirle todo lo que le quería decir. ¿Cómo puedo lidiar con eso?»

Recibo mensajes así constantemente.

Y, con el tiempo, he notado que hay temas comunes:

1. La gente sufre por dentro porque quiere que el dolor se vaya.
2. Hay una resistencia a sentir el dolor.
3. Aún peor, hay quien se juzga por no ser capaz de deshacerse del dolor, o conseguir que se vaya antes.

Sufrir por querer apartar el dolor, resistirse a sentirlo realmente, y juzgarse por ello genera bloques imaginarios que impiden que podamos sentir el dolor. Así que, en vez de sentir el dolor, te atormentas porque tienes que experimentarlo. Es como si la emoción fuera un río y tú le colocaras una presa en la cara. Cuanto más alta sea la presa, más alto el nivel de la emoción, y más intensa será esta. Así es como acabas teniendo deudas emocionales. Puede ser una deuda de tristeza, de enojo, de miedo o de vergüenza. Salta al pilar n.º 2 (página 220) para entrar en más detalle.

SUMISIÓN N.º 1: TÓMATE UN TÉ CON TU DOLOR

¿Recuerdas este poema de la habitación del perdón? Esta será la base para nuestra primera sumisión en esta habitación.

Cuando el dolor llame a la puerta:

> *Déjalo entrar.*
> *Si no, llamará*
> *cada vez más fuerte.*
> *Su voz será*
> *cada vez más fuerte.*
> *Así que déjalo entrar.*
> *Pasa tiempo con él.*
> *Entiéndelo.*
> *Luego acompáñalo a la puerta*
> *y dile que se vaya*
> *porque te ha llegado el momento*
> *de dar la bienvenida a la felicidad.*

Cuando digo «Déjalo entrar» es el momento en el que dejas de resistirte a lo que el dolor te pide que sientas. Cuando digo «Entiéndelo» es el momento en el que te das permiso para identificar la emoción. ¿Es tristeza? ¿Es enojo? ¿Es decepción? ¿Es vergüenza? ¿Es miedo? Cuando digo «dile que se vaya» es cuando tomas el poder teniendo conocimiento y consciencia de la emoción, en vez de permitir que te atrape y te paralice en algún lugar oscuro.

Escribí este poema hace tres años. Si lo reescribiera, le pondría el siguiente título: «Si las emociones llaman a tu puerta». Así validaría tanto las emociones positivas que llaman a tu puerta como las negativas. Así que si te tienes que tomar un té con una emoción negativa, adelante. Y si te tienes que tomar un té con una emoción positiva, adelante también.

Date permiso para sentir la emoción. Y recuerda que no hay nada de lo que avergonzarse por tener que vivirla. No te juzgues por tener que trabajar algún aspecto. A veces, cuando se nos hace evidente que hay una emoción con la que tenemos que lidiar, entramos en un estado de pánico y nos quedamos atontados. Cuando fui a terapia por primera vez, la terapeuta me hizo ver algunos traumas infantiles que no era consciente de que vivieran en mi interior. Tuve muchos momentos en los que pensé: «¡Tendré que esforzarme mucho! ¡Ojalá no supiera todo esto!». Es como cuando eres consciente de aquello que tienes que trabajar, y no puedes negar su existencia ni revertir la consciencia de que existe. Así que este trabajo conlleva que te esfuerces un poco. Y hay personas que no quieren hacer ese trabajo. Metafóricamente, cuando le abres tu puerta interior a una emoción en concreto, te das cuenta de que esta emoción está esperándote para tomar el té contigo. Y habrá momentos en los que te arrepientas de habérselo servido. Porque piensas que servírselo es lo que ha hecho que sea tan doloroso. Pero no es verdad. El dolor estaba allí, y se hubiera quedado hasta que hubieras hablado con él y hasta que lo hubieras sentido. Siéntete agradecido por haber descubierto que existe, porque ahora lo puedes curar y vivir sin él. Juzgarte por llevar esa emoción dentro no hará que se vaya. Tenerle miedo no hará que se vaya. Solo cuando lo entiendes y escuchas lo que te quiere decir, puedes sentirlo. Y cuando lo haces, dejas que se vaya.

Lo único que queremos es curarnos.
Queremos llegar cuanto antes al destino de la sanación.
Olvidamos que la sanación sucede
en ese camino hacia la sanación.
En todos los caminos que tomas.
Y en todas las paradas que haces.
En todas las personas que conoces.
Y en todas las lecciones que aprendes.
En todos los paisajes que ves.
Y en todas las montañas que subes.
Deja de correr.
Cuando te obsesionas con el destino
te pierdes el trayecto.

PILAR N.º 2: Deja de acumular deudas emocionales

¿Leer este título te sentó como una patada en el estómago? A mí sí que me sentó como una patada cuando lo visualicé así. Cuando estaba escribiendo el capítulo del perdón, no dejaba de preguntarme: «¿Cuánto retrocedo en el tiempo?». Porque, con los años, había dejado que penas y traumas no resueltos se acumularan, sin sentir las emociones que me exigían que sintiera. No tenía ni idea de por dónde empezar. Y como no sabía por dónde empezar, estuve muy tentada de ni empezar. Tuve muchas tentaciones de cerrar el diario y salir con quien fuera. Ayudar a quien fuera. Pasarme todo el tiempo que quisiera haciendo cosas para los demás. Pero tenía que hacer las paces con algunas realidades que había mantenido en mi interior, en un rincón oscuro, cuya existencia solo quería olvidar. ¿Te acuerdas de esa habitación en tu casa o esa esquina donde pones las cosas con las que no quieres lidiar? Y siempre es con la esperanza de que un día, cuando tengas tiempo, las ordenarás. Y, cada vez que te acuerdas de ello, tienes un pequeño ataque de pánico por dentro. Esto es justo lo mismo. Se te están acumulando las emociones allí.

Vamos a entender rápidamente la relación entre los sentimientos y las emociones. En primer lugar, un sentimiento es un producto del significado que tu cerebro da a la vivencia de una emoción. Por ejemplo, la decepción (una emoción) se experimenta cuando sientes que algo que esperabas que pasara no pasa. La ansiedad (una emoción) se experimenta cuando sientes que pasará algo malo, y se te mezcla con la incertidumbre de no saber qué es lo malo que va a suceder.

En segundo lugar, los sentimientos se experimentan de forma consciente, mientras que las emociones se pueden experimentar de forma consciente o subconsciente. Este es el motivo por el cual a veces no sabes determinar lo que te está pasando, y que te está causando un alboroto interno. Tu cuerpo experimenta la emoción, mientras que tu mente decide qué significado conectar con la emoción.

Ahora imagínate qué pasaría si permitieras que tu cuerpo experimentara la emoción, pero tu mente no le diera un significado, porque nunca se tomó el tiempo necesario para valorar qué le estaba pasando realmente por dentro. La emoción persistiría. Y, al final, te acabaría controlando. Por eso es importante tomarse el tiempo necesario para entender qué emociones estás experimentando, y así tu mente pueda asignarles significados. Solo entonces serás capaz de sentir las emociones y soltarlas.

¿Cuál es el primer paso para entender tus emociones? Date permiso para ser humano y experimentarlas cuando te visiten. Cuando empecé a revisar el primer borrador de este capítulo me di cuenta de que no había incluido las emociones positivas. Darme cuenta de la poca experiencia que tengo con las emociones positivas fue un momento agridulce. Las emociones negativas me eran familiares, predecibles y seguras. Mientras que lo contrario era arriesgado. Era peligroso. Y tenía un miedo subyacente asociado con aceptar que me merecía las experiencias a las que me pudieran llevar las emociones positivas.

Es tan arriesgado vivir emociones positivas como vivir emociones negativas. Pero somos más propensos a elegir las negativas en detrimento de las positivas si ya sabemos qué esperar de las negativas. Por eso, por ejemplo, aquellas personas que provienen de casas desestructuradas son más propensas a caer en relaciones en las que reciben abusos sin percibirlos como abusos. Les resulta familiar, pero no por eso deja de ser doloroso.

SUMISIÓN N.° 2: EXPRESA GRATITUD POR LAS EMOCIONES POSITIVAS

Es más probable que nos centremos en la presencia de emociones negativas y subestimemos las positivas porque no nos tomamos el tiempo necesario para abrir también la puerta a esas emociones positivas y sentirlas realmente, reconocerlas y agradecerlas. Nuestra tendencia a ser más propensos a percibir lo negativo que lo positivo en la vida tiene el nombre común de sesgo de negatividad. Si a ti te pasa, no pienses que eres un bicho raro o que tienes algún defecto. Desde el punto de vista evolutivo, el sesgo de negatividad servía para mantenernos alerta ante el peligro y poder así sobrevivir. Y hemos arrastrado este sesgo con nosotros hasta la actualidad. Poder superarlo requiere ir contra natura en cierta medida, y practicar activamente el reconocimiento de lo positivo. Tienes que entrenarte para ver lo positivo.

Lo que a mí me ayudó a acoger las emociones positivas fue un ejercicio que mi amiga Brittany y yo prometimos que haríamos cada día. Nos mandamos una nota de voz que incluya tres cosas por las que estamos agradecidas. Esas tres cosas pueden ser lo mismo cada día. Pueden ser tan simples o tan complicadas como tú las vivas. Este ejercicio tan sencillo y corto (no ocupa más que de tres a cinco minutos) ha transformado mi ser. Me hace buscar las emociones positivas y me hace escuchar si alguien llama a la puerta de mi interior, y finalmente me hace abrir la puerta. Este es un ejercicio muy sencillo que puedes hacer con otras personas o a solas. Puedes anotarlo en tu diario o decírtelo a ti mismo en el espejo.

SUMISIÓN N.º 3: CAMBIA LA PREGUNTA

Cuando mi amiga y yo estuvimos practicando la expresión de gratitud, las dos nos dimos cuenta de que cada vez éramos más conscientes del lenguaje con el que nos hablábamos la una a la otra. Un día, poco después de haber empezado esta práctica, Brittany me dijo que había descubierto el concepto de las «preguntas ideales» de Christie Marie Sheldon. Hacerse «preguntas ideales» es una manera inteligente de engatusar el cerebro para que busque lo positivo. En vez de decirte: «¿Por qué no puedo ser atractiva?», te preguntas: «¿Por qué soy tan atractiva?».

Expresar una pregunta en positivo hace que tu cerebro busque pruebas para contestar a tu duda. Así que, si te preguntas por qué eres tan atractiva, tu cerebro te aportará pruebas de tu belleza a lo largo del día. Y, si te haces una pregunta en negativo, tu cerebro buscará lo negativo. Es una idea brillante, y tienes que probarlo.

Aquí tienes otro ejemplo. En vez de decir: «¿Por qué tengo una vida tan solitaria?», pregúntate: «¿Por qué estoy rodeado de tantas personas que me quieren?».

Ahora te toca a ti. Anota las preguntas negativas que te formulas a lo largo del día, y luego replantéalas en positivo.

PILAR N.º 3: Acepta lo que hay, incluso si estás intentando cambiarlo

Parte de la rendición es aceptar la realidad. Esto significa valorar y entender correctamente dónde estás actualmente. Esto significa dejar de pensar: «Pero no debería ser así», o «Pero debería ser de esta manera». En vez de eso, di: «Es lo que es».

Uno de los momentos decisivos de mi vida fue cuando me di cuenta de que el motivo por el cual me aferraba a hombres que no me ofrecían nada era mi ego. Es decir, la historia que me contaba sobre mí misma, de que no valía la pena estar conmigo. Tuve que desafiar mi propia hipocresía. Realmente, no estaba enamorada de Noah, ni siquiera me gustaba. Estaba enamorada del reconocimiento que recibía cuando él aceptaba lo que yo tenía que ofrecer. Porque, de algún modo, me hacía sentir que lo que tenía que ofrecer valía la pena, lo cual hacía que yo valiera la pena.

Pasemos ahora a un momento que viví con Adam, el chico con el que empecé a verme unos meses después de mi última interacción con Noah. Dejé atrás esa historia y estaba haciendo un esfuerzo intencionado para frenar el patrón de demostrar mi valor a los demás. Paseando por el parque y hablando de relaciones pasadas, Adam me miró y me dijo:

—A ver, explícamelo porque me está costando entenderlo. ¿Cómo te aferras a alguien que no te quiere? ¿Cómo te aferras a alguien con quien nunca tuviste una relación? Porque yo, si alguien no me quiere, ni me esfuerzo en gustarle.

Esta es la misma pregunta en la que mi editora me pidió que

reflexionara cuando estaba escribiendo sobre Noah. Es la misma pregunta que hizo que sintiera, durante dos semanas, que escribir era una carga. Porque no quería afrontarlo. Estaba sufriendo, me estaba resistiendo y juzgando a la vez.

El motivo por el cual no quería responder a esta pregunta era que me daba miedo hacer las paces con lo que realmente pensaba. Para mí, era fácil decir: «Me hizo luz de gas. Me manipuló. Solo quería mi atención». Y todo esto es verdad.

Pero...

Esto no es lo que me resistía a aceptar ahora. Eso ya lo había aceptado y ya había sentido su dolor.

Pero había un nivel de emociones más profundo que aún no me permitía aceptar. Y este es el motivo por el cual aún lo llevo profundamente escondido dentro de mí. Por este motivo aún me perturba oír su nombre. O que me lo recuerden.

Miré a Adam y le dije:

—No lo entenderías, porque tú eres una persona muy segura. —Nota: esta es una gran verdad de Adam, y uno de los principales motivos por los que me atraía—. Yo no he tenido este tipo de seguridad nunca en mi vida. Llevo toda la vida teniendo que demostrar a todo el mundo que merezco que me quieran.

Esto solo rascaba la superficie. Me empecé a poner como loca pensando en el tema y noté una presión en el pecho.

Le solté la mano a Adam porque sentí ansias de huir. Ansias de no abrirme. «Pero ¿por qué tengo que hablar de este tema?», pensé. En el contexto de la habitación de la rendición, me estaba resistiendo a ser vulnerable. Me estaba resistiendo a abrirle la puerta a la emoción positiva de la conexión con Adam.

Pero Adam me envolvió con sus brazos por detrás y me susurró a la oreja:

—¿Puedo decirte algo?

—Sí —dije.

Te prometo que no me lo invento. Dijo:

—Vale la pena estar contigo.

En ese momento sentí como si en mi interior mi corazón se pusiera a llorar. Esas eran las palabras que llevaba tanto tiempo repitiéndome yo. ¿Y sabes por qué me molestó tanto toda la situación con Noah? Porque me decepcioné. Me sentí engañada. Sentí que podría haberlo evitado. Así que, ¿por qué caí en la trampa de lo que sabía que estaba mal? Estaba viviendo una mezcla de profunda humillación, bochorno, vergüenza e inseguridad. Todas esas emociones las estaba experimentando mi cuerpo, pero no tenían voz. Y por eso me sentía nerviosa, enojada, dolorida y dañada cada vez que se pronunciaba el nombre de Noah, o me venía un recuerdo de él. Oculté todo esto centrándome en sus defectos. Porque era más fácil.

Pero ¿enfrentarme a mi propia realidad? Esto sí era difícil. Así que me resistía a hacerlo.

Volvamos allí donde nos quedamos.

Miré a Adam. Notaba cómo la frustración me borboteaba hacia la superficie. Y dije:

—¡No me gusta hablar del tema porque siento como si me decepcionara a mí misma! ¡Me da mucha vergüenza hablarlo porque suena estúpido! ¿Por qué me aferré a alguien que no me daba nada, aparte de unas pocas palabras bonitas de uvas a peras? ¿Por qué me aferré a alguien que claramente me dijo que, aunque yo le gustaba, no estaba preparado? ¿Por qué me aferré a alguien que a menudo me animaba a ser vulnerable, pero que me acabó dejando y diciendo que el hecho de que yo fuera vulnerable era demasiado para él?

Sabía cómo hacer las cosas mejor. Pero no quería verlo. No dejaba de poner excusas que encajaran con la historia que quería ver.

Cuando acepté la realidad tal y como era (las emociones que

realmente estaba experimentando), en vez de lo que quería que fuera (culpar a Noah por mi dolor), esa rendición en sí dejó espacio para que pudiera sentir otras emociones.

Noah no era nada. No era nadie. No creo ni que me importara. Me importaba cómo me sentía yo como resultado de que él fuera él. Y su rechazo me sirvió para creer que no valía la pena estar conmigo.

Y la preciosa ironía de soltar la resistencia sobre esas emociones negativas fue que, a la vez, estaba soltando la resistencia para poder experimentar una emoción positiva: la conexión.

Sé que a estas alturas te estarás preguntando si la historia con Noah siguió de alguna forma. Seguramente estés esperando un final dramático que implique su vuelta a mi vida. Este final no llegó nunca. El desenlace final no dejaba lugar para ningún tipo de cierre por su parte. Me tomó por sorpresa de tal forma que me empujó a revivir un pasado del que pensaba que me había curado. Me pasé días, incluso semanas, reviviendo el dolor del momento en el que pasó de hacerme sentir luz a hacerme sentir oscuridad. Tuve la sensación de estar despidiéndome del final feliz que tantas ganas tenía de vivir, incluso antes de empezar.

Tuve que aprender, por las malas, que cuando no paras de intentar cambiar el final, lo único que consigues es que termine peor de lo que acabó la primera vez. Y la respuesta que llevaba tanto tiempo buscando me llegó cuando dejé de buscarla fuera de mí. ¿Por qué una «casi» relación me causó tanto dolor durante más tiempo del que pensaba que debería? He aquí la respuesta: estaba tan obsesionada con el final feliz, que olvidé asegurarme de que los personajes adecuados estaban en su sitio. Y ni siquiera hice un casting para los papeles de esos personajes. Estaba tan desesperada por el final feliz, que dejé que cualquiera representara ese papel. Y si no hubiera sido Noah, habría sido otra persona como él. Porque mi final feliz se basaba en que yo pudiera demostrar que me merecía «eso» en vez de creérmelo primero. Mi final feliz era «eso», en el futuro, haciendo que me lo diera otra persona. Consistía en que otra persona me construyera dentro de sí una casa para mí. Mi final feliz se basaba en otras personas, no en mí.

Y durante mucho tiempo estuve convencida de que la historia tenía que acabar de la manera que yo pensaba que tenía que acabar. Por eso, cada vez que se acababa, yo retrocedía. Era como una apuesta en la que perdía cada vez. La verdad es que, a veces, los finales felices empiezan cuando alguien te deja. A veces, es mejor que no te den un motivo. Por muy duro que sea, te empuja hacia la necesidad desesperada de llegar a tu casa.

Yo no alcancé de la nada este nivel de resiliencia, fuerza y de sentirme como en casa conmigo misma. Fue a partir de los peores momentos que he vivido. Siendo el abandono mi mayor miedo, fue en los momentos de abandono en los que entendía que cuando construyes tu casa en otras personas, les das el poder de dejarte sin casa. Sobrevivir y superar esos momentos me empujó a empezar a construirme mi casa en mí, empezando por los cimientos. Ladrillo a ladrillo. Pared a pared. Pilar a pilar. Y la decoré como quise.

Si aquellas personas que me abandonaron me hubieran permitido alquilar un espacio en su interior, nunca habría tenido la necesidad de construirme mi propia casa. No hubiera atendido a las emociones que ansiaban que las sintiera. Construir un hogar en otras personas nos distrae del verdadero trabajo que tenemos que hacer para nosotros, en nosotros. A la vez, evita que nos rindamos a las emociones que tenemos que sentir.

PILAR N.° 4: Deja de intentar cambiar el final

Hay finales que son así y tienen que ser así. ¿Por qué me mortifican tanto los finales? ¿Será porque me aferro a la tristeza? ¿Será porque no estoy contenta conmigo misma? Yo creo que es eso. No estoy feliz conmigo misma. Son muchas las cosas que me hunden en una espiral, incluyendo la sensación de no haber logrado lo suficiente, como si aún tuviera que demostrar mi valor. Y esto hace que me cuestione todo lo que hago. Me planteo por qué cada vez que publico cosas, hay una parte de mí que quiere que el mundo diga: «¡Uau! ¡Mira qué maravilla lo que ha hecho!». Y no es porque tenga demasiado orgullo, sino porque me siento demasiado pequeña. Y creo que en parte es porque no lo tuve durante mi infancia. Y luego sí que lo tuve a través de las redes sociales y de la escritura. Y me sentó muy bien que por fin se me reconociera y se me viera. Tal vez *ver* es la palabra más adecuada. Y tal vez yo no me pueda ver si no me ve otra persona. Y tal vez este sea el motivo por el que cuando estoy triste pienso en todas las personas que no me han visto. Es como que… quiero cambiar el final de esas historias. Así que lo junto todo. Tomo todas las historias con finales malos, o finales que me hacen sentir que no soy suficientemente buena o que no merezco ser vista o querida. Y las junto todas y entro en un agujero. Y no sé cómo salir.

Esto lo encontré en mi diario. Recuerdo que lloré el día que lo escribí. Ese fue un momento de rendición.

Y aunque estar en ese agujero era solitario y oscuro, era exactamente lo que necesitaba. No estaba tirando la toalla. Me estaba rindiendo ante la realidad. La estaba aceptando. La estaba viendo. Porque en ese estado me podía ver a mí misma. Me podía escuchar. Podía reconocer de veras que no me podía ver si no me veía otra persona. Sin un logro. Sin un elogio externo. En ese agujero sentía el dolor. Solté mi resistencia al dolor. Lloré en vez de quedarme serena. Solté la resistencia de verme a mí y a mi realidad. Y, lo más milagroso de todo, es que pude darme un toque por juzgarme a mí misma. Y pude mirarme con empatía en vez de lanzarme un regaño humillante. En ese momento de rendición, se me empezó a desvelar la verdad..., la verdad de que lo que me dolía no eran personas en concreto, o reveses, o decepciones. Lo que me dolía era ese mismo final. El final que me demostraron cada una de esas historias y personas de que yo no valía. Que era menos. Que no era lo suficientemente buena. No solo se me desveló la verdad, sino que el nivel de empatía con el que me hablé a mí misma fue alucinante. Me resultaba algo desconocido. En vez de decirme: «Te merecías este tipo de final», me dije cosas como: «Aceptaste ese final porque es el único final que conoces. Y te resulta familiar».

SUMISIÓN N.º 4: PONLO POR ESCRITO

Escríbelo todo. Desde mi punto de vista, la belleza de escribir es la libertad y la liberación que te aporta. Ábrete, abre tu dolor y tus emociones y responde a esta pregunta: ¿cómo te sientes realmente? A ver dónde te lleva. Aquí te dejo un consejo: que no te preocupe la calidad de lo que escribes; que no te preocupe si alguien ve lo que has escrito. No lo edites. Deja que se quede tal cual. Si te encuentras juzgándote o preguntándote cómo se leerían tus palabras, fuérzate a seguir, porque estas son formas en las que se manifiesta la resistencia a la rendición.

~

Deja de empeñarte en cambiar el final de esa historia. Es un final, no el final. Especialmente si te lleva a la misma conclusión sobre ti: «No soy suficientemente bueno», «No vale la pena estar conmigo», etc. No hagas que el final de una historia sea el final de tu historia.

~

A tu libro le quedan muchas páginas

El poema que hay a continuación describe específicamente los finales en mitad de las historias, los golpes emocionales y las sorpresas con los finales felices que pensábamos que tendríamos con otras personas.

> *Lo que hace que sientas*
> *que te están dejando*
> *el capítulo por la mitad*
> *es en realidad que a su pluma*
> *se le ha acabado la tinta,*
> *que a su corazón*
> *se le ha acabado el amor por ti*
> *que su hogar*

se ha quedado sin espacio para ti.
Pero qué bonito
poder acabar la frase que se quedó a medias.
Poder acabar las páginas que se quedaron en blanco.
Poder escribir el final del capítulo.
Qué bonito
que puedas
pasar la página
y empezar un nuevo capítulo.
Un capítulo que diga:
Bienvenido a casa.
Te he estado esperando.

Una parte de la rendición es no volver para revisar el acontecimiento que desencadenó el dolor. Eso, en sí, es resistencia. Aceptar el final de una historia significa verlo como parte de tu trayecto, no tu destino final. Este es el motivo por el cual hay personas que se quedan atascadas durante meses, años o incluso décadas en el final de una historia. No dejan de hablar de cómo su vida hubiera sido tan y tan diferente si esa historia no se hubiera acabado como lo hizo. Se obsesionan mucho lamentando lo que podrían haber hecho de forma distinta para que la relación funcionara.

En uno de mis viajes a Los Ángeles tomé un Uber para ir a un evento. Los desconocidos suelen abrirse conmigo en cuestión de unos pocos minutos después de haber empezado alguna conversación trivial. La conductora, llamémosla Linda, me preguntó a qué me dedicaba. Le conté que escribo. Le leí uno de mis poemas sobre saber soltar, y en seguida me dijo que eso era exactamente por lo que estaba pasando ella. Le estaba costando mucho soltar a alguien a quien quería. Resulta que hacía diez años había conocido a la persona que ella consideraba que era el amor de su vida. De hecho, mientras hablábamos, aún lo creía. Dijo que la relación se había acabado porque ella era demasiado insegura.

—Él me quería. Pero yo lo arruiné. ¿No podía haberme limitado a dejar las cosas tal y como estaban? Me obsesioné pensando en él y en dónde estaba… En lo que sentía por mí.

Me dijo que se pasaron unos años dejándolo y volviendo otra vez, y que la última vez que lo vio fue por casualidad, en el parque. Él se había casado y tenía dos hijos. Me dijo que aún no era capaz de soltarlo porque había sido lo mejor que le había pasado en la vida.

Si la tristeza sonara de una forma concreta, así es como sonaba ella. Estaba atascada viviendo en el pasado. Me dijo que, de las personas que había conocido, nadie se podía comparar con él.

—En mi cabeza, siempre vuelvo a él. Me pregunto cómo habría sido la vida a su lado. Me pregunto qué hubiera pasado si hubiera hecho las cosas de otra manera.

Esto es lo que le conté a Linda, y si tú también estás pasando por la misma situación en estos instantes, escúchame bien: no habrá dos personas que sean exactamente iguales. Si amaste a alguien, entiende que no pasa nada si cuando amas a otra persona no sientes lo mismo. Esto no significa que sea algo malo para ti. Simplemente significa que es algo nuevo. Puede que sea algo desconocido, y no pasa nada. Buscar a una persona del pasado en alguien nuevo hará que siempre acabes con una sensación de derrota. No es justo imponerle este patrón a la nueva persona. Además, pensar que lo mejor de tu vida pasó en el pasado hará que dejes de creer que vendrán cosas buenas. Y todo gira en torno a la manera de pensar. Cuando aprendas a no convertir «un» final en «el» final, verás la vida como una serie de inicios y finales que te llevan a tu hogar.

En *Sparks of Phoenix* escribí:

Todos los sitios que te han soltado
te están llevando a tu hogar.

PILAR N.º 5: Ríndete a lo conocido
para abrir la puerta a lo desconocido

Si tú no quieres estar contigo, nadie que quiera estar contigo será suficiente para ti. La mejor prueba de ello es que nos obsesionamos con todas y cada una de las personas que nos han «abandonado», o que han decidido marcharse, y luego apartamos a aquellos que quieren estar con nosotros. Y sí, podríamos decir que los apartamos por miedo pero, ¿es realmente miedo, o los apartamos por la impredecibilidad de la estabilidad? ¿Es miedo, o es que no habíamos experimentado la estabilidad nunca antes? ¿La estabilidad nos resulta desconocida?

Cuando la gente me pregunta:

—¿Por qué siempre atraigo a las personas equivocadas?

Siempre respondo:

—No es que estés atrayendo a las personas equivocadas. Es que te atraen las personas que te resultan conocidas, aquellas que hacen que les supliques para que te dejen quedarte en su casa porque, de algún modo, piensas que ganarte ese lugar será tu final feliz. Reconoce que acabar con ese tipo de personas no te aportará felicidad. Lo que te aportará felicidad será que elijas dejar de formar parte de esa trama. Toma las riendas de tu propio camino. Reconoce que estar en casa contigo es más importante que ser acogido en una casa ajena. Cuando el camino te resulta demasiado conocido, ha llegado el momento de cambiar de dirección.

Y voy a decirte algo más: si aquello que te resulta conocido lucha por ser visto, no es normal. Si aquello que te resulta conocido lucha por ser escuchado, no es normal. Si aquello que te resulta conocido lucha por ser querido, no es normal. Tienes que hacer que «ser visto» te resulte conocido. Tienes que hacer que «ser escuchado» te resulte conocido. Tienes que hacer que «ser querido» te resulte conocido.

SUMISIÓN N.º 5: CUESTIÓNATE TU «NORMAL»

Tu corazón se adapta
al dolor
igual que tus ojos se adaptan
a la oscuridad.

Visualiza la siguiente situación: estás sentado en una habitación por la noche, las luces están encendidas, puedes verlo todo claramente. De repente, se va la luz. No ves absolutamente nada de lo que te rodea. Hay más oscuridad que en la boca del lobo. Por un momento imagina que no tienes ningún dispositivo electrónico cerca para encender la luz.

Al principio, tus ojos no ven nada de nada. Pero, poco a poco, empiezas a ver las sombras de los objetos. Tus ojos se empiezan a adaptar a la oscuridad y ves partes de la habitación que antes no podías ver. Llegas hasta el punto de poder moverte por la habitación. Puede que te salga algún moretón por aquí o por allá, pero lo puedes soportar.

Ahora retén esta sensación un momento.

Volvamos a aquello de lo que te hablaba antes, cuando había algo que llamaba a tu puerta. Y cada vez sonaba más fuerte. Y, cómo lo «muy fuerte» se convertía en «fuerte». Y cómo lo «fuerte» se convertía en «normal». Después de un tiempo soportando cualquier cosa, por muy mala que sea, empiezas a ser capaz de sobrevivirla. Y, al cabo de un tiempo, te dices: «Si soy capaz de sobrevivirlo, puedo progresar estando en esta situación». Y se convierte en tu normalidad. La mayoría de las personas asumirían que esto solo pasa en las relaciones abusivas. Pero pasa en relaciones de todo tipo, incluso en tu relación contigo mismo.

∽

Si colocas tu corazón en una casa ajena, se adaptará a las condiciones de esa casa. Si lo colocas en tu propia casa, se adaptará a las condiciones de tu hogar.

∽

Así que también podemos decir:

Tu corazón se adapta
al dolor
igual que tus ojos se adaptan
a la oscuridad.

Ya sé lo difícil que es aceptar lo desconocido. Sentirás cómo tu cuerpo se resiste a ello. Sentirás que tu cuerpo siente aún más dolor cuando intentes hacer que lo desconocido sea conocido. Y puede que esto te convenza de que vas por el mal camino. Puede que te convenza de que tienes que dar media vuelta e intentar cambiar desenlaces pasados, tal y como habías hecho siempre.

Y te encontrarás, igual que me pasó a mí, volviendo a aferrarte al dolor conocido de luchar por ser vista, escuchada y querida, porque ese dolor es más soportable que el dolor de lidiar con lo desconocido.

¿Ahora lo ves?

Nunca ha consistido y nunca consistirá en si alguien te quiere o no. Consiste en entender que quererte a ti es tu máxima prioridad. Así que hasta que tú puedas ver que vales la pena, que otra persona vea que vales la pena, no hará que sientas que vales la pena. Seguirás echándote a los brazos de aquellos que te confirmarán lo que ya sientes sobre ti.

¿Te acuerdas de cuando te dije que el dolor se vuelve más intenso cuando intentas avanzar hacia lo desconocido, en vez de continuar con lo conocido? ¿Y cómo puede convencerte de que tienes que dar media vuelta y volver con lo conocido, aunque pueda ser dañino? Sentir ese dolor tan intenso al principio te dice: «¡Vas por el mal camino! ¡¡¡Da media vuelta!!! ¡¡¡No queremos sentir eso!!!». Pero te prometo que sentir ese dolor con esa intensidad es una señal fantástica que te dice que vas por el buen camino para llegar a casa. Es tu propia alma llorándote porque te necesita desesperadamente. Es tu propia alma destrozándose, prendiéndose fuego para renacer de las cenizas de la persona sintecho que fuiste, para ser la persona con techo que quieres ser.

El metal se pone a altas temperaturas para poderse transformar. Los diamantes se forman con miles de millones de años de calor y presión intensas. Tú no te transformarás sin esforzarte. Sin rendirte ante el dolor. Sin arriesgarte. Y tendrás que confiar en que vale la pena arriesgarse por aquello que te resulta desconocido a nivel espiritual, pero saludable a nivel intelectual. Vale la pena confiar.

En la introducción escribí sobre ese momento en mi vida en el que sabía todo lo habido y por haber acerca del amor propio, pero que no lo estaba aplicando a mi vida. Esta es la aplicación.

Piensa en un niño malnutrido al que lo fuerzan a comer durante un día una cantidad de comida saludable. Su sistema lo rechazará al principio porque le resultará muy abrumador. Se necesita tiempo. Tendrá que acostumbrarse a comer una cantidad y calidad determinada de comida.

Lo mismo ocurre con aceptar lo que te resulta desconocido. Se requiere tiempo. Hace falta adaptarse. Hace falta entender que no pasarás de creer que no te mereces un hogar a construirte uno y sentirte en casa de la noche a la mañana.

Cuando miro hacia atrás, veo que aprendí a sobrevivir con las sobras de amor y atención de los demás, hasta tal punto que me creí que eso era lo único que me merecía. Y, por ese motivo, en mis años como adulta no tenía clara la cantidad de amor y de atención que me merecía. Consecuentemente, de forma inconsciente, me aferraba a mucho menos de lo que me merecía, porque pensaba que era más de lo que podría llegar a tener en mi vida. Cuando descubrí esta creencia inconsciente, fui capaz de trabajarla activamente de forma consciente.

SUMISIÓN N.º 6: ELIGE TU NUEVO «CONOCIDO»

Utiliza esta sumisión para reflexionar acerca de los pensamientos, emociones, acciones y relaciones conocidas que tienes. Redirige tu energía hacia lo que quieres que te resulte conocido. Este proceso te permitirá identificar lo desconocido como simplemente desconocido, y lo nuevo no te dará miedo.

Pregúntate (los ejemplos de respuestas están entre paréntesis):

1. ¿Qué me resulta conocido? (Plantéatelo como: ¿qué crees que te llega de forma natural?)

    ¿En qué pensamientos caigo constantemente? («Nunca lograré…»)

    ¿Qué emociones busco? (¿Negativas? ¿Positivas?)

¿Qué acciones perpetro a menudo? («Procrastino. No me concentro en una sola cosa a la vez. No me priorizo a mí.»)

¿Qué relaciones tengo en mi vida? ¿Qué he descubierto de las personas a las que he dado la bienvenida a mi vida en el pasado, las personas que quiero tener en mi vida ahora y las personas que están actualmente en mi vida? («A menudo voy tras personas frágiles o que no están preparadas para una relación. La persona que quiero tener en mi vida no está disponible para mí. Normalmente, acepto menos de lo que me merezco porque no quiero estar solo. Suelo construir mi hogar en la persona con la que tengo una relación.»)

2. ¿Qué me resulta desconocido, pero necesito que me resulte conocido? (Plantéatelo como: ¿qué quieres que te llegue de forma natural?)

¿Qué tipo de pensamientos quiero tener? («Puedo conseguirlo.»)

¿Qué tipo de emociones quiero buscar? (¡Positivas!)

¿Con qué acciones me quiero comprometer? («Quiero hacer mi trabajo a tiempo. Quiero concentrarme en una cosa detrás de otra. Quiero priorizarme a mí.»)

¿Qué tipo de relaciones quiero en mi vida? («Quiero dar la bienvenida a personas íntegras y que se sientan como en casa con ellas mismas. Quiero dar la bienvenida a personas que estén preparadas para una relación. No quiero sentir la necesidad de tener a alguien en mi vida para sentirme completo. Quiero centrarme en construirme un hogar en mí.»)

Las emociones positivas incluyen la alegría, la esperanza, la inspiración, el alivio, el cariño, el amor, la confianza en sí mismo y la felicidad. Puede que te suenen como las que adoptas normalmente, pero a menudo las pasamos por alto. Es probable que abunden más las emociones negativas que las positivas. Rendirse ante las emociones positivas requiere reconocimiento y gratitud. Si expresas gratitud hacia aquello que ahora ya te dan estas emociones, empezarás a encontrar más oportunidades para sentirlas. Si te sientes en casa contigo mismo serás capaz de bajar la resistencia hacia las emociones positivas que llaman a tu puerta, y que están esperando que las veas. Y serás capaz también de soltar la creencia de que no te mereces experimentar estas emociones positivas.

El mejor ejemplo que te puedo dar es cuando llega a tu vida alguien que realmente te trata bien. Que no juega contigo. Que te proporciona atención y es considerado con tus sentimientos. Que respeta tus límites. La emoción a la que te estás resistiendo en este caso es el amor, porque te resulta desconocido. Y lo apartas. Dejas que siga llamando a la puerta. Hasta que se va.

PILAR N.º 6: Ríndete a través de la vulnerabilidad

La palabra *vulnerabilidad* empezó a formar parte de mi vocabulario a los veinte años. En árabe no hay ninguna palabra concreta para este concepto. La mayoría de los equivalentes incluyen una connotación de «debilidad» en la definición. La definición más común que he encontrado en mi búsqueda es «fácil de herir». Dicho de otra forma, estás expuesto, de alguna forma. Lo que normalmente te protegería, no está.

En la habitación de la rendición, la vulnerabilidad es un elemento clave. Es importante abrirles la puerta a las emociones positivas y negativas. Es importante admitir que puede que te hayas decepcionado a ti mismo. Es importante admitir que tienes trabajo por hacer en ti. Es importante admitir que hay personas a las que tienes que soltar. Es importante admitir que podrías haberlo hecho mejor con lo que sabías. Es importante admitir que te estás cegando conscientemente ante una emoción positiva que llama a tu puerta. No es debilidad. Es valentía, es coraje. Y el origen de la palabra *coraje* lo encontramos en latín *cor*, que significa «corazón, como la sede de las emociones».

¿Verdad que es bonito pensar que el acto de valentía, de coraje, de enseñar tu corazón a los demás, requiere que te expongas emocionalmente? ¿Que te desveles? ¿Que seas vulnerable? ¿Que estés abierto a que te hagan daño? Somos muchos los que nos centramos demasiado en la parte del dolor. ¿Y si te dijera que de la misma forma que te abres ante el dolor, también te abres ante la autenticidad? ¿La conexión? ¿El sentimiento de pertenencia? ¿Al amor? ¿A un hogar?

Este proceso de desvelo, de apertura, puede ocurrir a varios niveles, de varias formas. Ya te hablé de cuando decidí quitarme el hiyab, pero no te he contado toda la historia. Así que volvamos al momento que lo cambió todo para mí.

Una noche estaba sentada en mi casa en absoluto silencio. No tengo televisión. En ese momento me rendí ante el silencio. Cerré los ojos e imaginé qué diría una biografía mía dentro de cien años.

Me imaginé una página con una imagen en la parte superior. Y las primeras palabras decían: «Najwa Zebian cambió el mundo con…».

Pero espera un momento, la foto. La foto.

La foto era impactante.

En esa foto no llevaba hiyab.

Y me doy cuenta de que la imagen que estoy proyectando al mundo no es como me veo yo realmente. Este momento fue más bien como si me cayera un rayo y no como si se me encendiera una luz.

En ese momento, sé que tengo que hacer este cambio. Esta transición. Pero no sé ni por dónde empezar. ¿Me he vuelto débil? ¿Qué le pasó a la valentía de despertarme cada mañana y decidir llevarlo, tal y como decidí hacer después del incidente en el autobús?

De repente, parece que todo esto ya no me importe. En mi corazón, sé que quitármelo implica valentía. No libertad. Sino valentía.

Pero ¿cómo se lo digo a mi familia? ¿Cómo se lo digo a mis amigos? ¿Por dónde empiezo? ¿Qué pensarán de mí?

En el proceso de desvelo, no solo desvelé mi pelo y mi cuerpo, sino que también me desvelé a mí. Me rendí ante la verdad. La verdad de quien soy. Se me hizo muy claro viendo en el espejo quién era realmente. Se me hizo muy claro en el espejo lo que defendía. Porque ese cambio no se reducía a quitarme un trozo de tela de la cabeza. No se reducía a enseñar un poco más de piel a parte de la cara y las manos. Era un proceso para desvincular mi bondad como mujer de mi forma de vestir. Era un proceso para desligar mi valor como mujer de los centímetros de piel que me tapaba... del recato «físico». De cubrirme «físicamente». De esconderme «físicamente». Era un proceso de separar mi valor como mujer de lo mucho que intentaba no seducir a un hombre con mi cuerpo involuntariamente.

Por encima de todo, era un proceso de rendición.

Me rendía ante mi feminidad.

Me rendía ante mi cuerpo.

Me rendía ante mi elección.

Me rendía ante mi voz.

Era un proceso de abrirme la puerta a mí misma. Para poder ver mi anhelo y sentir mi anhelo. Era un proceso de dejar de juzgarme por querer que me vieran. Por querer pertenecer. Por querer que me quisieran. Por querer estar en casa conmigo.

Cuando me quité el hiyab, lo más difícil fue salir a la calle sin llevarlo. Tal y como he descrito antes, me sentí desnuda. Me sentí expuesta. Sentí que estaba pecando, llamando la atención cuando no tendría que estar llamando la atención. Pero cuando me rendí a estos sentimientos ocultos de culpa y vergüenza, se me revelaron mayores verdades. Lo que me avergonzaba no era llevar la cabeza descubierta (todo el mundo podría avergonzarse de llevar la cabeza descubierta). Me avergonzaba llevar la cabeza descubierta porque mi entorno (lo cual incluía mi religión y mi cultura) y la escuela islámica a la que fui, me enseñaron que tenía que llevar el cuerpo cubierto para ser una buena niña musulmana. A la vez, me resistía a sentir alegría, euforia, satisfacción, alivio, serenidad. No podía rendirme ante estas emociones porque las asociaba con la deshonra.

Uno de mis mayores miedos al contar mi historia era que me culparían por dar aún más motivos a la gente que tiene prejuicios contra el islam o la cultura árabe. Para responder a esta cuestión, compartiré un recuerdo. El año pasado, en una entrevista en Nueva York, una mujer levantó la mano durante la ronda de preguntas, y dijo:

—Gracias por compartir tu historia, pero yo soy una mujer musulmana de Oriente Medio y muchas de las cosas que contaste no se parecen a cómo crecí yo. Y me temo que compartir historias como la tuya perpetuará ciertos estereotipos sobre nuestra religión y cultura.

Siguió contándome, entre otras cosas, que se vestía como quería, que tenía el apoyo de su familia y que salía con chicos abiertamente.

Yo le respondí algo así como:

—Yo no tengo la intención de decir que el islam es opresivo.

Yo no tengo la intención de decir que la cultura árabe es opresiva. Yo no tengo la intención de mostrar de una determinada manera ni una cosa ni la otra. Yo tengo la intención de compartir mi historia. No estoy aquí para amplificar las voces divisorias del odio. Estoy aquí para amplificar las voces de aquellas personas que han vivido a medias, como yo. Una persona errante esperando a que alguien me acogiera en su casa. Este tipo de enajenación la viven muchas personas en todo el mundo. Pertenecen a diferentes sociedades, religiones y culturas. Es importante no quitarle valor a la historia de nadie por las vinculaciones que tenga.

PILAR N.º 7: No confundas la rendición con el estancamiento

Tengo que dejar algo muy claro. Rendirse a la realidad no significa estancarse. No significa aceptar la injusticia. Sino que significa ver la realidad tal cual es. Igual que tu objetivo en la habitación de la claridad era verte a ti y a tu vida claramente, en la habitación de la rendición, tu objetivo es permitirte experimentar la emoción que se desencadena cuando te rindes ante tu propia realidad. Experimentarla de lleno.

Si me hubiera parecido que la rendición era aceptar mi realidad injusta, me hubiera quedado callada. Pero no lo hice. Denuncié mi historia de acoso sexual y abuso de poder. Aceptar que lo que sufrí fue injusto hubiera sido rendirme a la realidad. Me rendí a sentirme decepcionada. Me rendí a sentir dolor. Y cuando lo hice, alcé la voz.

∼

Rendirte no significa quedarte en tu sitio y esperar a que el mundo
te salve. Significa rendirte al mundo que llevas dentro.
Construir esa casa en tu interior.

∼

Yo solía decir cosas como: «Estoy agradecida por el dolor que me han causado las personas que hay en mi vida porque no sería quien soy hoy sin ese dolor». Ahora, cuando lo reflexiono, me doy cuenta de lo malo que era hablar de esta forma. Pero esto es lo que sabía en aquel momento. Y tengo compasión conmigo misma por haber tenido esa creencia en ese momento, y por no saber más que eso. Así que deja que me corrija: no te sientas nunca agradecido porque alguien te haya hecho daño. Date las gracias a ti. Agradécete la resistencia que demostrarte para curarte. Agradece todas las habilidades que has adquirido para curarte del dolor que se había activado en tu interior. Nunca le des las gracias al dolor que alguien decidió lanzarte por ser como eres hoy. No es que ellos no se merezcan este reconocimiento. Recuerda que el foco no son ellos. Eres tú. Tú te llevas los méritos por ser la persona tan fuerte que eres ahora.

Quiero compartir contigo una lección que aprendí mientras estudiaba Magisterio. Este aprendizaje revolucionó mi respuesta ante todo en la vida. Cuando tratamos la gestión de la clase, hablamos de dar el nivel adecuado de respuesta a un determinado comportamiento. Existen respuestas de baja, media y alta intensidad. Por ejemplo, si un alumno está hablando mientras yo explico un concepto, una respuesta de baja intensidad sería mantener el contacto visual durante unos segundos con el alumno. De esa forma, mi reacción no es exagerada y, a la vez, cumple el propósito de hacer que el alumno ponga fin a ese comportamiento. Una respuesta de intensidad media sería dirigirme al alumno y seguir con mi explicación estando a su lado. Una respuesta de alta intensidad sería enviar a ese alumno a la oficina del director.

En este ejemplo, lo que tiene más sentido es empezar con la respuesta de baja intensidad, e ir subiendo. Sin embargo, si el comportamiento fuera un acoso hacia otro alumno, sé que tendría que subir inmediatamente a la respuesta de alta intensidad. El tipo de respuesta, básicamente, está relacionado con la gravedad del comportamiento, teniendo en cuenta que el objetivo final es crear un entorno de aprendizaje seguro. Si tomamos este modelo y lo aplicamos al sentimiento de enojo, por ejemplo, este tiene que estar al mismo nivel que los estímulos que te provocaron el enojo. Cuando te permites reaccionar al mismo nivel, evitas tener una respuesta de alta intensidad a un estímulo de baja intensidad, que es lo que sucede cuando el enojo se acumula y no se canaliza.

Y ¿cómo valoras qué respuesta es la más adecuada para cada estímulo?

SUMISIÓN N.º 7: REACCIONA CONSTRUCTIVAMENTE

Hay cierta vulnerabilidad y valentía en no ofrecer tu reacción inicial. Aunque el acto reflejo pueda mostrar nuestro ego, es importante rendirse ante el verdadero conflicto antes de reaccionar o responder. Por ejemplo, cuando publiqué por primera vez en las redes sociales una foto en la que enseñaba un mechón de pelo, una chica de mi comunidad dejó un mensaje que decía: «De musulmana a menonita. Esto es nuevo». Era innecesario que yo respondiera, pero respondí. Ese comentario me perturbó por muchos motivos. El insulto implícito hacia la comunidad menonita, por ejemplo. La comparación. La etiqueta. Que se me arrancara la identidad. Mi respuesta reflejaba amablemente esta perturbación. Sin embargo, si me hubiera tomado un tiempo para pensar mi réplica, no hubiera respondido.

Pregúntate:

1. ¿Por qué me hiere realmente este estímulo (comportamiento, comentario, etc.)?
2. ¿Qué opciones tengo para responder?
3. ¿Hace falta que responda? Esto lo averiguarás determinando si tu respuesta te aliviará el dolor que sientes.
   a) En caso afirmativo, ¿cuál es la respuesta más efectiva (¿es poderosa?), eficiente (¿vale la pena gastar mi energía en esto?) y constructiva (¿supondrá algún cambio?)?
   b) Si es que no, no respondas.

Resumiendo, rendirte no solo hará que te abras ante ti mismo, sino que también te enseñará a conservar la energía dentro de tu hogar, y a soltar la necesidad de controlar más de lo que puedes controlar realmente, en ti y en los demás.

Rendirme me permitió abrirme ante mí de formas que transformaron cómo percibo mi relación conmigo misma y con los demás. El final feliz que antes creía que solo lo sería si un hombre entraba en mi vida cambió por completo. Cuando empecé a escribir *Volver a casa* sabía que no quería que esta historia acabara con que conocería a un hombre. La mayoría de los libros de desarrollo personal tienen este final, el de encontrar el amor de tu vida. Pero este no es mi final feliz. Estar en casa es mi final feliz. Encontrarme es mi final feliz. Conocí a Adam, sí. Pero de no haberme construido mi propia casa, seguramente le habría alejado de mi vida. Porque es algo desconocido. Es seguro. Me respeta en todos los sentidos de la palabra. Respeta mi tiempo. Respeta por lo que he pasado. Respeta mis límites. Y, desde que nos conocemos, no ha dicho ni una sola vez nada con la esperanza de recibir algo a cambio. Se comunica, o sea, realmente se comunica. Él está… en casa consigo mismo. No sé lo que me deparará el futuro. Puede que un día construya un hogar con él, pero esto no hará que venda o abandone el hogar que llevo dentro.

Cada día que pasa expreso gratitud por estar esforzándome en estar en casa conmigo antes de correr a que me den la bienvenida en una casa ajena. Las páginas de mis diarios se están llenando de nuevas poesías y reflexiones acerca del aspecto del amor verdadero y del compañerismo.

Si esperas que alguien
te salve,
puedes seguir esperando
para que te recojan
y te desmenucen
en pedazos
una y otra vez
o puedes mirar al espejo
y decir
bienvenido a casa.

CAPÍTULO
7

El jardín de los sueños

En el jardín de los sueños te pasarás el tiempo regando los tuyos. Vivas donde vivas, se espera que alcances ciertos hitos y tengas tu vida organizada llegado a una cierta edad.

La batalla para lograrlo es algo universal. En esta habitación te animo a no aparentarlo hasta lograrlo. Más bien, vívelo y te llevará hasta donde tengas que llegar.

Ahora que te comparto mi historia de cómo vivo mi sueño, te recuerdo que te mantengas auténtico, original y honesto con tu historia en un mundo que te convence de que solo hay un camino hacia el éxito.

¿Estás preparado para empezar a vivir tus sueños?

Entremos.

¿Qué quieres ser de mayor?

Dime que nadie te ha hecho nunca esta pregunta.

Y aquí es donde todo empieza: la obsesión por tener que saber qué aspecto debería tener tu vida en el futuro, para poder empezar ya a trabajar para conseguirlo. Cuando iba a duodécimo curso (lo que sería como segundo de bachillerato), se suponía que tenía que saber qué trabajo quería hacer, lo cual dictaría a qué carrera universitaria me tenía que apuntar.

Una mañana le pregunté a mi madre qué quería ser yo de mayor cuando era pequeña. Sabía que lo había escrito en mis anuarios de la escuela. Tenía el presentimiento que habría escrito que quería ser profesora, pero quería asegurarme de ello.

Como era de esperar, mi madre me dijo:

—No me acuerdo muy bien, pero estoy bastante segura de que querías ser profesora.

Así era.

Quería ser como mi madre y mi padre. Ambos eran profesores. Mi madre enseñaba inglés como segunda lengua, y mi padre enseñaba filosofía y otras clases de ciencias sociales en el colegio.

Los dos daban clases en la escuela donde fui yo hasta tercero. Luego todo empezó a desmoronarse. Recuerdo que un día llegué a la escuela en autobús. Recuerdo ver policías rodeando a mi padre. Me eché a llorar porque sabía que algo no estaba bien.

Más tarde entendí que a mi padre lo corrieron de la escuela porque «hizo lo correcto». No aceptó presenciar ningún tipo de corrupción ni abusos de poder. Esto es lo que me dijeron. Pero no hubiera podido entender nada más ni aunque me lo hubieran contado. Tenía siete años.

Esto es lo que pasa con mi padre. Es funcionario público. Lo lleva en la sangre. Nunca ha traicionado su integridad para alimentar su codicia. Nunca nos faltó de nada cuando yo era pequeña pero, por otro lado, el dinero nunca se alabó en mi casa. Llevábamos una vida humilde, porque tanto mi madre como mi padre eran personas humildes. Nunca vincularon su mérito o valor al dinero. Nunca. Por eso yo tampoco lo he hecho nunca, ni lo haré. Y aunque de niña me sentí muy aislada y desprotegida, esta no fue jamás su intención. Desde su punto de vista, hicieron lo mejor para mí, teniendo en cuenta el contexto de que nuestra familia estaba dividida entre Canadá y el Líbano.

Así que, cuando te digo que quería ser profesora porque quería ser como mi madre y mi padre, es porque quería ser como ellos en todos los sentidos, no solo hacer lo que hacían ellos.

Cuando nos mudamos a Canadá parece que olvidé ese sueño. Mis padres querían que fuera dentista. Esto no es lo que quería yo. Pero rechacé mi lugar en una carrera de estudios sociales y tomé la oferta de ciencias, porque sabía que esto me haría el camino más fácil para llegar a ser dentista. Recuerdo que se me partió el corazón cuando rechacé el puesto que me habían ofrecido en la carrera de estudios sociales.

Por suerte, después de acabar la carrera en ciencias, no fui dentista. Mis calificaciones no eran suficientemente altas. Durante mucho tiempo me lo tomé como una señal de que no era lo suficientemente buena. Sé que no soy la única que equiparaba su valor con sus calificaciones. Pero entonces me quedé atascada en una carrera de ciencias a la que no quería ir sumándole nada. Así que me pregunté qué era lo que más me gustaba hacer. Mis asignaturas preferidas en la universidad fueron dos asignaturas de segundo, historia de los idiomas e historia de la medicina, y una asignatura de tercero de ingeniería genética. La primera asignatura me encantó porque aprendí sobre la globalización del inglés como idioma, y cómo ese dominio había borrado no solo otros idiomas sino también culturas enteras. Y había una pequeña activista en mí que quería hacer algo para abordarlo. La segunda asignatura me gustó porque nuestro profesor nos transmitió la historia de la medicina como si fuera una narración. Me fascinó esa asignatura. Y la tercera me encantó porque me abrió las alas de la creatividad, y me permitió pensar más allá de lo ordinario y diseñar genes.

¿Qué podía hacer que uniera el activismo, la narración y la creatividad? ¿Cómo podía aportar algún cambio al mundo? Miré qué opciones tenía para cursar después de mi carrera. Y lo encontré: mi sueño inicial, la educación.

Así que solicité un lugar en la carrera de Magisterio.

Hace cinco años, si me hubieras preguntado dónde me veía dentro de cinco años, te hubiera dicho: me imagino siendo una profesora de tiempo completo, casada con dos hijos. Por lo menos. Y ya está.

No tenía ni la más remota idea de que el sueño que estoy viviendo ahora sería mucho mayor de lo que me hubiera imaginado.

Durante mis estudios de Magisterio, aprendí, entre otras cosas, la historia de la educación, el poder de la educación, las injusticias del pasado y del presente, y el trabajo que se tiene que hacer para asegurar la inclusión de todos los estudiantes. Sentí que la activista que llevaba dentro se iba despertando poco a poco. Realmente, no me pareció que estudiar fuera aburrido. Me encantaba lo que aprendía. Estaba muy comprometida con mis estudios.

Mi primer trabajo como profesora, con un grupo de ocho refugiados de Libia que iban desde segundo hasta octavo curso, fue un momento decisivo para mi sueño. De repente, viendo su mirada (la de «¿Qué hago aquí? ¡Este no es mi sitio!»), se me despertó de nuevo la activista que sabía que quería ser. Quería cambiar la situación de mis alumnos. Cuando me puse a escribirles fragmentos motivacionales cortos para inspirarlos y que pudieran verse con mis ojos, no solo estaba dedicada a ellos en cuerpo y alma, sino que quería cambiar la educación por completo. Quería cambiar la manera como los educadores verían a sus alumnos. Quería cambiar cómo se veían los alumnos a ellos mismos. En retrospectiva, estaba luchando por todo lo que mi yo de dieciséis años hubiera deseado tener.

Estaba dando clases de tiempo completo, haciendo el posgrado de educación de tiempo completo, dando clases particulares los siete días de la semana y enseñando árabe en una escuela los sábados. ¿Y sabes qué es lo primero que hacía cuando llegaba a casa? No preparaba las clases para el día siguiente. No hacía los trabajos o las tareas para el posgrado. Escribía. Durante horas y horas. A veces no empezaba a trabajar hasta las dos de la madrugada, porque tenía pensamientos persistentes que necesitaba dejar por escrito.

Ese año, en el posgrado de Educación, Multialfabetización y Multilingüismo, estudié el papel de la motivación en la adquisición de un nuevo idioma. La noción del compromiso con el aprendizaje era un tema notorio en todo lo que aprendía. Los alumnos aprenden cuando se comprometen a aprender, cuando ven que hay un valor en lo que están aprendiendo. Y se involucran en lo que aprenden cuando se ven reflejados en lo que aprenden. Los alumnos que estudian inglés suelen proceder de culturas diversas. Así que, naturalmente, a mí me interesaba que se abordara la relevancia cultural en el plan de estudios. ¿Los estudiantes de procedencias diversas están realmente reflejados en el plan de estudios? ¿Están reflejados en las normas? ¿A los alumnos se les dan oportunidades equitativas? (Pista: la respuesta es no.) Me obsesioné con evaluar la aplicación de las normas a la práctica. Esto me llevó a descubrir que las organizaciones (en general, no solo las escuelas) normalmente lo tienen todo escrito sobre el papel, pero en pocas ocasiones reflejan en sus prácticas aquello que predican. Las normas relacionadas con la diversidad, la inclusión, el acoso y demás, parece que se hayan establecido como una manera de proteger legalmente algunas organizaciones. En contadas ocasiones las establecen porque realmente les importe la población a la que sirven. O a sus empleados.

¿Por qué me interesaba tanto toda esa investigación? Porque yo había pasado por las consecuencias de todo aquello. Estaba, y aún estoy, comprometida con ello. Quería encontrar respuestas para mi yo más joven, y crear un futuro para los jóvenes de hoy a la vez.

Durante estos estudios, pasé a trabajar en el sistema de educación pública. En seguida me empezaron a pedir que fuera por las clases a hablar de cultura, diversidad e identidad. Y esa era mi parte preferida de la jornada. Pero si te acuerdas de lo que conté en mi poema «¿Qué historia te cuento?», en la habitación de la claridad (página 168), siempre tuve la sensación de que mi aspecto era la definición de diversidad. Todo el mundo veía cultura e identidad cuando me miraba. Pero no me veían a mí.

Así que, incluso después de explicarles el significado de mi hiyab, mi religión, cultura e identidad, siempre me encargaba de transmitirles a los estudiantes que, al fin y al cabo, sean cuales sean las etiquetas que crean que los diferencian de los demás, lo más importante de todo es saber quiénes son, en su interior, como personas. Siempre tenía presente que todos y cada uno de esos estudiantes tenía su propio tercer espacio y que yo, como educadora, quería acceder a ese espacio. Es importante ser consciente de cómo se te percibe y las consecuencias que se derivan de ello; pero es necesario que te veas como algo más de cómo te ve el mundo. Después del incidente en el autobús a los diecinueve años, fui consciente de que no pasaba desapercibida a causa de mi vestimenta. Sabía que había mayor riesgo de ser el blanco de los ataques de odio. Pero ser consciente de ello no hacía que dejara de hacer el trabajo que quería hacer.

Desde el punto de vista de la justicia y la inclusión, yo veía los números. Veía las disparidades en los niveles de éxito entre los alumnos blancos y los de color. Veía las disparidades en los niveles de éxito entre todos los alumnos en general y los alumnos de origen indígena. Desde un punto de vista socioeconómico, veía las disparidades en los niveles de éxito entre los alumnos que venían de familias de clase media, de clase alta y de clase baja. Es muy triste. Y siempre quise hacer algo al respecto.

Siempre llevaba conmigo un ejemplar de mi libro *Mind Platter* cuando hacía de suplente, y me tomaba el tiempo de leer una o dos páginas a los alumnos. Aún recibo mensajes de alumnos a los que di clase solo una o dos veces, contándome cómo este hecho marcó una gran diferencia en sus vidas.

Seguramente recuerdes que unos meses después de haberme autopublicado *Mind Platter*, el equipo de TEDx de Londres se puso en contacto conmigo para pedirme si podía hacer un discurso en el marco del evento TEDxCoventGardenWomen, del año 2016. El nombre de ese evento era «Ha llegado la hora», y la idea que quería transmitir era la de que «ha llegado la hora de curarse». El título que le di a mi discurso fue «Encontrar un hogar a través de la poesía». Esa fue la primera vez en mi vida que subí a un escenario.

Fue en ese discurso donde empecé a hablar del concepto de construir casas en los demás. Esa idea se quedó en mí como un sueño que me daba vueltas y al que quería acabar de dar forma un día. Y aquí estoy, haciéndolo ahora mismo.

Lo de involucrarme en dar discursos ante miles de personas me empezó a llegar justo después. Entre la gente que me escuchaba había emprendedores, profesores y estudiantes. Lo bonito del asunto era la diversidad de temas de los que se me confiaba que hablara.

Y ¿sabes qué es lo más increíble? Yo no concebía nada de esto como trabajo. Era lo que me gustaba hacer. Era como respirar. Para mí, era como estar en casa. Era como si estuviera haciendo lo que estaba predestinado para mí. Ni en mis sueños más descabellados me hubiera podido imaginar que sería escritora o que daría conferencias. Incluso cuando empecé a escribir a los veintitrés años, no me veía como una escritora. Para mí, era solo mi manera de expresar mis pensamientos y sentimientos. Es exactamente lo que hice a los trece años cuando mi amiga Mariam me regaló un diario que había hecho ella. Simplemente estaba expresando mis pensamientos y mis sentimientos, y nada más.

Cuando destrocé mi diario a los dieciséis años porque simbolizaba todo lo que quería pero no podía tener, mi alma dejó de respirar. Me dolía escribir, así que dejé de escribir. Me dolía sentir. Siete años más tarde, se me reavivó el amor por la escritura. Y esta nueva oleada vino de la mano de una valentía renovada por sentir y sanar mientras ayudaba a mis alumnos. Este trayecto me condujo hasta este momento. Hasta ahora. Esta aventura empezó porque escribí para amplificar la voz de mis alumnos. Y fue entonces cuando volví a respirar. Aquí es donde empecé a recobrar la vida. Cuando empecé a recobrar el color. Mi bolígrafo es mi arma. Y el campo de batalla es el mundo que me dice, a mí y a cualquiera, que no pertenecemos aquí. Que nuestras voces no son importantes. Que no somos importantes.

Al principio de este trayecto, aún me veía como una profesora, incluso después de autopublicar *Mind Platter*. Mis tres primeros libros exploraban una gama de emociones y experiencias vitales. Estaban escritos desde un yo frágil, con un anhelo de sanar. Escribir me ayudó con el proceso de curarme, permitiéndome escuchar y sentir mi dolor.

Mi bolígrafo me llevó a desvelar la verdad de quién soy. Y en ese trayecto, desvelé mi pelo. Desvelé mi cuerpo. Cuando decidí quitarme el hiyab a los veintiocho años, la gente me decía:

—Pero ¡si construiste tu trayectoria profesional alrededor de tu hiyab! ¿Qué tienes de especial ahora? Antes, cuando llevabas el hiyab, te respetaba. Ahora eres como todo el mundo. Y podrías haber tenido mucho más impacto y podrías haber ganado más dinero si les hubieras sacado el jugo a las dificultades de conseguir llegar hasta aquí siendo una escritora con hiyab.

Realmente, no construí una parte de mi trayectoria profesional alrededor de mi hiyab. Y nunca quise que así fuera. Esto es lo que el mundo vio en mí. Mantenerme honesta conmigo implicaba que estaba dispuesta a renunciar a que el mundo aprobara mi decisión, para poder ser auténtica conmigo misma.

A menudo me preguntaba: «¿Por qué solo vale la pena leer mi historia si tengo un aspecto visiblemente diferente? ¿Si llevo una etiqueta que haga que valga más la pena sentirse mal por mí? ¿Por qué mi historia solo es poderosa si tengo una etiqueta extra que me distinga del resto? ¿Por qué el mundo me tiene que ver a través de tantas etiquetas para opinar que vale la pena escuchar mi voz?».

Llevo a cuestas
todas mis identidades pasadas
en mi rebelión por ser yo misma.
No me parezco a las identidades
que he dejado atrás,
ni me parezco
a las que se me atribuyen erróneamente.
Para el mundo que he dejado,
ya no soy quien era.
Ya no soy bienvenida.
Y para el mundo al que entro,
soy demasiado diferente.
No soy bienvenida.
Así que he empezado a crear mi mundo
en el que me puedo decir:
bienvenida a casa.

Verás, escribir fue mi revolución contra todo lo que pensaba que tenía permiso para ser.

Escribir fue mi revolución contra el «¿Por qué no puedo tener "eso"?».

Escribir fue mi revolución contra mi profesor de árabe por reprobarme en escritura y decirme que no sigo las normas.

Escribir fue mi revolución contra el acoso escolar que recibí por ser demasiado sensible.

Escribir fue mi revolución contra la gente que me decía:

—Deja de expresar tus sentimientos.

Escribir fue mi revolución contra afirmaciones como «Estás en Canadá. No tienes por qué vestirte así».

Escribir fue mi revolución contra frases como «Los musulmanes no se visten así».

Escribir fue mi revolución contra más frases como «Las chicas buenas no hacen esto».

Escribir fue mi revolución contra el agente literario que me dijo:

—No te dediques exclusivamente a escribir. Nunca te ganarás la vida con ello.

Escribir fue mi revolución contra una cultura que me enseñó que es vergonzoso que una mujer exprese sus sentimientos.

Escribir fue mi revolución contra el hecho de que me vieran como una etiqueta: musulmana, pecadora, hiyab, la chica que antes llevaba hiyab, convenenciera, hipócrita, liberada, oprimida, protegida, demasiado joven, demasiado mayor, exitosa, no lo suficientemente exitosa… Lo que quieras.

Escribir fue mi revolución contra la mujer que pensaba que tenía que ser para merecer que me acogieran en hogares ajenos.

Escribir fue mi revolución contra el racismo.

Escribir fue mi revolución contra la misoginia.

Escribir fue mi revolución contra el patriarcado.

Escribir fue mi revolución contra la opresión sistemática.

Escribir fue mi revolución contra la opresión de cualquier tipo.

Escribir fue mi revolución contra la islamofobia.

Escribir fue mi revolución contra todos los desafíos a los que se tenían que enfrentar mis alumnos: discriminación, homofobia, acoso escolar y tantos otros.

Escribir fue mi revolución contra las categorías donde la sociedad me quiere encasillar.

Escribir fue mi revolución contra la vida que pensaba que tenía que vivir para tener «éxito» o «ir por el buen camino».

Escribir fue mi revolución contra mi condición de «sintecho».

No, escribir no fue mi revolución.

Escribir es mi revolución. Y siempre lo será.

Incluso escribiendo este libro, soy consciente de la revolución que me atrevo a empezar. Soy consciente de que estoy en desventaja para triunfar, por varios motivos. En primer lugar, el sector de la autoayuda y las memorias está dominado por mujeres blancas. El sector de la motivación está dominado por hombres blancos. Y yo no soy ni una cosa ni la otra. E incluso si pudiera pasar por el primer grupo por mis características físicas, mi nombre me delata. Aun así, hago lo que haría de todas formas. Esta soy yo viviendo mi sueño.

Y tal y como puedes ver, mi plan de hace cinco años fracasó estrepitosamente. Estoy soltera. No soy una profesora de tiempo completo. No tengo dos hijos. Pero se me está abriendo una vida por delante al rebelarme contra las cadenas que me quieren sujetar en mi sitio. Que quieren que me quede callada. Que quieren meterme el miedo en el cuerpo.

Seguramente, cuando entraste en el jardín de los sueños esperabas que te diera los pasos a seguir para alcanzar tu sueño.

Perdón por haberte decepcionado, pero esta es la única pregunta ante la que no te diré que me sé la respuesta. No puedo responder por ti a la pregunta de cuál es tu sueño. Lo que puedo hacer es guiarte para que encuentres la respuesta tú solo. Si tuviera una lista de pasos a seguir, todos acabaríamos igual. Todos haríamos lo mismo. Tú tienes que seguir los pasos que te diga tu yo en casa. ¿Qué te hace sentir como en casa? No se trata de lo que se te da bien. Se trata de lo que disfrutas haciendo. Y si lo que disfrutas haciendo no te proporciona un sueldo, tienes que plantearte cuáles son tus prioridades en la vida. Puede que necesites tener un trabajo para vivir, y poder pasar el resto del tiempo viviendo tu sueño haciendo lo que te gusta. Y es una buena opción. Simplemente, no te pases la vida creyendo que conseguir tu sueño es equivalente a conseguir un sueldo.

A continuación, comparto contigo algunas lecciones de mi trayecto a las que me voy a referir con el nombre de faroles, porque te iluminan el camino, y algunas herramientas a las que me voy a referir como regaderas, porque cuando las comprendas, regarás el suelo que te sostiene.

FAROL N.º 1: Ver tu sueño implica que te quites la venda de los ojos acerca de las verdades que te rodean

En ocasiones, hay alguna verdad que nos da cachetadas en toda la cara y nosotros elegimos no verla. Porque llevamos unos lentes opacos que nos ciegan ante esa verdad. Esos lentes limitan tu potencial porque no te permiten verlo; no te permiten ver su valor, ni dejan que te des cuenta de que puedes sacarle partido. Si yo no hubiera abierto los ojos ante mi propio potencial, no hubiera aprovechado ninguna de las oportunidades que llegaron de su mano, porque no aportaban nada a mi sueño original de ser profesora. Las charlas en las escuelas o en los escenarios me hubieran apartado de mi sueño original de enseñar. Lo habría considerado una pérdida de tiempo, una distracción. Pero elegí tomármelo como enseñar en una clase más grande: la clase del mundo.

REGADERA N.º 1: QUÍTATE LA VENDA DE LOS OJOS

¿Ante qué tienes que quitarte la venda de los ojos?

Esta es una pregunta abierta. Quiero que te mires en lo más profundo de tu ser y te preguntes acerca de esos pequeños momentos en los que sueñas despierto en la posibilidad de algo. El momento en el que tu cerebro se mete en el asunto y dice: «Pero si ya has pasado tanto tiempo con este objetivo, con este sueño, con esta trayectoria profesional, con esta relación, todo el mundo se reirá de ti. Nadie te creerá. ¿Quién te crees que eres para alcanzarlo? ¿Para llegar allí?». Todo esto es el proceso de ponerte una venda en los ojos. Y lo que utilizas para vendarte los ojos son:

- Tus creencias restrictivas de ti.
- Lo que los demás piensan de ti.
- Tus miedos.
- El potencial que crees que tienes.
- (Añade elementos de tu cosecha.)

Personalmente, la posibilidad en la que soñaba despierta era que se me escuchara. Era vivir en un mundo en el que importaran las emociones. En el que importara mi historia. Y la verdad que no conseguí ver durante muchísimo tiempo era la que me gritaba: «¡Eres escritora!». ¿Por qué no lo veía? Porque mi plan era ser profesora. Quería ser como mi madre y mi padre. Era una apuesta segura. Ya sabía qué aspecto tenía. Mientras que con la expresión y la escritura, no había un futuro predecible. No había un resultado predecible. Nadie en mi entorno había ido por ese camino. Lo que me cegaba era:

- ¿Y si fracaso?
- ¿Y si no me puedo ganar la vida con eso?
- ¿Y si a la gente no le gusta lo que escribo?
- Me encanta dar clases.

Ahora que has identificado cómo te estás tapando los ojos, y ante qué te los estás tapando, ¿qué te resulta claro de tu sueño? ¿Qué te está gritando? ¿Qué sueño se te está apareciendo ante tus narices?

FAROL N.º 2: Ve paso a paso

No hace falta que entiendas tu sueño antes de vivirlo. Este es el error que comete la mayoría de la gente. La mayor parte de las personas hacen un esbozo de lo que quieren y se obsesionan en alcanzar esa visión exacta. Aunque haya personas que lo consideren como una actitud determinada, yo lo percibo como si te dibujaras una casilla a tu alrededor, y te dijeras que eso es lo único que puedes alcanzar. No me malinterpretes, es importante marcarse objetivos en la vida. Pero no puedes averiguar cómo antes de empezar. Y no hay una garantía del cien por cien de que alcanzarás el objetivo que te habías propuesto inicialmente. Las mejores historias son las que pasan de forma excepcional; las que no estaban planeadas.

Si yo me hubiera obsesionado con el sueño de ser profesora, no hubiera dedicado tiempo a compilar mis escritos y a compartirlos con el mundo. No me habría tomado el tiempo de averiguar cómo se hace una autopublicación. No hubiera aprovechado todas y cada una de la oportunidades que se me presentaron gritándome que era escritora. Hubiera rechazado todos esos momentos porque los habría considerado distracciones.

Obsesionarte tanto te encasilla. Y, aunque esto pueda servirles a algunos, no significa que te funcione a ti. Sobre todo porque estás leyendo este libro, lo que quiere decir que tienes ganas de vivir una vida más auténtica. Y esto incluye un sueño o un objetivo que te permita ser tu auténtico yo.

∾

Si te percibes como un río que fluye, y no como una balsa estancada, todo cambia. Imagina que, igual que un río, fluyes al moverte y vives tu sueño. Mientras sigas viviendo ese sueño, alcanzarás el océano donde las pequeñas olas que llevas dentro se convertirán en grandes olas y mareas. Es así como tienes que percibir el camino que te llevará a alcanzar tu sueño. Y lo que ahora te parezca un pasito pequeño acabará llevándote a dar una zancada que te acercará al esplendor que te espera.

∾

REGADERA N.° 2: DA EL PRÓXIMO PASO QUE PUEDAS DAR

En vez de obsesionarte tanto con el objetivo final, ¿qué es lo que te interesa ahora mismo? ¿Qué puedes hacer? No puedes saltar todos los escalones de una escalera para llegar al escalón más alto. Puede que ni sepas lo que hay arriba de las escaleras. Sea como sea, llegar hasta allí no ocurrirá simplemente porque lo quieras. Llegar hasta allí ocurrirá si das el próximo paso que seas capaz de dar.

Personalmente, el primer paso que di fue este: cada vez que sentía la necesidad de sentarme y expresarme, lo hacía. No tenía ni idea de adónde me llevaría, de si «valía la pena» (lo que sea que esto signifique), ni de si encajaría con el panorama general de un objetivo final. El objetivo era expresarme. Así que si el sueño que se te está revelando a ti está, por ejemplo, relacionado con el arte, el primer paso podría ser comprarte pinceles, pintura y un lienzo. Si tu sueño está, por ejemplo, relacionado con las artes culinarias, el primer paso sería empezar a experimentar con algunas recetas sencillas. Ya ves a dónde quiero llegar. No dejes que la ilusión de la importancia de un gran objetivo final te detenga y te impida empezar de forma sencilla y a pequeña escala.

FAROL N.° 3: La originalidad te liberará

No te fijes en lo que hacen los demás para hacer luego lo que han hecho ellos, con la esperanza de que te aportará la vida que están viviendo. Sentirte como en casa te liberará de la aparente necesidad de ganar una cierta cantidad de dinero, de alcanzar un cierto nivel de fama o de lograr que los demás te idolatren. No permitas que una vida ajena te marque el listón de tu éxito.

Puede que entres en tu jardín de los sueños como consecuencia de sentirte excluido o inferior, porque otra persona ha conseguido o alcanzado algo que parece que le hace feliz o que le ha proporcionado éxito. Hay quien lo definiría como celos, pero yo no lo veo así. Yo lo veo simple y llanamente como una comparación. Y si comparas, siempre habrá alguien que tenga más y alguien que tenga menos. *Más* y *menos* son términos relativos según cómo te percibas. Y lo más triste es que si no has construido unos cimientos sólidos para tu casa, hechos de autoaceptación y autoconsciencia, lo más probable es que sientas que tú eres «menos». No que tengas menos, sino que seas menos. Recuerda que los cimientos son fundamentales porque nos permiten conocernos. Y cuando te conoces, sabes lo que vales, quién eres y lo que quieres en la vida. Y cuando sabes todo esto, no permitirás que una vida ajena dicte cómo tienes que vivir la tuya.

¿Por qué querrías entrar en este jardín si te vas a pasar el tiempo intentando amoldarte al sueño de otra persona? Acabarías sintiéndote, con toda seguridad, como un fracaso. Y te alejarías del jardín porque te haría sentir que eres poca cosa.

Piensa en las veces que te has parado delante de una casa ajena para contemplar lo bonita que es. La idea de tener una casa así seguramente te haya arrancado una sonrisa. Nuestras vidas y formas de pensar están interconectadas. No solo sientes eso cuando ves casas físicas. También te sientes así cuando miras la cara externa de vidas ajenas, sea cual sea esa parte externa. En resumidas cuentas, solemos admirar las casas de los demás y queremos construirnos casas que se parezcan a las suyas, sin siquiera entrar o saber qué hay dentro. Sin siquiera saber si están presentes en sus propias vidas o no. Mientras tú puede que admires la vida de alguien desde fuera, tal vez esa persona (y en realidad, así es en la mayoría de los casos) admire la vida de otra persona también desde el exterior. Así que tú persigues la felicidad o el éxito que parece que tiene alguien, mientras ese alguien persigue lo mismo de otra persona. Y si defines un logro comparándote con los demás, ese logro se invalidará tan pronto encuentres a otra persona a la que te quieras asemejar. Y la rueda sigue sin parar. Y es por ese motivo que, a menudo, encontramos la inspiración en las definiciones más sencillas de felicidad a manos de personas que han vivido más años que nosotros. Suelen recordarnos que tenemos que bajar el ritmo y disfrutar del momento. Que no tenemos que precipitarnos. Que tenemos que decir que no. Que no nos tiene que importar lo que la gente diga de nosotros. Que tenemos que arriesgarnos. Que tenemos que aferrarnos a aquellas personas que nos quieren con cariño, que nos quieren de verdad y que nos quieren con respeto.

Y si estás pensando: «Pero yo quiero tener un impacto así o asá», recuerda que no eres tú quien decide el impacto de tu sueño. Tú haces lo que puedes hacer, lo mejor que puedes hacerlo, y el resultado ya se revelará solo. La mayoría de las personas están excesivamente obsesionadas con el reconocimiento externo de su sueño. Esto, en sí mismo, es construir una casa dentro de un sueño, en vez de construir un sueño en tu casa. Y te animo a no caer en la trampa del activismo performativo solo para obtener un reconocimiento. Ahora el mundo está inundado de este tipo de activismo que solo busca los «Me gusta» y seguidores. No vayas en contra de tu auténtico yo. Trabaja para hacer lo correcto, no para que te elogien o para que recibas un reconocimiento externo. No sabes qué vidas cambiarás con tu trabajo, y este no debería ser tu foco. No definas lo que tu camino diga de ti basándote en el destino que alcances. Encontrarás tu significado a través de los riesgos que asumas, de los sueños hacia los que te atrevas a trabajar, y todo lo que logres por el camino.

REGADERA N.º 3: SÉ ORIGINAL

La originalidad es un reflejo de tu autenticidad contigo mismo. Sea lo que sea lo que estés creando, siempre plantéate las siguientes preguntas:

1. ¿Qué intención tengo al hacer esto? (Esto es para que no te obsesiones en el objetivo final, sino que reflexiones si tu intención tiene una motivación interna o externa.)
   a) ¿Me estoy comparando con otra persona?
   b) ¿Estoy compitiendo con alguien?
2. ¿Esto es original o estoy copiando a alguien? (En otras palabras, ¿estoy siguiendo el camino de otra persona para alcanzar la felicidad que parece que tiene?)
3. ¿Estoy construyendo mi hogar en un sueño? ¿O estoy construyendo el sueño dentro de mi hogar? (Dicho de otra forma, ¿estoy basando mi felicidad en cumplir el sueño, o estoy haciendo que mi felicidad se origine en el proceso de cumplir ese sueño?)

Cuando te sientes como en casa contigo mismo, tus intenciones de vivir tu sueño tienen una motivación interna. Te llenan a ti. El hecho de vivir tu sueño en sí lo valida y te motiva a continuar. Vivir tu sueño de forma auténtica no está determinado en función de otra persona. No es una carrera con nadie más. Es un camino contigo mismo.

FAROL N.° 4: Vivir un sueño no significa el fin de otros sueños

Muchas personas creen que pasar de un sueño al siguiente hace que el primer sueño sea una pérdida de tiempo. Durante mi posgrado en educación, aprendimos acerca de las habilidades que se pueden transferir entre idiomas. Puede que pienses que el idioma materno de un alumno dificulta la adquisición de un nuevo idioma. Sin embargo, los estudios demuestran que cuando un alumno aprende un nuevo idioma, las habilidades que aprendió en su idioma nativo se utilizan para conectar los huecos entre ambos idiomas. Lo mismo pasa con los sueños.

¿Por qué te lo estoy contando? Porque puede que creas que vivir tu nuevo sueño invalida toda la experiencia y conocimientos que has adquirido con tus sueños anteriores. Esto solo es verdad si tú permites que lo sea. A lo largo de tu vida, adquirirás habilidades que te resultarán útiles en diversos contextos. Estas habilidades pueden ser organizativas, analíticas, de gestión, etc. Utiliza estas habilidades tanto como puedas para acercarte a tu nuevo sueño.

Yo pasé de enseñar en una clase a enseñar en el mundo. Reuní todo lo que había aprendido y enseñado en la universidad, y lo apliqué para enseñar a sanar. Tú también puedes hacerlo, sea cual sea la transición que estés haciendo.

Cuando lo de escribir empezó a tomar fuerza, yo seguía dando clases y realizando mi doctorado de tiempo completo. En ese momento, ya sabía que me tenía que dedicar a escribir, pero ¿cómo podía dejar este trabajo por el que había luchado tanto? Después de cuatro años estudiando una carrera de ciencias, un año en Magisterio, un año de maestría en educación y dos años haciendo un doctorado en educación, y tras haber logrado un contrato en el sistema de la educación pública, decidí hacer una transición para centrarme en mi pasión: escribir. Recuerdo cómo todo el mundo me decía que estaba loca por huir de aquello que llevaba ocho años persiguiendo. Me recordaron que todos esos años de formación se desperdiciarían si ahora me dedicaba a escribir.

Para mí, el punto de inflexión fue el siguiente: se podían ver como ocho años desaprovechados, o como ocho años invertidos en prepararme para la mejor trayectoria profesional que hubiera podido tener, ayudar a la gente a cambiar su vida. Se podía convertir en una vida entera manteniendo este trabajo porque le había invertido ocho años, o se podía entender como la oportunidad de aprendizaje que necesitaba para ser capaz de perseguir mi verdadera pasión. En vez de considerar lo que has hecho en tu sueño pasado como un desperdicio cuando decides perseguir un sueño nuevo, fíjate en todas las habilidades y herramientas que has adquirido, y que ahora puedes utilizar para impulsar tu sueño actual.

REGADERA N.º 4: HAZ LA TRANSICIÓN

Hacer un cambio no implica que hayas desaprovechado el tiempo con lo que hacías antes. Si lo ves así, solo desperdiciarás más tiempo que podrías utilizar para perseguir este cambio.

¿Qué habilidades del sueño pasado puedes transferir a tu sueño actual?

Algunas de las habilidades procedentes de mi educación y de mi formación en Magisterio que transferí son:

- No dar nunca por sentado que alguien sabe de lo que estás hablando.
- Utilizar un lenguaje sencillo.
- Hacer que el aprendizaje sea relevante para la experiencia del alumno.

Ahora te toca a ti responder la pregunta.

FAROL N.º 5: No persigas tu sueño, vívelo.

Si echas un vistazo a mi trayectoria profesional, te quedará claro que nada de lo que estaba persiguiendo (ni la mujer que pensaba que tenía que ser, ni la carrera que pensaba que tenía que estudiar) me hizo llegar hasta aquí. Lo que me hizo llegar hasta aquí fue sentirme como en casa. Pero con esto no quiero decir que te quedes de brazos cruzados sin hacer nada hasta que sepas qué te hace sentir como en casa. Con esto te quiero decir que des el próximo paso que puedas dar. ¿Qué te interesa? ¿Con qué quieres comprometerte? ¿Qué cambio quieres hacer? Averígualo. Un paso pequeño tiene el potencial de llevarte a dar otro paso pequeño. Y, después, otro paso pequeño. Hasta que se junta todo y entiendes por qué pasó todo lo que pasó.

Un lema que se me va repitiendo en mi trayectoria es que realmente todo pasa por algo. Yo no puedo decir que mis estudios se desperdiciaron porque no acabé dedicándome a la educación de tiempo completo. Esos años me llevaron a estar con ocho alumnos que me reavivaron la llama de la escritura. Y esto me llevó a publicar un libro. Y otro libro. Y otro. Y ahora este. No puedo decir que no tendría que haberme mudado a Canadá a los dieciséis años para no sentirme tan desplazada, porque esa mudanza me hizo caer en las profundidades de la soledad y el aislamiento, con lo que pude entenderlo y escribir mejor sobre el tema en el futuro.

Una de las primeras clases a las que asistí cuando estaba haciendo el doctorado exploraba los diferentes tipos de liderazgo. El que me llamó más la atención era el liderazgo servicial. Es cuando sirves a las personas a las que lideras, en vez de al revés. Mi misión era servir. Así que respondí a mi misión. De no haberlo hecho, me hubiera resultado perjudicial. Porque tenía más que dar de lo que pensaba. Y en el proceso de dar lo que llevaba dentro descubrí que mi sueño era más grande de lo que jamás pensé que podría llegar a ser. Era más grande que yo.

Todo lo que había vivido me condujo hasta aquí. Viví mi sueño. No lo seguí.

REGADERA N.º 5: VIVE EL SUEÑO, NO LO PERSIGAS.

Pregúntate: ¿estás persiguiendo un sueño? ¿O lo estás viviendo?

Mientras estés persiguiendo algo, sentirás que al «ahora», por alguna razón, le falta algo. Sentirás que a ti te falta algo. No bases tu éxito en un momento del futuro. Deja que tu éxito esté en el ahora, en cada paso que das.

FAROL N.º 6: El miedo a fracasar no hace más que impedir que alcances tu sueño

La palabra *fracaso* es la que evita que la mayoría de nosotros demos el primer paso o el siguiente paso hacia conseguir nuestros objetivos. Se manifiesta en forma de miedo. La mayoría de nosotros no podemos identificar qué nos provoca ese miedo. Simplemente nos ponemos muy ansiosos antes de dar el paso. Esta ansiedad solía paralizarme. Cuando iba a la universidad, tenía tanto miedo de hacer presentaciones delante de mis compañeros que me ponía físicamente enferma los días antes de presentar. Cada vez que tenía un examen o una entrega, la ansiedad amenazadora persistía.

Sentí esa misma ansiedad antes de subir al escenario para dar la charla en TEDx sobre construir un hogar en nuestro interior. Pero cuando lo pienso bien, ¿de qué tenía miedo? ¿Realmente tenía miedo, o confundía la valentía de ser vulnerable por encontrarme en un estado de miedo? Ahora creo que era la segunda opción, pero en ese momento pensaba que era una mezcla de las dos cosas. Verás, nuestra mente se resiste tanto a las cosas nuevas y a los cambios que confunde la emoción que va de la mano de los cambios con «Esto no está bien. Para. ¿Qué pensarán de ti? Mañana te arrepentirás». Esto es lo que te paraliza.

Así que, ¿de qué tienes miedo, en realidad? Si tienes miedo de fracasar, ¿qué implicaría el fracaso para ti? ¿Qué diría de ti? ¿Es vergüenza lo que sientes en realidad? Puede que tengas que hacer una visita a la habitación de la rendición. La mayoría de las personas que han triunfado en la vida te dirán que en el pasado han fracasado mucho y muy a menudo. Si consideras que algo que no funciona es un fracaso a causa de las connotaciones que sobre ti vinculas, no seguirás adelante. Pero si te dices: «Esto es lo que no debería hacer» o «Esto es lo que tengo que mejorar», te lo tomarás como una lección, como un peldaño más, y no lo asociarás con quién eres como persona. Consecuentemente, no te importará cómo te perciban los demás.

Hay quien dice que vivir tu sueño implica tanto el fracaso como el éxito. Yo prefiero decir que vivir tu sueño es un baile entre dar y recibir. A veces, lo que das es tu tiempo, energía, fuerza emocional, vulnerabilidad, esperanza, y aún más en busca de vivir ese sueño. A veces implica intentarlo varias veces. Intentar cosas nuevas. Aprender de los errores y hacerlo mejor la próxima vez. Y a veces, el hecho de recibir incluye ver los frutos de aquello en lo que has invertido. Otras veces va de ganar dinero. Las posibilidades son infinitas. La conclusión es que no te puedes centrar exclusivamente en lo que ganas al perseguir tu sueño. También tienes que estar dispuesto a dar. Tienes que estar dispuesto a arriesgar algo, a perder algo, a aprender algo.

REGADERA N.º 6: SUSTITUYE *FRACASO* POR UNA PALABRA NUEVA

Piensa en el término *fracaso* como una palabra que tienes que eliminar de tu diccionario. No es fracaso. Es aprendizaje. Es arriesgarse. Es invertir. Es… vivir. Si basas tu éxito en lo que recibes a cambio de esmerarte, considerarás que vivir tus sueños es un fracaso. Y si basas el valor de tu sueño en cómo te ve el mundo que te rodea, sentirás una presión añadida para «triunfar». En vez de eso, céntrate en la aventura que te ha proporcionado el hecho de vivir tu sueño. Cuando hagas este cambio de mentalidad, ¿qué palabras utilizarás para substituir *fracaso*?

FAROL N.º 7: Tu sueño alimenta tu hogar

Como muchas personas piensan que el trabajo de sus sueños, la carrera, una fase de su vida, o lo que sea, es su sueño, caen en la trampa de pensar que deberían sacrificar lo que sea para alcanzar ese sueño, incluso si esto conlleva que otros aspectos de su vida sufran en consecuencia. Esto es un problema muy grande. Y lo que es aún peor es que muchas personas se pasan la vida trabajando duro o estresadas sin saber si realmente quieren aquello que están persiguiendo. Tu sueño debería poder ser un apoyo de la vida que estás viviendo. Si equiparas el valor de tu sueño con la esperanza de lo que te aportará, seguramente permitirás que otros aspectos de tu vida sufran. Tu sueño vive en ti y te permite ser quien eres realmente, así como proyectar tu yo hacia el mundo. El sueño que vives, sea cual sea, debería nutrir siempre tu sensación de estar como en casa contigo mismo. Si miras tu vida de forma holística, tu sueño no debería interponerse entre los elementos fundamentales de tu vida como tu salud mental, tus relaciones o tus objetivos.

La ilustración de la página 274 es una herramienta que quiero que utilices cuando estés averiguando si el sueño que estás viviendo o persiguiendo vale la pena. Debajo de las flores, anota todos los elementos importantes de tu vida, de tu hogar. Ahora bien, si te imaginaras ese sueño u objetivo en la nube... si esa nube se pusiera a llover, ¿nutriría esas flores? ¿Crecerían? Dicho de otra forma, ¿viviendo estos sueños y objetivos, estás nutriendo los elementos de tu hogar? ¿Te estás nutriendo como persona? ¿Estás creciendo?

REGADERA N.º 7: VALORA SI TU SUEÑO ES HOLÍSTICO

Cuando empecé a escribir este libro no pensé que añadiría la habitación de los sueños. Pero cuanto más escribía, más necesaria sabía que sería esta estancia. Y me di cuenta de que esta habitación requiere tiempo, cuidado y atención: se parece más a un jardín que a una habitación. Un jardín está expuesto al mundo exterior, del mismo modo que lo están la mayoría de los trabajos y los sueños. Por este motivo, la mayoría de las veces, definimos el valor o el mérito de los trabajos y los sueños con el valor o el mérito que el mundo les otorga.

Acabaré este capítulo recordándote lo siguiente: tu sueño está hecho de pequeñas revoluciones contra todo lo que pensaste que tenías permiso para ser. Empieza la revolución. No esperes a que llegue el momento adecuado. No esperes a estar en el lugar adecuado. No esperes a estar preparado, porque nunca lo estarás. Tienes que estar dispuesto a cometer errores. A fracasar. A caerte. A romperte. Porque al otro lado, te vas a alzar. Y allí está tu sueño.

El arte de escucharte

Esta no es una habitación separada de tu hogar. Escucharte es una parte integral de todas las habitaciones de tu casa. Sintonizar con las voces que tienes dentro es un arte que amplifica tus pensamientos y emociones, y que te permite separar tu yo que se siente como en casa de esas voces. No eres quien te dicen que eres. Puedes desarmarlas y quedarte con su poder si las escuchas y las observas.

Escucharte es un arte que requiere práctica.

Ahora te enseñaré algunos ejemplos de cómo practiqué yo este arte en cada estancia.

¿Estás preparado para empezar a escucharte?

Exploremos ese arte.

Cuando planifiqué este libro, al principio tenía una habitación separada para el silencio, con la intención de explicarte que necesitas practicar el silencio para poder escucharte. Sin embargo, en todas las habitaciones necesitas el silencio. El silencio es un idioma universal. Todos lo expresamos, sin importar el lugar en el que nacimos, crecimos o vivimos. El silencio es uno de los idiomas más poderosos a nivel expresivo y por lo que puede transmitir. No obstante, también puede ser uno de los más frustrantes.

Cuando estás en silencio por dentro, te puedes escuchar. Y para aplicar y practicar cualquiera de las herramientas en cualquier habitación, es absolutamente imprescindible que te escuches. No puedes maximizar el poder de escucharte si no hay silencio en tu interior. El aspecto de ese silencio que llevas dentro se sintoniza internamente contigo. Así que, en un sentido físico, podrías estar en un lugar ruidoso pero estar en silencio por dentro, porque lo que eliges escuchar es tu propia voz. Para maximizar el beneficio de entrar en cada habitación, tienes que dominar el arte de escucharte.

Así que, ¿cómo puedes dominar el arte de escucharte? Es muy sencillo. Para dominarlo tienes que practicar. Y convertirlo en una práctica diaria marcándote la intención de escucharte. Si te has marcado alguna vez un objetivo de salud y de estado físico, sabrás que no se alcanza por casualidad. Tienes que trabajar hacia tu objetivo cada día para ver los resultados. Con el tiempo, vas mejorando y aprendiendo nuevas técnicas, y ganas cada vez más fuerza. Lo más duro es llegar a hacer el trabajo cada día. Para empezar, tienes que marcarte tus objetivos. Lo mismo ocurre con el silencio.

Hay tres tipos de silencio:

1. El silencio que les das a los demás cuando los escuchas. Por ejemplo, cuando un amigo viene con un problema, tú lo escuchas empáticamente para asegurarte de que entiendes por lo que está pasando.
2. El silencio que expresas a los demás cuando quieres que te escuchen. Estoy convencida de que la situación descrita a continuación te suena. Notas que la persona con la que estás hablando no te está escuchando, así que decides

elegir el idioma del silencio porque sientes que ya has utilizado suficientes palabras. No te estoy diciendo que dejes de hablarle a esa persona, lo cual implicaría utilizar la manipulación como un arma. Estoy hablando de un silencio que refuerce un límite, un silencio que sirva para expresar el valor de tus palabras. Nos obsesionamos tanto por asegurarnos de que la gente entienda lo que decimos y cómo nos sentimos, que acabamos repitiendo y reformulándolo con palabras distintas. Esto lo hacemos a menudo porque buscamos una respuesta o una solución en otra persona. Cuando estás en un estado de silencio interior, no dependes de los demás para cambiar tu situación. El hecho de que alguien no te esté escuchando no afecta tu identidad. Tú escuchas y entiendes tus reacciones internas. Así que entiendes que, cuanto más digas algo, menos impacto tiene en aquellas personas que no te quieren escuchar. Para ellos, tu voz se convierte en un ruido de fondo. Es un silencio que le da valor a tu voz, no un silencio que menosprecie a otra persona.

3. El silencio que sientes en tu interior. Este es muy básico: es el silencio que sientes cuando haces una introspección.

Si eres una persona altamente empática como yo, tendrás los dos primeros pasos dominados. Son normalmente aquellos en los que nos fijamos, porque se centran en los demás. Pero recuerda que ya no construyes casas en los demás. Ahora te construyes tu casa en tu interior. Así que, en este caso, el tercer tipo de silencio es el más importante. En este tipo de silencio, puedes oír, por fin, las voces que hay en tu interior, incluso aquellas que expresan emociones negativas. Esto es un factor clave porque cuando escuchas esas voces eres capaz de responderles. Yo antes era incapaz de conciliar el sueño sin tener la tele de fondo.

Mirando hacia atrás, sé que se debía a que era consciente de que me llegaría la realidad como una cachetada, y no quería escuchar mis pensamientos. Pero, evidentemente, era fundamental que los escuchara.

Si dominas el arte de escucharte conscientemente, dominas automáticamente el arte de estar en silencio conscientemente con los demás. Además, dejarás de esconderte detrás del silencio cuando quieras defender tu opinión. Dicho de otra forma, eliges el silencio en vez de permitir que te impongan el silencio.

Volvamos a lo de escucharte conscientemente. ¿Por qué huimos de nuestro silencio? Es porque estar en silencio con nosotros mismos implica que estemos solos con nosotros mismos. Solos con las voces que llevamos dentro. Y esto nos da miedo. Tenemos miedo de estar solos porque nos parece que es lo equivalente a la soledad.

La primera vez que experimenté el silencio en un sentido físico fue cuando me independicé. Desaparecieron todos los ruidos y distracciones. Al principio, el silencio era abrumador. No podía soportarlo. Me resultaba incómodo y raro. Sentía como si me faltara algo. Me sentía sola. Oía cómo los pensamientos negativos tomaban el control y no sabía cómo calmarlos. Y ese es el motivo por el cual, incluso cuando tuve los parámetros físicos de mi propia casa, seguía sin tener un hogar. Porque seguía sin construirlo en mi interior.

Actualmente sigo viviendo en esa misma casa, pero ahora ya me construí mi propio hogar en mi interior, y realmente anhelo ese tiempo a solas. En ocasiones, me siento fuera de lugar cuando estoy entre otras personas, en vez de tener la necesidad constante de que me den la bienvenida o me legitimen. Y esto es genial, porque me ha permitido tomar la decisión de alejarme de gente con la que no tengo una verdadera conexión. Con el tiempo, el silencio, tanto en el sentido físico como en el sentido interno, se ha convertido en algo terapéutico. Ahora me resulta cómodo y conocido.

El silencio interior me ha convertido en una persona más fuerte porque ahora me puedo escuchar. Antes, el silencio me incomodaba porque hacía que las voces que no quería escuchar sonaran aún más fuerte. Dejaba espacio para emociones que llevaba mucho tiempo sin tener presentes. Ahora puedo hablar con más convicción porque me conozco mejor. Escucharme me permitió ser consciente de mi ego y me permitió pasar a ser una observadora de mi ego. El resultado de sincronizarme conmigo misma hizo algunos de los mayores cambios en mi vida; cambios que no hubiera podido realizar si aún estuviera viviendo en casa de mis padres.

Quitarme el hiyab hubiera sido uno de esos cambios. Por primera vez en mi vida, me di permiso para contemplar si la vida que estaba viviendo era la que elegía vivir. Por primera vez en mi vida, me permití ser introspectiva y plantearme quién soy realmente y qué defiendo.

∽

El silencio interior sirve de lupa, de espejo, de amplificador para las voces que te visitan en forma de pensamientos y emociones.

∽

El objetivo no es estar siempre en silencio, sino utilizar el silencio como una herramienta para escucharte y, consecuentemente, entenderte. Cuando dominas el arte de ser intencionadamente silencioso por dentro, dominas el arte de escucharte. Y cuando dominas el arte de escucharte, fortaleces tu estado de sentirte como en casa contigo mismo. Porque ya no sientes la necesidad de entenderte a ti, a tus pensamientos o tus sentimientos compartiéndolos con otra persona. Te escuchas a ti

mismo. Practicar el silencio interior significa que en vez de expoponer de inmediato tus pensamientos y emociones al mundo y
contárselos a los demás, practicas estar en un estado en el que
tú mismo los escuchas.

Del mismo modo que no todas las personas que te escuchan
lo hacen de verdad, tú no siempre escuchas lo que oyes en tu
interior. A veces sabes que algo en ti no está bien, pero eliges no
escucharte. De la misma forma, a veces escuchas las voces que
llevas dentro y que te hunden. Sea como sea, la respuesta no es
ignorar siempre las voces negativas y escuchar siempre las positivas. La respuesta es escucharlas a ambas, y recordar que solo
son voces. Eres tú quien está al mando y quien decide creerlas
o no; actuar en consecuencia con lo que dicen, o no.

Piensa en las diferencias entre ver una serie en la televisión
o en el teléfono de fondo, o sentarte delante y escuchar atentamente. ¿Obtendrás la misma información de la serie en los dos
casos?

La próxima vez que mires o escuches algo en tus dispositivos, fíjate en la nitidez del audio. La voz de la persona que estás
escuchando atentamente normalmente es nítida, amplificada y
clara. No queda anulada por la música de fondo, ni por el ruido
que te pueda distraer. Lo mismo pasa con cualquier voz que
salga de tu interior. Si no te sintonizas con ella e intentas escucharla atentamente, no podrás permitir que lo que te está diciendo llame tu atención. Si sintonizas con tu voz, eres consciente de lo que te dice.

La mayoría de las veces, cuando sintonizas con esa voz, te
das cuenta de que se origina en tu ego, lo cual te sirve para confirmar la historia falsa que aprendiste sobre ti cuando eras pequeño. Y esa voz es dura de escuchar. A menudo me preguntan
cómo diferenciar el ego de nuestro yo auténtico. El ego es la voz
que suena como un disco rayado, intentando siempre sacar con

clusiones de ti o del mundo que te rodea. Te reduce a etiquetas. Intenta constantemente detenerte y evitar que hagas cosas, asustándote con posibles resultados negativos, o empujándote a hacer algo para que logres un determinado resultado al que has asociado tu valor propio.

Tu yo auténtico, por otro lado, no saca conclusiones apresuradas de ti o del mundo. Tu auténtico yo es el observador de tus pensamientos y es quien los gestiona. El ego te pone en modo reactivo porque, de alguna forma, te sientes amenazado. Cuando mi sobrina de cuatro años hace un berrinche porque su hermana le robó un trozo de su comida, o porque alguien interrumpió su siesta, yo podría exagerar fácilmente y sentirme atacada. Pero no lo hago. Y tampoco me voy. Me agacho para estar al nivel de sus ojos, la abrazo mientras llora y compruebo lo que siente. Mi ego lo gestiono de la misma forma.

Mi auténtico yo gestiona el ego como si fuera una niña con un berrinche, lo cual me representa de pequeña, creando esa historia sobre mí y observándola. Me digo: «No soy mi ego. Soy consciente de su existencia. Puedo elegir creerme lo que me dice de mí. Y puedo elegir decir que veo de dónde vienes y veo hacia dónde me llevas, pero no iré contigo». Cuando lo hago, sé que me he elevado hasta mi yo que se siente como en casa, lo cual a veces se denomina tu yo superior. Tu yo superior no está en casa porque haya ignorado el ego, sino porque lo ha escuchado.

Cuando escuchas a tu ego, le quitas el poder. Lo desarmas. Hicimos lo mismo en la habitación de la rendición (cuando abres tu puerta interior a ese dolor que te está provocando el caos por dentro, porque cada vez llama más fuerte). Ahora, en vez de que esa voz tenga el poder sobre ti y te controle inconscientemente, le das la bienvenida y le haces saber que eres consciente de su presencia. Y cuando lo haces, pasas a tener el control.

La voz más poderosa que puedes oír en tu interior es la tuya. La voz que nace de tu auténtico yo. Y si te pasas demasiado tiempo ignorándola, ahogándola con otras voces, dejas de reconocerla. Estas voces incluyen tu ego, las opiniones de la gente que te rodea, los modelos sociales y demás. Cuando entierras tu auténtica voz porque escuchas las voces del mundo que te rodea, puede que te acabes creyendo que esas voces son tu auténtica voz. Es como escuchar una canción tantas veces y memorizarla que llega un momento en el que no tienes ni que pensar en la letra o en la melodía. Las palabras brotan de tu boca como si nada.

Por ejemplo, yo pasé por una fase en la que pensaba que tenía los labios demasiado finos. Eso es lo que veía cada vez que me miraba al espejo. Durante mucho tiempo no me planteé de dónde venía esta creencia, simplemente pensaba que era cierto. Pero cuando me detuve para entender por qué lo veía así, me di cuenta rápidamente de que la cultura actual define los labios grandes y carnosos como algo bonito, mientras que asocia los labios pequeños y finos con algo poco atractivo. Pero ¿es realmente verdad? ¿Y esto es verdad para todo el mundo? ¿Por qué no pueden ser bonitas ambas opciones? Cuando me senté en silencio y fui consciente de mis voces interiores, fui capaz de responderles y recordarme que puedo elegir cómo me hablo a mí misma y qué me creo sobre mí.

Estoy convencida de que, al sacar el tema de los labios, has pensado en alguna característica física tuya que te hace sentir inseguro. Concédete el permiso para cuestionar de dónde viene la voz que te hace sentir inseguro, y toma la decisión de dejar de escucharla. Escucha a tu auténtica voz. Háblate de una forma que demuestre el amor propio que te mereces.

¿Y si pudieras escribir tu propia canción? ¿Tus propias letras? ¿Las cantarías suficientes veces para memorizarlas y hacer que te salieran como si nada de tu boca?

Si eres una persona altamente empática como yo, seguramente ya hace mucho tiempo que dominaste el arte de escuchar a los demás. Ya sabes que escuchar a alguien con empatía implica que escuchas con la intención de entender, y no con la intención de responder, comparar o menospreciar. Tienes que escuchar con la intención de adentrarte en el dolor de la otra persona, tomándola de la mano. Cuando te construyes un hogar en tu interior, y cuando vives allí, tienes que dominar el arte de escucharte exactamente de la misma forma.

Y, recuerda, el objetivo de escucharte no es encontrar una respuesta inmediata a tu pregunta o una solución a tu problema. El objetivo es escucharte atentamente. El objetivo es decirte: «Te entiendo. Te veo. Te oigo». Es algo difícil. Es una situación complicada.

Recuerda: practicar el arte de escucharte empieza con la intención de hacerlo. Fíjate en cómo reaccionas por dentro ante lo que pasa en tu interior. ¿Cuáles son los primeros pensamientos que te llegan? ¿Cuáles son los pensamientos que te llegan sistemáticamente?

En lo que queda del capítulo te enseñaré algunos ejemplos de cómo me escuché yo durante la construcción de mi hogar, para así poder darte información práctica sobre cómo puedes hacerlo tú también.

En la introducción («El camino a casa»), después de que las cosas entre Noah y yo se acabaran, escribí:

«—No entiendo por qué siempre me pasan a mí estas cosas… Duele tanto… Realmente, me duele el corazón. Tendré que tomarme un descanso. No me puedo concentrar en el trabajo que acabamos de acordar. Todo mi ser estaba inundado de dolor. Un dolor que iba mucho más allá de Noah. No tardé en escalar a sentimientos exagerados de abandono y descuido, y a la convicción de que yo no valía lo suficiente.

Fue algo rarísimo. Me pregunté: "¿Por qué a todo el mundo le parece bien que no forme parte de sus vidas?".

Me estaba humillando a mí misma de forma activa. Me decía: "¿Quién te crees que eres?". Pensé que ya había hecho el trabajo interno de cambiar la respuesta de "No soy nadie" a "Soy Najwa Zebian". ¿Cómo podía ser que ahora la respuesta volviera a ser "No merezco el amor"?».

¿Ves dónde está el momento de concienciación? Enganché esa voz en mi interior. Enganché mi ego que quería decirme que no me merecía lo que quería. El hecho de ser consciente de esa voz me bastaba para saber que estaba allí en vez de creérmela.

Unos instantes antes de subir al escenario por primera vez a dar el discurso en TEDx, respiré profundamente y me dije: «Olvídate del guion. Di lo que tu corazón necesite decir».

Si no hubiera escuchado esa voz, este libro no estaría hoy aquí.

En el capítulo uno («Establecer los cimientos»), expliqué que el proceso de saber quién es tu auténtico yo se hace escuchándote.

ANCLAJE N.º 1: Sé consciente de tu auténtico yo

Primer paso: Siéntate en algún lugar a solas, en silencio.

Segundo paso: Escucha lo que te dice tu voz interior. Lo más probable es que esta no sea tu propia voz, la voz de tu hogar. Seguramente será tu ego, que es el sentido del yo que se empezó a formar durante tus primeras experiencias de la vida. Seguramente también sean las voces de otros y lo que han ido diciendo de ti. Cuando seas consciente de ello, imagina que empujas esas voces y las alejas, porque realmente no te definen. Tú te defines.

Tercer paso: Recítate lo siguiente: «Mi auténtico yo no es esta voz. Mi auténtico yo está escuchando esta voz. Mi auténtico yo transciende el tiempo y el espacio. Mi auténtico yo no depende de las etiquetas o definiciones que me adjudique; no depende de lo que me rodea, de personas ni de cosas».

Cuarto paso: Afirma lo siguiente: «Mi auténtico yo se merece mi propia aceptación».

En el capítulo dos («Amor propio»), hablé de ser tu propio «director general». Una de las estrategias que describí es la meditación. Puse por escrito los motivos por los que creía que la meditación no me funcionaría, y uno de ellos era que no me sentía aliviada al final de la meditación. Pero el problema era que las expectativas que tenía para la meditación eran erróneas. Esperaba sentir alivio. Pero el verdadero objetivo es comprender. Y el alivio viene después de la comprensión. Y esa comprensión se alcanza si primero te escuchas.

¿Y cómo medito? Simplemente me siento en silencio. Empieza con cinco minutos. Aléjate de todos tus dispositivos electrónicos y de cualquier otra distracción. Y simplemente escúchate. Escucha lo que te dice tu mente. Puede que cuando empieces tengas un exceso de pensamientos negativos, ¡lo cual es genial! Porque ahora te estás dando realmente cuenta de lo que te dice tu mente. Solo cuando eres consciente de ello, eres capaz de aceptar el pensamiento y lo que te provoca que sientas (y tomar una decisión al respecto). Por ejemplo, acabas de empezar a meditar y lo primero que te viene a la cabeza es una persona que te trató mal y tienes una sensación de urgencia y de pánico que te indican que deberías hacer algo al respecto. Tienes dos opciones. Puedes seguir el pensamiento y la sensación, y acabar con «Nunca encontraré el amor» o «No merezco el amor». O les puedes decir a este pensamiento y a esta sensación: «Te veo. Acepto que te esté pensando y sintiendo. Y entiendo que vienes de mi mente. Pero tú no eres yo. No te doy la bienvenida como residente permanente de mi hogar. Estás aquí porque mi mente te está pensando, porque mi corazón te está sintiendo, pero no eres yo. Y elijo no seguirte».

En el capítulo tres («Perdón»), te hablé de cortar los hilos de la marioneta que te encadenan a tu dolor. En esta situación, el silencio es fundamental, porque te une contigo mismo. Eres tú contra todo lo que te encadena. Si intentas desencadenarte sin estar en silencio, tu energía no se centra completamente en el acto de cortar los hilos; no se centra completamente en recuperar todo el poder. Puede que este ejemplo te parezca un poco absurdo, pero, ¿te ha pasado que estás conduciendo e intentas averiguar tu lugar de destino, y bajas el volumen de la radio o les pides al resto de los pasajeros del coche que bajen la voz para que te puedas concentrar? Esto no significa que el ruido te impida conducir, significa que te está quitando la energía que quieres utilizar para saber por dónde tienes que ir. Pues aquí ocurre lo mismo. No es el ruido el que te impide llevar a cabo la tarea, sino el agotamiento energético que se deriva de él, una energía que se tiene que adjudicar a la tarea que tienes entre manos: tu sanación.

Los pasos mencionados a continuación te ayudarán a aprender a centrarte en tu silencio interior:

Primer paso: Siéntate en silencio.

Segundo paso: Cierra los ojos y céntrate en un objeto.

Tercer paso: Imagina la persona que te hirió. Piensa en todo el poder que le estás dando, como si fueran los hilos que te atan (a ti, la marioneta) con esa persona. Cada hilo representa algo que no puedes soltar en torno a ese dolor o a esa persona.

Cuarto paso: Imagina cómo tomas unas tijeras. Las tijeras salen directamente de los cimientos de tu casa. Uno de los filos es la autoaceptación y el otro es la autoconsciencia. Agarras las tijeras y vas hilo por hilo diciendo: «Te acepto y te libero. No tienes poder sobre mí».

Quinto paso: Cada vez que cortes un hilo, imagina cómo su poder vuelve a ti. Hasta tu corazón. Hasta tu hogar.

Esta actividad es como decir: «Estoy desmantelando el poder que tienes sobre mí. El poder que pensaba que era tuyo, ahora es mío».

En el capítulo cuatro («Compasión»), te hablé de cómo me decanté por el silencio cuando la estaba pasando mal:

«Aunque me dolía hablar con alguien de lo que me estaba pasando cuando estaba saliendo del caparazón de la mujer que pensaba que tenía que ser, mi primer instinto fue decirme a mí misma: "No te van a entender. Así que mejor me callo. Me preguntarán por qué no les dije nada antes. Pero antes que nada, dirán algo que hará que me cuestione diciéndome: ¿cómo no supiste hacerlo mejor?"».

Ese primer instinto al que me refiero era mi ego. Era mi historia del «¿Por qué no puedo tener "eso"?». Eran las palabras que me impedían abrirme y alzar la voz porque me enseñaban el final antes de haber empezado. Sin reconocer lo que me impedía buscar el apoyo que necesitaba de aquellos que me rodeaban, no hubiera llegado al punto de saber diferenciar entre abrirme en general y abrirme ante las personas adecuadas, aquellas que se habían ganado el derecho a oír mi historia. No hubiera aprendido que, en vez de aislarme y esconderme, lo único que tenía que hacer era marcar los límites alrededor de mi casa.

En el capítulo cinco («Claridad»), te hablé de cómo no escuché mi instinto cuando me dijo que huyera.

> «Si notas que algo no está bien de una forma que no puedes explicar, seguramente no esté bien. Esto es tu cuerpo diciéndote que algo está mal. [...] Quiero que escuches a tu instinto. Si lo sigues o no, esto ya no nos concierne ahora. Se trata de no ignorar que te está intentando transmitir algo. Para saber qué te está intentando comunicar, tendrás que profundizar.
>
> A lo largo de mi relación situacional con Noah, siempre noté que había algo que no estaba bien. Pero no escuché a mi instinto. Tenía la esperanza de estar equivocada. Tomé los altibajos de la confusión por el hecho de que él me gustara. [...]
>
> Ojalá hubiera escuchado a mi instinto, que me decía: "Esto no está bien. No me da la sensación de que esto esté bien o de que sea sano". Me hubiera ahorrado mucho dolor.»

El instinto al que me refiero aquí era mi lógica. El conocimiento de que el comportamiento de Noah era incoherente. No era solo una sensación. No era mi ego. Era mi lógica diciéndome: «Algo no encaja».

En el capítulo seis («Rendición»), te hablé de permitirte sentir la emoción que llama a tu puerta.

«Ríndete... ríndete ante ti. Ante lo que realmente está pasando en tu interior. Deja caer la máscara. Suelta las excusas. Baja la resistencia. Deshazte de la necesidad de aparentar que estás bien según los estándares que te rodean, sean los que sean. Tu familia, tu comunidad, el mundo, las redes sociales, etc. Por este motivo, las herramientas en esta habitación se llaman sumisiones, no con su connotación de debilidad, sino con la de lo contrario de resistencia.

Simplemente ríndete. No te limites a escuchar tu voz interior. Escúchate de verdad. Escucha lo que te dice el corazón. Escucha lo que te dice el alma. Y...

Escucha lo que te dice tu dolor.

Escúchate.»

En el capítulo siete («El jardín de los sueños»), te hablé de escucharte.

Cuando empiezas a sintonizar contigo, te empezarán a venir los pensamientos. Aquí hay una serie de pasos que te guiarán mientras te escuches:

1. Siéntate en silencio.
2. Empieza a notar la variedad de pensamientos/emociones/voces que te llegan.
3. Cuando empieces a identificarlos, pregúntate:
   a) ¿Qué me está diciendo este pensamiento/emoción/voz?
   b) ¿De dónde surge este pensamiento/emoción/voz? (Opiniones ajenas, tu ego, modelos sociales, etc.)
   c) ¿Es verdadero este pensamiento/emoción/voz? (La respuesta siempre debería ir acorde con tu auténtico yo.)

I) Si es así, ¿me parece bien? Si no me parece bien, ¿qué puedo hacer para cambiarlo?

II) Si no es así, dejaré que mi auténtica voz le responda.

Escucharme e identificar las voces que llevo dentro de mí ha hecho que estas se transformen y pasen de ser creencias rígidas a convertirse en guías que me iluminan el camino hacia mi autocomprensión. Esto ha contribuido mucho en mi proceso de sanación. Te animo a que, cuando vuelvas a leer este libro, te fijes en cómo puedes utilizar el proceso de escucharte para cambiar profundamente cómo te comprendes a ti mismo, y al mundo que te rodea.

CAPÍTULO
9

Adáptate a tu nueva realidad

Lo conseguiste.

Construiste tu casa.

O quizá aún está en obras. Y no pasa nada.

Estés donde estés en este proyecto de sanar y de volver a ti, te encuentras en un escenario único y tuyo, construyéndote tu hogar. Qué maravilla, ¿verdad? Has tomado las riendas de tu sanación. Has decidido hacer lo que es mejor para ti, no lo que los demás te dicen que deberías hacer. Recuerda que antes de decidir adónde vas, tienes que descubrir dónde estás. No te puedes saltar pasos. Cuanto antes hagas las paces con esta idea, más efectivo será tu proceso de sanación.

Quizá hayas tenido que construir tu hogar de cero. Quizá hayas tenido que construir la carretera hacia la casa con un par de obstáculos por el camino. Quizá tus cimientos aún están en proceso de construcción. Quizá te has construido un hogar y ahora ha llegado el momento de instalarse. Quizá has estado viviendo en un hogar ajeno y ha llegado el momento de mudarte. Quizá lleves un tiempo siendo un sintecho y estés aprendiendo a adaptarte a vivir en un hogar. Y quizá ya tenías un hogar en tu interior y te has dado cuenta de que tenías que renovarlo un poco. Quizá hayas decidido cambiar los muebles de sitio para tener una perspectiva nueva. Los «quizá» son infinitos.

Estés donde estés, sanar significa que estás en construcción. Tu yo que se siente como en casa está haciendo obras. Y tienes que respetar la fase en la que te encuentras. No seas duro contigo mismo por el ritmo al que estés progresando en relación al ritmo al que crees que deberías estar avanzando. Sanar es difícil, y necesita tiempo. Y se tienen que hacer cambios reales.

Pero ¿sabes lo que no cambiará nunca? El hecho de que hayas avanzado un paso en la construcción de tu propia casa. El hecho de que te hayas tomado el tiempo para reflexionar sobre tu condición de sintecho durante todos estos años. El hecho de que seas consciente de todo lo que te impide construirte tu propia casa en tu interior.

Ya has logrado la parte más difícil. Así que sigue construyendo. Sigue esforzándote en ti.

Sí, puede que tengas que pedir ayuda para construir tu casa, pero recuerda que solo tienes que dar la bienvenida a aquellas personas cuyos actos en tu casa demuestren compasión. No pidas ayuda a aquellas personas a cuyas puertas llamaste desesperadamente en el pasado para que te acogieran. Ha llegado el momento de llamar a tu propia puerta. Ha llegado el momento de que te des la bienvenida.

Mientras te estés construyendo tu hogar, experimentarás muchos cambios. Igual que una oruga convirtiéndose en mariposa, estás convirtiendo todo lo que ya eres en una preciosa obra de arte; y esa obra de arte eres tú. Tu yo completo. Tu yo en casa.

Siempre has sido una obra maestra.
La diferencia es que
ahora tus obras

hallaron más belleza
estando juntas
en vez de esparcidas.
La diferencia es que
ahora tú
eres el artista
de tu obra.

Atención: ten presente que habrá personas de tu pasado que llamarán a tu puerta preguntando dónde está tu antiguo yo, esa versión de ti que conocían. Cuando te pase esto, di:

«Ya no vive aquí. Mi antiguo yo se quedó atrás… en algún lugar remoto que ya no visitaré nunca más. Mi nuevo yo dejó partes del antiguo yo en cada persona en la que construyó un hogar. En cada identidad en la que se identificó. Dejó el antiguo yo en todos los sitios que no la valoraban [cambia los pronombres para que encajen contigo]. En todos los sitios que le hacían sentir que ser ella misma era excesivo o demasiado indeseable.»

Y si te dicen algo que indica que les debes una explicación, di esto:

«Yo ya pasé el luto de mi antiguo yo. Lo respeto. Valoro todo lo que me enseñó de mi yo presente. De mi yo futuro. De mi valor. De mi ser. De mi mérito. Tú también puedes lamentar su pérdida, a tu manera. Respeto todas las partes de ella que depositó en los demás, pensando que se estaba construyendo su hogar en lugares ajenos. Para mí, ya fue suficientemente duro aprender a pasar el luto de mi yo pasado. Ahora, mi trabajo no es ayudar a nadie a que pase su luto. Mi trabajo no es explicar o justificarle a nadie mi cambio, mi crecimiento y mi transformación.»

¿Una mariposa explica
a las flores
o a los árboles
o al cielo
por qué ya no es una oruga?
¿Acaso no ves
lo bonitas que son mis alas?
No voy a revertir mi crecimiento
para empequeñecer y ser una versión reducida de mí
que quepa en el capullo
que rompí yo misma para escapar.

«Y que sepas que si mi antiguo te llamó a tu puerta y no la abriste, ya no volveré a llamar nunca más. Ahora llamo a mi puerta. Puede que nos encontremos en alguna parte de vez en cuando. Incluso puede que algún día te invite, pero en ese caso entrarás con compasión. Y tendré el derecho de decidir si te vuelvo a acoger o no.»

Cuando acabes de construir tu hogar, habrá llegado el momento de adaptarte a tu nueva realidad. Incluso si aún estás haciendo obras, ha llegado el momento de adaptarte a tu nueva realidad. Ya no eres nómada. Ya no esparces partes de ti en los demás, en diferentes sitios o en ideas, solo para sentir que perteneces a alguna parte. Este hogar que te construiste te asegura que estarás en casa vayas adonde vayas. No importa en qué rincón del mundo estés o quién esté a tu alrededor, no te sentirás marginado. Porque solo te sientes así cuando no te aceptan. Y ahora que te aceptas a ti mismo, ahora encajas. Encajas en tu propia vida. Pero qué maravilla, ¿verdad?

Vayas adonde vayas y estés con quien estés, llevas tu casa en tu interior. No buscas un lugar donde quedarte. No extiendes tus raíces hasta lo que sea que te haga sentir como en casa, porque tu hogar está aquí, en tu interior. Ya se acabó la búsqueda. Has llegado aquí.

Cuando pasees por los pasillos de tu hogar, cuando vayas de una habitación a la otra, respirarás el aroma de la serenidad. Estás en un lugar tranquilo. En un estado de calma. En un estado de paz. Porque incluso cuando estás lidiando con las situaciones más difíciles de tu vida, entiendes que la respuesta se halla en tu interior. No está en ninguna otra parte. No está dentro de nadie más. Entiendes que tus circunstancias no te definen. Tú te defines. Eres totalmente consciente de que tu responsabilidad es hacer todo cuanto puedas, y luego soltar lo que esté fuera de tu control.

Y recuerda que, aunque ya te hayas construido tu casa, tu trabajo no se acaba aquí. Del mismo modo que tienes que mantener tu vivienda física limpia, ordenada y organizada, tienes que hacer lo mismo con tu casa interior. Igual que tienes que arreglar lo que se rompe de vez en cuando, reorganizar un espacio, redecorar una habitación o dar una nueva capa de pintura, también tienes que hacer lo mismo en tu hogar interior. Igual que renuevas tu casa de vez en cuando, también tienes que hacer lo mismo con tu hogar. Puede que tengas que readaptar una habitación o añadir una estancia según lo que necesites.

Es tu casa. Cuidarla es cuidarte a ti. Hacerle un mantenimiento es hacerte un mantenimiento a ti. Honrarla es honrarte a ti. Tu hogar es tu máxima prioridad. Tú eres tu máxima prioridad.

Puede que tengas contratiempos. Quizá haya días en los que sientas que te has abandonado. Tal vez te encuentres con el obstáculo de que no pasas suficiente tiempo en tu casa. Incluso puede que te encuentres con el obstáculo de que encuentras comodidad en el hogar de otra persona. Y no pasa nada. Todos nos comportamos de formas que nos hacen sentir que nos hemos traicionado, a veces. Y esto se debe a los patrones que tenemos arraigados. No te tortures. Pasarte un día en un estado en el que no estás como en casa contigo no significa que te hayas quedado sin casa. Simplemente significa que tienes que volver a ti. Pero como ya has hecho el gran proceso de *Volver a casa* (te has tomado el tiempo de construirte este hogar), ese regreso será más fácil, porque ahora ya conoces el camino que te lleva allí. Sabes cómo volver a casa. Y ya has construido unos cimientos sólidos para ese hogar.

Quiero que me acompañes a uno de mis momentos «en casa». Ven conmigo.

¿Te ha pasado alguna vez que miras algo que ya habías mirado antes y le ves algo completamente nuevo? ¿O ves una película que ya habías visto antes y te fijas en una escena que ahora realmente ves? ¿Por qué te llegó de una forma distinta? Un día me puse a repasar todos los diarios que había escrito a lo largo de los años. Pasando las páginas veía claramente el dolor que tejían mis palabras. Siempre veía ese dolor. Pero esta vez, no fue eso lo que me llamó la atención. Esta vez vi más allá del dolor. Vi la búsqueda. La búsqueda de algo. El impulso hacia algo que, durante todos esos años, había enmascarado con la necesidad de comportarme de una manera determinada, de hablar de una manera determinada, de reaccionar de una manera determinada…, de ser de una manera determinada.

Pero esa búsqueda, la búsqueda… ¿Qué estaba buscando?

Ahora ya sé que, por aquel entonces, estaba buscando un hogar. Pero ¿qué me faltaba de ese hogar?

Después de leer y leer, y seguir leyendo más, la respuesta me llegó rápida, lenta y pacíficamente a la vez.

¿Qué pieza le faltaba a ese rompecabezas?

Y un susurro en mi corazón me dijo: «Casa eres tú».

Casa eres tú, y no quien tu mente te dice que eres o que no

eres. Ni tus sufrimientos pasados y lo que han provocado que seas, o lo que han hecho que creas que tienes que ser. Esto no eres tú. Esto no es casa. Casa eres tú, ahora, sin nada de lo mencionado. Porque si te vinculas a alguna de esas cosas, te construyes tu casa en el pasado o en el futuro.

Imagina que eres un océano. Casa es ese lugar tan profundo en el océano que nada de lo que pasa en la superficie le puede afectar. Es tu yo más auténtico e interno. No es el yo de la superficie que queda afectado por las circunstancias del momento por las que estés pasando, o por las circunstancias pasadas o futuras. Ese «tú» auténtico siempre está allí, y siempre eres tú. Y no tiene etiquetas (alguien que ha pasado por algo, o alguien que pasará por algo, o alguien que está encasillado por una etiqueta) eres solamente tú.

Cuando al fin llegué a comprenderlo, fue la sensación más aleccionadora que he sentido jamás. Fue una sensación que me enseñó, me liberó y me empoderó. Me permitió aceptar por completo mi yo interior. No estoy hablando de Najwa, ni de la escritora, ni de la autora, ni de la oradora, ni de la que escribe libros. No estoy hablando de Najwa, que tiene una cara, un cuerpo o una edad determinada. No estoy hablando de Najwa, a quien muchos consideran valiente y muchos otros consideran cobarde. No estoy hablando de Najwa, que está en busca de un hogar. Y, a la vez, no estoy hablando tampoco de Najwa, quien se llevó su casa a cuestas, ni de Najwa, a quien decepcionaron, o soltaron, o hirieron. No era ella. Era... solo yo..., ahora. Y, obviamente, ya hacía un tiempo que sabía que estaba completa, pero ahora me siento completa. Y lo más raro es que me siento completa con mucho menos de lo que he tenido antes, y con mucho menos de lo que pensaba que necesitaba tener para sentirme de este modo.

Yo soy el terreno en el que está mi hogar.
Yo soy mi propio hogar.
Y mi hogar soy yo.
Y a ti te digo que
eres el terreno en el que tienes que construir tu hogar.
Eres tu propio hogar.
Tu hogar eres tú.
¿Verdad que te sientes ligero, ahora? ¿Verdad que te sientes
libre, ahora?
Todo aquello con lo que cargabas pesaba mucho, ¿verdad?
Hacía ya un tiempo que no respirabas aire tan fresco, ¿verdad?
Hacía ya un tiempo que no te sentías tan conectado
con la esencia de quien eres realmente, ¿verdad?
Ahora ya está.
Has vuelto a ti.
Bienvenido a casa.

APÉNDICE

¿Qué habitación(es) añadirías?

Tu proceso de sanación es único. Eres tú quien construye el camino de vuelta a ti, según lo lejos que tengas que ir, según los obstáculos únicos que tengas que reconocer y sortear. Construirte tu propio hogar refleja esta naturaleza única.

Tu hogar no será idéntico al de otra persona porque tú eres el constructor. Tú eres el arquitecto. Tú eres el interiorista. Tú eliges dónde va todo.

¿Hay alguna habitación adicional que te gustaría tener en tu hogar?

Por cada habitación que decidas añadir:

¿Cómo la llamarás?

¿Cuál es la finalidad de esta habitación?

¿Cuándo entras en esta habitación?

Por ejemplo:

Cuando me siento...

Cuando pienso...

¿Cómo anticipas los sentimientos cuando sales de esta habitación?

Por ejemplo:

Al salir de la habitación de la claridad te sientes menos confundido / más nítido.

Al salir de la habitación de la rendición te sientes menos resistente / más abierto a experimentar una emoción.

¿Qué pilares la soportarían? Recuerda que los pilares son las normas o los fundamentos que sostienen la habitación. Puedes ponerles otro nombre, como hice en el jardín de los sueños (en el capítulo siete), donde los llamé faroles. ¡Sé creativo!

¿Cuáles serían los muebles (estrategias y herramientas) en esta habitación? Recuerda que los muebles están hechos de estrategias que cumplirán la función de esta habitación.

¿Qué nombre pondrías a los muebles?

Por ejemplo, las estrategias en la habitación del perdón eran válvulas de escape; en la habitación de la claridad, espejos; en la habitación de la rendición, sumisiones.

Puedes ponerles el nombre que más encaje con tus necesidades. Repito, ¡sé creativo! Esta es tu casa. ¡Llénala y decórala a tu gusto!

Si yo pudiera añadir una habitación sería la habitación de escribir. Y tendría la finalidad de ser un lugar seguro en el que pudiera poner por escrito todos mis pensamientos y sentimientos.

Solo habría un pilar: escríbelo tal y como es.

Quiero incluir aquí algunos de estos escritos. Puede que elijas utilizar algunos de estos escritos como lienzos en las paredes de los pasillos de tu casa. También incluyo, en la mayoría de los casos, sugerencias sobre dónde colocarlos.

SEIS RECUADROS, UN MOMENTO

15 de junio de 2017

Imagínatelo:

Estoy dentro de un recuadro marcado en el suelo con cinta adhesiva. A mi lado, en el interior de mi caja, están los educadores de varias escuelas. En el recuadro que tengo delante están los alumnos de otra escuela. En el recuadro que hay al lado de ese hay alumnos de otra escuela. Y así hasta seis recuadros. Seis grupos diferentes. Yo soy la única mujer con la cabeza cubierta de los seis grupos.

La idea es que nos demos cuenta de que tenemos más cosas en común de las que pensamos. Nos piden que salgamos al frente si nos sentimos identificados con alguna de las frases. Por ejemplo, aquellas personas a las que les gusta la piña en la pizza.

Se dicen algunas de las frases.

Ahora llega esta: «Si te identificas como LGTBIQ+ da un paso al frente». Algunos alumnos y educadores lo hacen.

Luego dicen: «Y aquellas personas que lo apoyen». Empiezo a caminar y me doy cuenta de que mis siete alumnos (todos ellos se identifican como musulmanes) también lo hacen. Todos ellos. Me siento muy orgullosa de ellos.

Puede que pienses que este es el momento sobre el que quería hablar. Pero no lo es.

Cuando vuelvo a mi recuadro, una chica del recuadro de enfrente me mira. Cuando sabe que me ha llamado la atención, sonríe, lo que en aquel momento me parece la sonrisa más amplia que haya visto jamás. Yo le devuelvo la sonrisa y aparto la mirada, pero luego me doy cuenta de que no se acaba aquí. Vuelvo a mirarla. Ella me vuelve a sonreír. Es como si se le acabara de materializar algo. Veo que algo ha cambiado en sus ojos. Este momento tan entrañable me recuerda al poder de liderar, por ejemplo, a través de la acción, no solo con las palabras. Algo positivo había afectado a esta alumna: mi elección de dar un paso al frente como persona que apoya a la comunidad LGTBIQ+, cuando los musulmanes normalmente se perciben como personas que la odian o juzgan. Vi cómo una pared, cómo una barrera frente a la comprensión, se derrumbaba ante mis ojos.

De camino a casa, me repetía que no podía haber sido algo tan impactante. Quizá le estaba dando demasiadas vueltas. Pero el poder de ese momento no me abandonó hasta que no acabé escribiendo esto.

Ojalá siempre estemos abiertos a romper muros y construir puentes.

BLACK LIVES MATTER (LAS VIDAS NEGRAS IMPORTAN)

2015

Arráncame la piel
y unas cuantas capas más.
Arráncame la carne
y córtala en pedazos.
¿No encontrarás
un corazón como el tuyo?
¿No encontrarás
sangre corriendo por mis venas
como en las tuyas?
¿No encontrarás los pulmones
luchando por conseguir aire
como los tuyos?
Dime, ¿nací con un órgano llamado
violencia?

¿El color de piel con el que nací
me tatuó peligro por todo el cuerpo?
¿Qué te da derecho
a quitarme la humanidad?
¿Qué te da derecho
a quitarme la vida
que no me diste tú?
¿El color de tu piel
hace que te merezcas vivir más
que yo?
No, señor.
Quédate con tu vida
y deja que yo me quede con la mía.
Solo quiero que mi corazón me lata en el pecho
por amor,
no por el miedo a tu pistola.

NUNCA VOLVERÁS A SER LA PERSONA QUE ERAS

3 de enero de 2018

Nunca volverás a ser la persona que eras. Es imposible. Créeme, lo he intentado. Y ya que estoy en esto, es imposible que nadie te quiera, te crea o te respete. La gente que ni siquiera te conoce hará como que te conoce y te juzgará. Pero que no te afecte. Es un reflejo de quiénes son, no de quién eres tú.

Solía molestarme que la gente no me viera por quien era realmente. Sentía la necesidad de explicarme. Pero ahora ya no. Cada día que pasa me voy dando cuenta de que la manera en que me ve la gente es algo que no puedo controlar. Y que la manera como me veo yo a mí es más importante que cómo me ven los demás. Nadie se ha puesto en mi piel. Así que nadie tiene el derecho a juzgar el camino que seguí o lo destrozada que estuve en un momento determinado.

En julio escribí esto sobre el abuso. Hoy, cuando lo leí, lloré. No porque lo sintiera, sino porque me he dado cuenta de lo lejos que he llegado desde entonces. Esto es lo que escribí: «Es como si alguien te arrancara el alma del cuerpo pedazo a pedazo, disfrutándolo, pisándola entera, rompiéndola en trozos y diciéndote que hicieras lo mismo. Luego, es como si te llenara con todos esos retazos y te dijera que no estás rota. Algo no está bien en ti. Y estás loca si crees que alguien tan loco como tú se merece que lo escuchen. Empiezas a gritar, pero todos hacen como que no te oyen. Y te dicen que nadie más te escuchará. Les preguntas por qué te hicieron lo que te hicieron, y hacen como que no tienen ni idea de lo que estás hablando. Y te dicen que nadie sabrá de lo que estás hablando, así que mejor que te quedes callada. Es como confiar en alguien que te ha llevado en medio del océano, y luego te arroja al agua y tú no sabes nadar. Así que te empiezas a hundir. En un océano de odio y culpa hacia ti misma, suplicando por una balsa de cordura. Y cada vez que levantas la cabeza para pedir ayuda, te la hunden en el agua. Hasta que te rindes. Y te vuelves azul. Hay una pequeña fuerza en tu interior que te hace llegar a la superficie, pero solo lo consigues a veces. Si tienes suerte. Y cuando lo consigues, suplicas que alguien te ayude a salir. Pero nadie lo hace. Luego le dicen a todo el mundo que te miren y vean lo miserable que eres. ¿Cómo puedes haber entrado en el océano si no sabes ni nadar?»

Hoy ya no estoy en el océano. Ya no soy azul. Ya no le suplico a nadie que me ayude o que me saque del agua. Salí yo sola. Y ya no tengo la necesidad de hacer como que estoy bien si realmente no lo estoy. Me estoy curando. Y tengo que apreciarlo. Estoy aprendiendo a respetar lo que me dice el cuerpo. Lo que me dice el corazón. Y lo que me dice el alma. Y me veo como el yo que conozco ahora más que nunca.

USTED NO ES MI OPRESOR

11 de marzo de 2017

Usted no es mi opresor.
No es mi dictador.
Si decir la verdad me convierte en maleducada
deje que sea maleducada.
Si resistirme a sus órdenes ejecutivas me convierte en rebelde,
quiero rebelarme.
Quiero desafiar.
Quiero decir que NO.
Si no querer pasar por el tubo me convierte en una criminal,
haga que su tubo me atraviese
porque no me pienso mover.
Y si me construye un muro ante mis narices,
lo escalaré.
Aunque llegue al séptimo cielo,
yo lo destrozaré.
Ladrillo. A. Ladrillo.
Y. Se. Desmoronará.
Igual que su ego, colgado de un hilo,
su muro reposa encima de arenas movedizas
y caerá como el granizo cuando hay tormenta.
Y si me rechaza por mi
color, por mis
creencias, o mi identidad,
recháceme.

Pero no se le ocurra pensar que
apartarme le permitirá empezar de cero.
Si me aparta porque busco paz
y seguridad,
habrá contribuido a matarme.
¿Le sorprende que una mujer como yo le esté hablando
como lo estoy haciendo?
Deje que le recuerde que lo que me cubre la cabeza
no me cubre la boca.
Así que no voy a permitir que la etiqueta con la que me ha
cubierto
me cubra la voz.
Si le duele la verdad
es su problema.
Puede ignorarla pero
ni se le ocurra decir que forma parte de una realidad paralela.
La voz de la justicia
será más fuerte
que la corrupción.
Su corrupción, señor, nos ha convertido en
corruptos.
Su opresión, señor,
nos ha convertido en opresores.
Pero su frialdad
ha encendido el calor de la humanidad que llevamos dentro.
Así que… como humana, le recuerdo
que la fuerza no nace de ganar poder y control.
La fuerza no nace de construir muros
o esconderse detrás de fortalezas y prohibiciones.
La fortaleza nace de ser
humano.
Y como mujer le digo:

quíteme los ojos de encima.
Mi honor no se halla en mi cuerpo.
Deje de decirme que mi corazón me hace débil.
Mi corazón hace latir el mundo.
Deje de decirme que
«así son los hombres» y que es mi culpa
que no se pueda controlar cuando me tiene cerca.
No me conformo con decir que
«así son los humanos».

CULTIVAR LA EMPATÍA EN LOS ALUMNOS

17 de marzo de 2017

Sentada en una reunión con mis compañeros para hablar de la posibilidad de crear una cultura escolar positiva para aprender, todos enriquecimos el debate compartiendo nuestras historias y experiencias. Al final, parecía que todos llegábamos al mismo punto: la empatía.

Así que empecé a reflexionar: ¿nacemos con empatía, o es algo que tenemos que desarrollar? Y, si nacemos con empatía, ¿qué pasa con los años? ¿Cómo la perdemos? ¿Por qué hay personas que parecen empáticas de forma natural, mientras que otras parece que tengan que esforzarse para realmente entender por lo que está pasando otra persona? Si pudiera responder a estas preguntas, sería capaz de acceder y descifrar cuál es nuestro papel como educadores en lo que a la empatía concierne. ¿La enseñamos de cero? ¿La nutrimos? ¿Generamos oportunidades en clase para que se experimente? ¿Qué tenemos que hacer, realmente?

Tomémonos un momento para reflexionar sobre mi propio yo. He tenido muchos problemas toda mi vida por implicarme demasiado emocionalmente. En cualquier cosa, sí, cualquier cosa que suponga alguna emoción. En vez de tener que recordarme activamente que tengo que ser empática, mi entorno me ha enseñado que siempre tengo que procurar no ser demasiado empática. No ha sido hasta hace unos años que he aprendido a apreciar este rasgo de mí. No lo aprendí de la noche a la mañana. Hubo muchos momentos decisivos por el camino, como el ejemplo que te voy a describir ahora.

Recuerdo este momento con uno de los recién llegados de Siria con el que tuve la suerte de trabajar, y sobre el que ya había escrito en el pasado.

«Estábamos haciendo unos cubos con las seis emociones universales, una en cada cara del cubo, y mis alumnos empezaron a hablar de la importancia de expresarse y de expresar nuestras emociones. Uno de mis alumnos mira el cubo de un compañero y, con una sonrisa enorme en la cara, dice:

—¡Pero qué colorido! ¡¿Lo has sumergido en un bote de pintura o algo así?!

Mi grupo, con unos diez estudiantes, se ríe. La voluntaria en mi clase se dirige a este alumno y dice:

—¡Qué gracioso eres!

Yo, en esos momentos, solo estoy traduciendo a unos y a otros. Él dice:

—¿Esto es bueno?

Ella dice:

—¡Claro! ¡Siempre alegras el ambiente!

Él se gira y me dice:

—Yo antes no era así, pero un día mi primo me dijo: "Cuando te mueras, ¿qué te llevarás contigo? La tristeza no. La miseria tampoco. Solo te llevarás la felicidad y la bondad que hayas propagado".

En ese momento me siento muy orgullosa de mi alumno y me

quedo de piedra con el nivel de madurez que demuestra este adolescente.

—Luego mi primo se murió —añade.

¿Cómo reaccionarías en una situación así? ¿Le haces preguntas? ¿Te preocupas por si el resto de los alumnos de la clase lo están escuchando? ¿Cambias de tema? ¿Ignoras lo que acabas de oír? ¿Qué haces?

Yo decidí quitarme la armadura que llevaba y permitir que mi vulnerabilidad hiciera lo suyo llegados a este punto. Si este alumno se abrió con este tema, esto significa que confiaba en mí para contármelo. Así que, poco a poco, me fue desvelando la historia y yo la iba viendo clarísimamente, puesto que me la estaba describiendo con sumo detalle. La historia iba cada vez a peor. Yo me resistí a pedirle que dejara de hablar muchas, muchas veces.

Era difícil escucharlo. Era difícil asimilarlo todo. Pero si era difícil para mí escucharlo, imagina lo difícil que debía ser para él revivirlo y verbalizarlo.»

Este fue uno de los momentos decisivos de mi trayectoria como profesora porque, cuando me fui a casa, reflexioné sobre mi papel como profesora. No podía evitar que mi yo más humana afectara a mi yo profesora. Mi papel es garantizar un entorno seguro de aprendizaje, y en algunas ocasiones esto podía llevarme a querer proteger a mis alumnos del dolor del mundo. Pero ¿cómo podían hacer desaparecer el dolor si no lo reconocían? Tal vez mi papel es crear, no solo un entorno seguro de aprendizaje, sino también un entorno resiliente. Un entorno fortalecedor. Y en ese momento me di cuenta de que mi yo humana y mi yo profesora eran una. No puede ser una sin la otra.

Así que, en mi investigación acerca de si la empatía es innata o se desarrolla con los años, como era de esperar, descubrí que es algo innato pero que se tiene que propiciar con los años.

Y esto empieza por reconocer su presencia. ¿Y esto qué significa? Significa que tenemos que estar más atentos a las maneras naturales con las que nuestros niños demuestran empatía, bondad y compasión. Y tenemos que premiar estas demostraciones. Un premio puede ser algo tan sencillo como decir: «Gracias por tu amabilidad». Nunca desestimes la habilidad natural de alguien de ser empático, amable o compasivo. Con el tiempo, desestimarlo puede silenciar y ensordecer este don natural con el que nacemos todos.

Puede que te estés preguntando por qué titulé este fragmento «Cultivar la empatía». Muy sencillo. Cultivar significa fomentar el crecimiento de algo. Dicho de otra forma, reconocemos que la empatía ya existe en nosotros. Lo único que tenemos que hacer es crear las condiciones adecuadas para que esté activa y se mantenga viva. Cuando planificamos las sesiones de clase, nos dicen que empecemos con lo que los alumnos ya saben. Esto debería ser aplicable también a cuando educamos la parte humana de nuestros alumnos. Tenemos que empezar con lo que ya tienen, y con lo que saben de lo que ya tienen. Así es como conseguimos que triunfen. Así es como reforzamos sus fortalezas y les animamos a tener la valentía de ser los humanos que ya son. Y lo más importante es que nunca deberíamos dar por sentado que nuestros alumnos ya saben cómo deberían actuar o reaccionar, porque no sabemos lo que su hogar o entorno social los ha condicionado a creer. Cuando damos cosas por sentadas, somos más propensos a juzgar. Y, cuando juzgamos, somos más propensos a aplicarles consecuencias negativas a los alumnos, en ocasiones en las que genuinamente puede que no hubieran sabido hacerlo mejor. Cuando se tienen unos valores determinados, puede que pasemos por alto un simple gesto de empatía por parte de un alumno. Por eso tenemos que estar atentos y no evitar reconocer estos gestos, por muy simples que sean.

Basándote en este conocimiento, ¿cómo utilizarás la empatía que ya llevas dentro para cultivar y propiciar el crecimiento de la empatía en tus alumnos? ¿Permitirás que tu yo más humano enriquezca tu yo profesora?

PARA MI FUTURA HIJA

2013

Siempre habrá alguien que te diga que no eres suficientemente buena, suficientemente atractiva o suficientemente única.

Siempre habrá alguien que te diga que tu belleza se reduce a tu cara y a tu cuerpo.

Siempre habrá alguien que te diga que tu valor depende de cuánto llames la atención.

Siempre habrá alguien que te diga que tu formación es una pérdida de tiempo.

Pero yo siempre estaré aquí para decirte que...

La belleza que llevas dentro no se puede comparar con la de nadie más.

Eres única porque en el momento en el que llegaste al mundo trajiste una belleza completamente nueva. Una inocencia completamente nueva. Una habilidad de hacer que la gente experimente el amor completamente nueva. Tú defines la belleza. La belleza no te define a ti. Para tus padres, eres el ser humano más precioso y bonito que existe. No lo olvides nunca. No lo dudes nunca. Cuando te hagas mayor, la sociedad te empujará a conformarte con sus ideales. Esos ideales siempre cambiarán, pero tú no deberías cambiar para nada más que para mejorar.

Puede que consigas llamar la atención con una cara bonita, pero con un corazón bonito conseguirás respeto. Puede que consigas popularidad con una cara bonita, pero con una mente preciosa y razonable conseguirás felicidad verdadera, que te durará toda la vida. Puede que consigas llamar la atención con tu actitud, pero con tu bondad conseguirás el amor verdadero. El amor de verdad no es fácil de encontrar, porque las cosas que duran toda la vida son excepcionales. Tú eres excepcional y esto es así. No permitas que nadie te haga dudarlo. Esas personas son las que tienes que apartar de tu vida.

Cierra los ojos y piensa en aquellas personas que reconocen tu bondad y tu autenticidad. Busca aquellas personas que te cuiden. Tienes que creer, de verdad, que si alguna vez te sientes triste, habrá siempre alguien más que se sienta igual. Y que, a menos que aprendas a verte por quien eres por dentro, siempre serás prisionera de lo que piensen los demás de ti.

Esa cárcel tortura más que cualquier otra cárcel. Los verdaderos defectos no son los que tienes en el exterior, sino aquellos escondidos en el corazón, en la cabeza, en el alma. Esfuérzate para arreglar primero estos defectos. Cuanto más te centres en tu interior, más bonita, segura e independiente serás por fuera.

Tu educación es lo que te hace ser la reina, porque te corona el corazón con la habilidad de marcar la diferencia en el mundo.

La independencia será el guardián que te protegerá de cualquier poder que intente debilitarte o derrotarte. Habrá quien intentará convencerte de que tu independencia asusta a la gente. Y esto es cierto. Asustará a las personas que no te convienen y hará que se vayan; y, a la vez, hará que aquellas personas que sí te convienen te respeten más, te quieran más y te valoren más.

Mi niña, si aún no te he convencido de que la belleza gira en torno a la bondad, la amabilidad, la sinceridad, la humildad y la comprensión… Si aún no te he convencido de que la belleza está en el alma, en el corazón y en la mente, piensa en la cara de tu madre. Piensa en todas y cada una de sus arrugas. Piensa en todas las historias que se esconden detrás de cada arruga. Piensa en todos los sacrificios que hay detrás de cada una. Piensa en cada segundo que podría haber elegido centrarse en ella pero que, conscientemente y por voluntad propia, decidió centrarse en ti y en tu futuro. ¿No te parece que es la mujer más atractiva del mundo?

Lienzos para tu hogar

No te pierdas a ti mismo. A menudo nos cruzamos con personas que están perdidas. Nos abruman el corazón con la necesidad de ayudarlas a salir de su oscuridad. Y no es algo malo. Querer ayudar a alguien no es malo. El error empieza cuando su oscuridad te consume y te olvidas de ti. Tiene que haber un equilibrio. No te permitas nunca perderte mientras ayudas a alguien a que se encuentre. Si te pasa, aprende de ello y pasa página. No tienes la responsabilidad de salvar a nadie. Puedes ayudar, sí. Pero no salves a alguien si esto provoca que después tú necesites que te salven.

Sugerencia de uso: En la puerta o en el interior de la habitación de la compasión.

Mírate. Si esa persona no consigue verte en la oscuridad, mil soles radiantes enfocándote no harán que te vea. Nuestro corazón se adapta a la oscuridad igual que lo hacen los ojos. Si su corazón quiere verte, te verá. Y si no, tienes el poder de dejar brillar tu corazón en otra parte. De verdad que puedes.

Sugerencia de uso: En la puerta o en el interior de la habitación de la compasión.

Sé agradecido. No pidas que te llegue la felicidad. En vez de eso, pide ojos y un corazón que vean la felicidad en lo que ya tienes y en las cosas sencillas que te rodean. Pide salud, simplicidad, paz mental. Pide menos cosas, pero de mayor calidad. Pide bondad. Pide alegría y convicción en tus creencias y en tu condición. Pide la motivación para perseguir tus sueños, y menos debilidad en tus emociones. Pide equilibrio entre la lógica de tu mente y la razón de tu corazón. Y, lo más importante, pide el poder necesario para querer mejorar en cada momento en el que tengas la ocasión de respirar cómodamente, porque hay millones de personas que solo respiran porque tienen que esforzarse para sobrevivir. Tú estás haciendo mucho más que sobrevivir. Así que vive. Da tanto como puedas mientras puedas, y sé feliz.

Sugerencia de uso: En la puerta o en el interior de la habitación del amor propio.

Vete. Ten la valentía de irte de las historias a las que no perteneces. No te conformes con ser un personaje secundario cuando te mereces ser el protagonista. La gente cambia y no pasa nada. Pero no cambies tú para encajar con sus patrones. Puede que veas que lentamente te estás yendo a la deriva de una trama, pero esto no significa que no formaras nunca parte de los acontecimientos principales. Puede que veas que tu importancia se está desvaneciendo lentamente, pero esto no significa que no fueras nunca el foco. No te arrepientas de haber hecho todo lo posible por mantener la relación que tenían. Esto demuestra lealtad. No te arrepientas de haberlo dado todo. Esto demuestra tu compromiso. Pero si te pierden el respeto o no te valoran, que no te dé miedo poner un punto final a tu existencia en su historia. Vete con orgullo, sabiendo que diste tu corazón a aquello que amabas. No te conformes nunca con solo existir. El mundo está lleno de historias. Crea tu propia historia.

Sugerencia de uso: En la puerta o en el interior de la habitación de la rendición.

Arriésgate. Hay decisiones en la vida que son más importantes que otras. Y algunas de ellas conllevan mayores riesgos que otras. Pero siempre queremos que alguien nos diga que estaremos bien, que lleguemos adonde lleguemos, será genial, será mejor que donde estamos ahora. Pero el tema es que nunca puedes tener esa garantía porque nunca sabremos lo que nos depara el futuro. Sí, puede que te asuste soltar el lugar en el que estás ahora porque tienes miedo de no llegar a un lugar mejor. Pero si te quedas en tu sitio puede que un día te arrepientas de no haber llegado donde querías estar. Puede que te arrepientas de no haberte movido de tu sitio. Si llegas a un destino que no es lo que esperabas, por lo menos lo habrás intentado. Por lo menos te habrás aventurado. Por lo menos habrás aprendido una nueva lección, habrás conocido gente nueva, y habrás aprendido nuevas maneras de pensar las cosas. Nunca sabrás lo que podrías haber conseguido, así que si te planteas arriesgarte y es algo que te parece suficientemente importante, adelante, hazlo.

Sugerencia de uso: En la entrada o en el interior del jardín de los sueños.

Valídate a ti mismo. No bases tu valor en lo que dicen de ti aquellas personas que te rompieron. Pero ¿por qué sigues creyéndoles? Ten cuidado con las voces que dejas que te entren en la cabeza. La persona a la que le confiaste tu corazón, que lo rompió en pedazos, solo se merece tu perdón. No necesitas la aprobación de nadie para ser tú. No necesitas el permiso de nadie para ser tú. Y no necesitas el amor de nadie para sanar. Eres tuyo. Defínete. Date tu aprobación. Date permiso para ser tú. Quiérete antes de buscar amor ajeno. Y te curarás.

Sugerencia de uso: En la puerta o en el interior de la habitación del perdón.

Siéntate con el dolor. Una de las cosas más difíciles en la vida tiene que ser superar el dolor de que te hayan tratado injustamente, con o sin una disculpa. Una disculpa, por sí sola, no hará que el dolor desaparezca. Y cuando perdonas a esa persona, el perdón no hace desaparecer el dolor ni te cura al instante. No dependas de la persona que te hirió para despertarte y darte cuenta de que te tienen que quitar el dolor de encima. Incluso si reconoce tu dolor, no lo hará desaparecer. No lo borrará porque no se puede retroceder en el tiempo. Así que deja de darle tanto poder a la persona que te hizo daño en tu proceso de sanar y de pasar página. Cuando llegue el momento, la perdonarás. Cuando estés preparado, lo sabrás. Pero, por ahora, tienes que sentir el dolor y dejar que te abandone. Así que toma las riendas de tu dolor y conviértelo en fortaleza.

Sugerencia de uso: En la puerta o en el interior de la habitación del perdón.

¿Dónde colocarías los dos que vienen a continuación?

Contrólate a ti. Cuando te mortifica algo que no puedes cambiar, este algo toma las riendas de tu control. Así que en vez de decir: «Esta persona me está mintiendo y quiero que sea honesta»; o «Esta persona me dijo que le importaba, pero no le importo.

Quiero que se preocupe por mí»; o «Esta persona no ha sido sincera conmigo y quiero que lo sea», di: «Lo único que puedo hacer yo es ser sincero con esa persona. Lo único que puedo hacer yo es ser honesto con esa persona. Lo único que puedo hacer yo es preocuparme por esa persona».

En vez de centrarte en cambiarla, céntrate en ser tú una mejor persona. Y cuando llegue el momento en el que las personas que estén destinadas a estar en tu vida lleguen a ella, te sentirás agradecido de haber dedicado tu tiempo a ser una mejor persona, en vez de haber intentado que otras personas fueran mejores, ya que sobre esto último no tienes ningún tipo de control.

Deja de compararte. Deja de comparar tu vida con la de los demás. Si hay otra persona que tenga algo que quieres, persíguelo y consíguelo, pero no te obsesiones con ser mejor que esa persona. O lo que es peor, no te obsesiones en ser esa persona. No permitas que esta casa que te estás construyendo para ti en tu interior sea un sitio que no se parezca a ti: que no sea una casa que hayas elegido a partir de folletos y revistas que enseñan casas que son como te gustaría que fuera tu hogar. No permitas que tu felicidad esté tan lejos de ti. La tienes a tu disposición ahora, tal y como eres.

La verdadera liberación no llega cuando eres capaz de fingir que no te importa, sino cuando realmente no te importa. Deja de centrar tu curación en cómo la perciben los demás. Centra tu curación en tu proceso de sanar.

¿Qué lienzos añadirías? ¿Y en qué lugar de tu casa los colocarías?

AGRADECIMIENTOS

Esta aventura no habría sido posible sin las siguientes personas que me han tomado de la mano y me han iluminado el camino para *Volver a casa*.

Gracias,

Mamá: por enseñarme la bondad.

Papá: por enseñarme la integridad.

A mis hermanos y hermanas: por llevarme sobre los hombros.

A mi compañero en la vida y en el amor: por perseguir el sol infinitamente conmigo.

A Katie: por tu lealtad, tu compromiso, tu apoyo y tu presencia tan cariñosa.

A Marc: por creer en mí y en mis escritos desde el primer día. Y por animarme a ser un poco más atrevida.

A Tess: por tu amabilidad y tu compromiso desenfrenado por defenderme.

A Marc y a Tess: por escucharme al hablar de una idea que me había rondado la cabeza durante años, mirarlos, luego mirarme a mí y decir: «¡Este es el libro que tienes que escribir!».

A Donna: por acompañarme durante todo el proceso de *Volver a casa* para que llegara a ser la obra maestra que es.

Al equipo de Penguin Random House: por ayudarme a construir casas por todo el mundo.

A mis amigos (ya saben quiénes son): por ser amor y luz. Por recordarme quién soy cuando lo olvido.

A Sammy Roach: por transformar mis pensamientos en preciosas ilustraciones.

A Phillip Millar: por llevar la ley mil pasos más allá, y darme el poder de alzar la voz con tanta fuerza como lo necesite.

A mi público fiel: por recorrer este camino con un alma perdida que vuelve a casa.

ÍNDICE ONOMÁSTICO Y DE MATERIAS

Este libro se terminó de imprimir en junio de 2022.

Volver a casa ha sido posible gracias al trabajo
de su autora, Najwa Zebian, así como de la traductora
Aina Girbau Canet, la correctora Maria Fresquet, el diseñador
José Ruiz-Zarco Ramos, el equipo de Realización Planeta,
la maquetista Toni Clapés, la directora editorial Marcela Serras,
la editora ejecutiva Rocío Carmona, la editora Ana Marhuenda,
y el equipo comercial, de comunicación
y marketing de Diana.

En Diana hacemos libros que fomentan
el autoconocimiento e inspiran a los lectores
en su propósito de vida. Si esta lectura te ha gustado
te invitamos a que la recomiendes y que así, entre todos,
contribuyamos a seguir expandiendo
la conciencia.